Französische Dampflokomotiven des 20. Jahrhunderts

Französische Dampflokomotiven des 20. Jahrhunderts

Das Lebenswerk André Chapelons

Von H. C. B. Rogers

Mit 67 Fotos
auf 24 Kunstdrucktafeln

Franckh'sche Verlagshandlung Stuttgart

Schutzumschlag gestaltet von Edgar Dambacher
Dampflokzug verläßt Bahnhof Paris-Nord, im Hintergrund die Kirche von Sacré-Cœurs
(Farbfoto: Yves Broncard)

Berechtigte Übersetzung aus dem Englischen von Alfred B. Gottwaldt
Titel der Originalausgabe: „Chapelon – Genius of French Steam" (Ian Allan Ltd., Shepperton)

Franckh'sche Verlagshandlung W. Keller & Co., Stuttgart / 1974 / Printed in Germany / Imprimé en Allemagne / ISBN 3-440-04117-4 / LH 19 hä
Reiff-Druck, Offenburg

Französische Dampflokomotiven des 20. Jahrhunderts

Kapitel 1:	Die Eisenbahn zu Chapelons Jugendzeit	8
Kapitel 2:	100 Jahre Dampflokomotiven – Beginn einer neuen Epoche	15
Kapitel 3:	Die Revolution der Vierkuppler	36
Kapitel 4:	Chapelons Gedanken setzen sich durch	44
Kapitel 5:	Mit sechs Zylindern	54
Kapitel 6:	Nach dem Krieg	63
Kapitel 7:	Die Baureihen 241 P und 141 R	69
Kapitel 8:	Die Kriegslokomotiven und die Typen 232 R, S, U und 141 TC	79
Kapitel 9:	Die beste aller Dampflokomotiven	86
Kapitel 10:	Weniger Lokomotiven	92
Kapitel 11:	Dampflokomotiven auf dem Reißbrett	95
Kapitel 12:	Elektro- und Dieseltraktion	105
Kapitel 13:	Brasilien und Argentinien	113
Kapitel 14:	Die Chapelon-Dampflokomotive	121
Kapitel 15:	Männer der Lokomotive	131

Vorwort

Für seine Mitarbeit beim Schreiben dieses Buches bin ich in erster Linie Herrn André Chapelon selbst verpflichtet, denn er hat sowohl die meisten der in diesem Buch enthaltenen Informationen wie auch einen großen Teil der Illustrationen zur Verfügung gestellt. Darüber hinaus war er bereit, den gesamten Text durchzusehen und – wo nötig – zu berichtigen (wenn auch nicht ohne Verlegenheit ob der Bewunderung, die ich gegenüber seinem Werk zum Ausdruck gebracht habe). Dennoch bin ich für die vielleicht noch enthaltenen Irrtümer allein verantwortlich, und es ist möglich, daß einige der französischen Fachausdrücke aus dem Eisenbahnwesen auf ungebräuchliche Weise übertragen wurden.

Auch meinem Freund R. A. Riddles (früher Vizepräsident der London Midland & Scottish sowie Vorstandsmitglied der British Railways für Maschinen- und Elektrotechnik) verdanke ich viel, denn er lenkte mein Augenmerk auf dieses Thema und nahm an seiner Bearbeitung vielfältigen Anteil.

Weiterhin danke ich R. C. Bond (früher bei der Midland Railway, später Chefingenieur der British Railways und hierauf Technischer Berater der British Transport Commission), der mich von den Qualitäten der Verbundlokomotiven seiner alten Gesellschaft überzeugte, die er so häufig gefahren und gefeuert hatte.

Dr. P. Ransome-Wallis machte sich die Mühe, mir die passenden Fotografien aus seiner großen und beeindruckenden Sammlung zur Verfügung zu stellen, wofür ich ihm hier Dank und Anerkennung ausspreche.

G. W. Carpenter bot mir unschätzbare Hilfe, indem er mir Bücher, Zeitschriften und Manuskripte zur Verfügung stellte, und indem er Stellung zu dem nahm, was ich entworfen hatte.

Auch Monsieur Lejeune, dem Chef d'Equipe in Le Mans, möchte ich für das Entgegenkommen danken, mit dem er mir die vielen dort vorhandenen Dampflokomotiven zeigte.

Schließlich muß ich hier auch meine Frau erwähnen, die Dampflokomotiven schätzt, weil ich diese Maschinen liebe, die aber jedes beiläufige Interesse mit Geringschätzung betrachtet, das ich für die anderen Traktionsmittel aufbringe.

Kapitel 1: Die Eisenbahn zu Chapelons Jugendzeit

Die kleine französische Gemeinde St. Paul en Cornillon, wo André Chapelon am 26. Oktober 1892 geboren wurde, liegt an den Ufern der Loire inmitten der Wälder des Zentralmassivs. Schon in seinen frühesten Lebensjahren erwachte in ihm jene Begeisterung für die Dampflokomotive, die ihn noch heute erfüllt. Dieser Enthusiasmus wurde zur treibenden Kraft hinter einer ganzen Revolution im Entwurf von Dampfloks, denn aus dem Schuljungen, der die Maschinen der PLM-Bahn zwischen St. Etienne und Le Puy beobachtete, sollte der berühmteste Ingenieur am Ausgang der Dampflokzeit, vielleicht der größte Lokomotivkonstrukteur überhaupt, werden. Es war André Chapelons Schicksal, daß die Dampflokomotive durch seine Arbeit ihren Höhepunkt an Leistung und Wirtschaftlichkeit erreichte, verbunden mit großer äußerer Schönheit, die seinem hohen künstlerischen Sinn entsprang, bis sie plötzlich von den anderen Traktionsarten verdrängt wurde. Es sei dahingestellt, ob diese Ablösung das Ergebnis einer bewiesenen Überlegenheit war oder auf das Vorurteil zurückging, der Dampfbetrieb sei unmodern.

Ohne Übertreibung kann man sagen, daß kein anderer Ingenieur seit Stephenson mehr Einfluß auf den Bau der Dampflok gehabt hat als Chapelon. Sämtliche französischen Bahngesellschaften bauten ihre wichtigsten Maschinen nach seinen Grundsätzen um, in England lehnten sich die von Stanier, Gresley, Bulleid und Riddles entworfenen Loks an seine Gedanken an, ebenso in vielen anderen Ländern, so besonders in Belgien, Spanien und der Tschechoslowakei. Über die Aufnahme seiner Gedanken in Deutschland wird später noch zu sprechen sein. In Südamerika beweisen seine Prinzipien noch heute allen unvoreingenommenen Beobachtern, daß die moderne Dampflok durchaus ein konkurrenzfähiges Traktionsmittel ist.

Bevor wir uns nun der Lebensgeschichte André Chapelons zuwenden, erscheint es angebracht, die bedeutenderen Entwicklungen im Lokomotivbau jener Jahre zu betrachten, in denen er heranwuchs, denn sie bildeten den Hintergrund seiner späteren Karriere.

Im Jahre 1886 baute die Elsässische Maschinenbaugesellschaft (SACM) für die Nordbahn eine 1'AA Vierzylinder-Verbundlok nach den Plänen von Alfred de Glehn, dem in England geborenen Chefingenieur der elsässischen Gesellschaft. (Diese Lok, Nr. 701, erhielt später ein führendes Drehgestell und wurde kürzlich in Dünkirchen für eine museale Verwendung wiederhergestellt).

1891, ein Jahr vor André Chapelons Geburt, nahm die Nordbahn zwei 2'B-Maschinen in Betrieb, Nr. 2121 und 2122, die zum ersten Mal gemeinsam von Gaston du Bousquet, dem Maschinenchef der Bahn, und von de Glehn entwickelt worden waren. Sie verwendeten die von letzterem erfundene Form des Verbundsystems, die schon bei Nr. 701 angebracht worden war: Die beiden Hochdruckzylinder lagen außen, unmittelbar vor der ersten Kuppelachse, und wirkten auf die zweite Treibachse, während die Niederdruckzylinder innen über dem Drehgestell saßen und die vordere Treibachse bewegten. Die Treibräder der Lok 2121 waren miteinander gekuppelt, jene der Lok 2122 zunächst ungekuppelt, um die Wirkungsweisen der beiden Typen vergleichen zu können. Eine besondere Anfahrvorrichtung ermöglichte es, daß die Hochdruckzylinder ihren Abdampf direkt in die Atmosphäre abgaben, wobei zugleich Frischdampf in den Verbinder vor den Niederdruckzylindern strömte, so daß die Loks als einfache Vierlingsmaschinen arbeiteten. Außerdem konnten sie bei Bedarf als Zweizylinderloks allein mit dem äußeren oder mit dem inneren Paar betrieben werden, um auch bei Schäden noch verwendbar zu bleiben. Jedes Zylinderpaar besaß seine eigenen, unabhängig bedienten Schieber, damit der Lokführer bei Verbundbetrieb ihre Dampfversorgung individuell regeln konnte.

Die Leistungen der beiden Maschinen waren beeindruckend. Der Zweikuppler hatte, wie zu erwarten war, eine bessere Ausnutzung des Reibungsgewichts, und 35 ähnliche Lokomotiven wurden gebaut. Da die Südbahn (Midi) in jener Zeit ausgezeichnete Beziehungen zur Nordbahn unterhielt, bestellte sie 1893 gleichfalls 14 dieser 2'B-Verbund-Schnellzugloks. Mit Ausnahme einiger vereinheitlichter Midi-Bauteile waren sie identisch mit Nr. 2121; sie wurden als Midi-Baureihe 1701 bezeichnet. Die ersten beiden Maschinen hatten wie die beiden Nordbahnloks eine recht kurze Rauchkammer, doch der Rest war mit der längeren Ausführung versehen, wie sie auf den Maschinen 2123 bis 2157 zur Anwendung gekommen war, um bei angestrengtem Arbeiten Funkenflug zu vermeiden. Für die Südstrecken zum Mittelmeer und entlang der Küste war diese Änderung besonders wichtig. Ihre ersten Fahrzeuge wurden 1894 abgeliefert und kamen sofort in die härtesten Umläufe, darunter der „Südexpreß“ und ein Teil der Schnellzüge auf der Linie Bordeaux–Toulouse–Marseille. Dennoch, obwohl sie sich bewährten und mehr leisteten als ihre Vorläufer, die 1'B-Baureihe 1601 von 1885, hatten sie nicht genügend Kraftreserven für die schwereren Züge der Midi. Dies mag teilweise an der schlechten Kohle auf diesen Strecken gelegen haben, denn sie erreichten nie die Ergebnisse der mit besserem Brennstoff betriebenen Schwestermaschinen im Norden.

Trotzdem war die Verwaltung der Südbahn beeindruckt genug, um bei der SACM weitere 34 Einheiten, allerdings etwas stärker, zu bestellen. Die Lokomotivfabrik entwarf und baute sie zwischen 1895 und 1901, und die Midi reihte sie mit den Nummern 1751 bis 1784 in ihren Bestand ein. Die letzten zehn Maschinen dieser Lieferung hatten wiederum verlängerte Rauchkammern statt der doppelten Funkenfänger der Ursprungsausführung. Die Baureihe 1751 ersetzte den Typ 1701 vor den Expreßzügen, so daß dieser auf langsamere Personenzüge und auf Eilgüterzüge übergehen konnte. Die neue Lok war entworfen worden, um 200-Tonnen-Züge mit 100 km/h und 300 t mit 80 km/h zu befördern, und sie erfüllte diese Bedingungen so zufriedenstellend, daß die Ostbahn und die Belgischen Staatsbahnen sie zu Versuchen anforderten. Im Jahre 1897 fuhr die Lok 1760 auf der Ostbahn Schnell-, Güter- und Vorortzüge mit solchem Erfolg, daß die Gesellschaft sich zum Bau von 24 Stück für ihr eigenes Netz entschloß. Diese Baureihe 2409 entsprach vollständig dem Modell der Midi, war jedoch etwas stärker. Darüber hinaus kam die Westbahn nach Vergleichsfahrten zwischen zwei 1894 gebauten Vierzylinder-Verbundloks und ihren einfachen Zweizylindermaschinen zu dem Ergebnis, daß das Verbundsystem überlegen sei, und bestellte 60 Fahrzeuge, Nr. 503 bis 562, nach dem Muster der neuen Midi-Type. Inzwischen hatte auch die Nordbahn bei der Societé Alsacienne drei neue 2'B-Loks ähnlich der Midi-1751 gekauft, die so weit zufriedenstellten, daß sie 1897 nochmals 20 beschaffte (Nr. 2158 bis 2180).

Angesichts dieser hohen Wertschätzung der Verbundmaschine kam auch die Paris-Orléans-Eisenbahn nicht umhin, Lokomotiven nach du Bousquets und de Glehns Grundsätzen in Dienst zu stellen. Ihre Loks 1 bis 25 aus den Jahren 1899 und 1900 waren den Midi-Maschinen fast gleich. Sie wurden sofort vor die Rapides und Expreßzüge auf den Hauptstrecken nach Bordeaux und Nantes gespannt. Die Paris-Orleans-Gesellschaft besaß zu jener Zeit in ihren 1'B 1'-Loks von Victor Forquenot, der die einfache Dampfdehnung bevorzugte, eine Gruppe der besten Schnelläufer Frankreichs. Sie waren zudem außerordentlich zahlreich, denn zwischen 1876 und 1894 waren insgesamt 397 Stück in zwei Ausführungen entstanden. Messingbekleidete Kessel, Zylinder und Schieberkästen sowie der große vordere

Überhang gaben ihnen ein malerisches und etwas antiquiertes Aussehen, aber die neuen Verbundloks konnten sie außer bei der Anfahrt und auf stärkeren Steigungen kaum übertreffen.

Es stellte sich bald heraus, daß diese frühen Verbundlokomotiven von du Bousquet und de Glehn an ziemlich engen Dampfleitungen krankten, so daß sie bei höheren Geschwindigkeiten sich recht träge verhielten und trotz ihres größeren Kesseldrucks manches Zuggewicht nicht mit dem Tempo beförderten, das man – besonders im Vergleich mit der 1'B 1' – aufgrund ihrer Nennleistung erwartet hatte.

Auch die große Paris-Lyon-Mediterranée-Eisenbahn erhielt schon früh Vierzylinder-Verbundlokomotiven. 1888 nahm sie sechs bemerkenswerte Fahrzeuge dieser Art in Betrieb, nämlich zwei 1'B 1'-Loks für Schnellzüge, zwei D-Kuppler für Personenzüge und zwei D-Kuppler für den Güterzugdienst. Stets wirkten die äußeren Hochdruckzylinder und die innenliegenden Niederdruckzylinder auf verschiedene Achsen. 1892 baute A. Henry bei der PLM drei weitere Schnellzugloks, diesmal jedoch mit den Hochdruckzylindern innerhalb des Rahmens und dem Niederdruckteil außen. Besonders gute Anfahreigenschaften wurden dadurch erreicht, daß im Druck verminderter Frischdampf in den Verbinder und damit zu den Niederdruckzylindern geführt wurde, der den Abdampf des Hochdruckteils beaufschlagte. Die Bedienung sämtlicher Schieber wurde in einem Handrad zusammengefaßt. Daneben wiesen diese Maschinen erstmals Servorohre auf, die zur Vergrößerung der Heizfläche innen gerippt waren. Versuche der PLM zwischen 1885 und 1890 hatten ergeben, daß sie den Wärmeübergang von den Heizgasen auf das Wasser so stark verbesserten, da die Rohre gegenüber der glatten Ausführung fast einen Meter kürzer bemessen werden konnten, wodurch man erheblich an Gewicht sparte.

Zwei von Henrys Maschinen hatten die Achsfolge 2'B, die dritte hingegen 1'B als Ausdruck des damals noch immer bestehenden Mißtrauens gegenüber dem führenden Drehgestell, das wohl der größte Fortschritt in der Konstruktion von Schnellzugloks seit Jahren war. Im Jahre 1894 baute die PLM die erste ihrer ausgesprochen erfolgreichen windschnittigen Lokomotiven der Serie C 21 bis C 60, eine Vierzylinder-Verbund-2'B mit keilförmiger Verkleidung von Rauchkammertür und Kamin, im Aufbau dem Modell von 1892 recht ähnlich. Die Windschneide, Vorläuferin der späteren Stromlinienverkleidungen, hatte besonders die Verringerung des Fahrwiderstands im Rhônetal zur Aufgabe, wo der Mistral die Züge beträchtlich bremste.

Der Heißdampf wurde auf Schienen zum ersten Mal im Jahre 1898 angewandt, als in Preußen eine 2'B-Maschine mit einfacher Dampfdehnung und Außenzylindern, entworfen von Schmidt und gebaut bei Borsig, in Betrieb genommen wurde. Es war sofort klar, daß das neue Verfahren eine große Zukunft hatte, denn im Vergleich zu Naßdampfloks einstufiger Bauweise verbrauchte sie 30 Prozent weniger Wasser und 20 Prozent weniger Kohle. Eine ähnliche Lokomotive wurde zwei Jahre später auf der Weltausstellung in Paris gezeigt. Der Überhitzer war noch in der Rauchkammer eingebaut, doch bald darauf entwarf Schmidt ein Modell, dessen Elemente in den Rauchrohren untergebracht waren, und das zum ersten Mal von Flamme bei den Belgischen Staatsbahnen angewandt wurde.

Die erste wirklich berühmte Lokomotive des Zwanzigsten Jahrhunderts war wohl die „Atlantik"-Schnellzuglok der Achsfolge 2'B 1', die du Bousquet und de Glehn wieder gemeinsam für die Nordbahn-Gesellschaft konstruierten. Die Verbundmaschine hatte de Glehn nach seinen Grundsätzen ausgeführt; die Lok wurde gleichfalls 1900 in Paris gezeigt. Die Versuchsergebnisse dieses Typs waren bemerkenswert: 1902 durchlief die Lok 2655 vor einem Zug von 250 t die Strecke Paris–Calais (296 km) mit einer Reisegeschwindigkeit von 103 km/h. Bis

1911 wurden sie alle (Nr. 2641 bis 2675) mit Überhitzer versehen, der Rahmen wurde verstärkt, und große Hochdruckzylinder mit Kolbenschiebern traten an die Stelle der alten Zylinder mit Flachschiebern. Nach diesem Umbau konnte man weitere 25 Jahre die schnellsten Züge mit ihnen fahren.

Um ihre schwereren Züge zu befördern, bestellte 1901 auch die PO einige dieser „Atlantiks", die jedoch größer waren als jene der Nordbahn. Die Rostfläche hatte um 12 Prozent, die Leistung um 13 Prozent zugenommen. Der Prototyp Nr. 3001 zog einen Meßzug von 18 Zweiachsern unbeirrbar mit 112,7 km/h über eine Steigung von 2‰ (1 : 500). In den Zylindern wurden 1800 PS entwickelt. Im Gegensatz zu den Nordbahnloks waren diese PO-Maschinen ohne Überhitzer ausgeführt. Ab 1901 beschaffte auch die Midi 30 „Atlantiks" nach du Bousquet und de Glehn von ähnlichen Hauptabmessungen wie bei der Nordbahn, wobei allerdings die letzten 14 Stück größere Feuerbüchsen und Rostflächen als Ausgleich für die schlechtere Kohle im Süden erhielten. Im Jahre 1905 kaufte selbst die Staatsbahn zehn „Atlantiks", die praktisch mit denen der PO identisch waren, für ihre schwierige Strecke von Paris nach Bordeaux über Chartres, Saumur, Niort und Saintes. Es darf als ein besonders hervorstechendes Merkmal französischer Eisenbahnpraxis gewertet werden, wie sehr die Verwaltung bereit oder gar bemüht waren, Entwürfe von Maschinen für andere Gesellschaften zu übernehmen, wenn sie bessere Ergebnisse als die eigenen Entwicklungen zu erbringen versprachen.

George J. Churchward, Chefingenieur der englischen Great Western Railway, folgte diesem Beispiel und ließ eine „Atlantik" der Nordbahn sowie zwei Exemplare der Variante für die PO beschaffen. Die Wirkung dieser Lokomotiven in Großbritannien war außerordentlich. Churchward übernahm die Zylinderanordnung mit dem Zweiachsantrieb für seine Vierzylinderloks, und die Great Western behielt diese Bauform bis zu ihrer Auflösung nach dem Zweiten Weltkrieg bei. Sir William Stanier baute seine ersten „Pazifiks" für die LMS nach ihrem Muster, wobei er sogar die vier voneinander getrennten Steuerungen beibehielt. Aber Churchward übernahm das Verbundsystem nicht. Zwei Gründe waren dafür ausschlaggebend: Erstens waren die Dampfleitungen seiner Maschinen wesentlich weiter als die der französischen „Atlantiks", so daß die theoretischen Vorteile der Zweistufigkeit dahinschwanden, weil seine Vierlinge mit einfacher Dampfdehnung ihren Wirkungsgrad nahezu erreichten, und zweitens konnte er beim Betrieb seiner Loks nicht auf jene gründliche Ausbildung der Personale im Werkstättenwesen hoffen, mit der die Franzosen das Beste aus ihren Maschinen herausholten.

Leider ließ Churchward keine weiteren Loks nach den Plänen von du Bousquet mehr kaufen, denn dessen nächste Schnellzugmaschine hätte ihn womöglich doch noch überzeugt, Verbundloks zu bauen. 1907 entwarf Gaston du Bousquet seine berühmten 2'C-Loks der Serie 3513 bis 3537 für den Transport der schwereren Züge, wo das Reibungsgewicht der „Atlantiks" nicht mehr ausreichte. Damals wurden die Strecken der Nordbahn gerade für einen Achsdruck von 18 t hergerichtet, doch noch waren nur 17 t zugelassen. Um die neuen Lokomotiven innerhalb dieser Beschränkungen zu halten, mußten Kuppelräder von kleinerem Durchmesser verwendet und der Kessel von der „Atlantik" beibehalten werden. Man entschloß sich, diesen mit den Radsätzen und den Zylindern einer vorhandenen 2'C-Personenzuglok zu verbinden. Um die kleineren Treibräder etwas auszugleichen, versuchte sich du Bousquet an einer Verbesserung der Strömungsverhältnisse. Er vergrößerte den Querschnitt aller Dampfwege vor den Hochdruckzylindern um 25 Prozent, den vor den Niederdruckzylindern um 30 Prozent. Das Ergebnis war verblüffend: Die neue 2'C-Maschine erbrachte bei 120 km/h die gleiche Zugkraft wie die Personenzuglok bei 96 km/h und lief auch noch so schnell wie die „Atlantik" mit ihren 2055-mm-Rädern.

Die nächste Lieferung dieses Typs, Nr. 3538 bis 3662, wurde ab 1911 mit Überhitzer gebaut, den auch die früheren Maschinen bei Hauptausbesserungen erhielten. In den vierziger Jahren mußte ihr alter Nordbahn-Schornstein dem Lemaître-Kamin weichen, der ihr Aussehen etwas veränderte. Die guten Versuchsergebnisse – besonders auch deren Ursache, die erweiterten Leitungsquerschnitte – wurden indes von den meisten Ingenieuren bald wieder vergessen. Für André Chapelon jedoch bildeten sie später den Ausgangspunkt seiner eigenen Entwicklungen.

Inzwischen hatte die PO für schwere Schnellzüge, besonders auf der steigungsreichen Strecke nach Toulouse, aus der „Atlantik" unter Verwendung kleinerer Treibräder eine 2'C-Lokomotive abgeleitet. Sie war der 1902 von den Reichseisenbahnen in Elsaß-Lothringen in Dienst gestellten Baureihe P 7 nicht unähnlich, aber etwas stärker. Die beiden PO-Typen, nämlich die „Atlantiks" der Serie 3000 und die 2-C-Serie 4000, waren damals die stärksten Schnellzuglokomotiven Frankreichs. 1904 benutzte T. Laurent, Chefkonstrukteur der PO unter Solacroup, ihren Kessel noch für die Serie 5000, eine Vierzylinder-Verbundgüterzuglok der Achsfolge 1'D nach dem Muster der Midi-Baureihe 4001 von 1901.

Als im Jahre 1907 die ersten „Pazifiks" für die PO gebaut wurden – die ersten Loks mit der Achsfolge 2'C 1' in Europa überhaupt –, war die Diskussion über die Vorteile des Überhitzers noch in vollem Gange, so daß sie, wie die meisten Schnellzugloks jener Jahre, noch mit Naßdampf fuhren. Zwar befriedigten die „Atlantiks" und die 2'C-Loks im Flachland und im Hügelland vor mittleren Lasten durchaus, doch die weiterhin zunehmenden Zuggewichte machten die Bestellung einer größeren Maschine erforderlich. Sie sollte ein höheres Reibungsgewicht und mehr Kesselleistung aufweisen, so daß die Gesellschaft den Schritt von der „Atlantik" zur „Pazifik" tat. Weil nun die langen Steigungen auf der Linie nach Toulouse mehr Zugkraft verlangten als einfachere Strecken, entschied man sich für zwei verschiedene Gattungen, einmal mit 1850 mm Treibraddurchmesser, zum anderen mit 1950 mm. Sie wurden als Serien 4500 und 3500 bezeichnet. Gleichzeitig kam noch eine schwere 1'E-Güterzuglok als Ersatz für die 1'D zum Betrieb, die in die Serie 6000 eingereiht wurden. Alle drei Typen waren de Glehn-Verbundloks mit getrennten Steuerungen für Hoch- und Niederdruck, allerdings war bei der Güterzugmaschine die Lage der Zylinder vertauscht. Die Feuerbüchsen aller drei Klassen waren nach Belpaire ausgeführt und besaßen einen trapezförmigen Rost. Dieser begann schmal zwischen den Kuppelachsen und wurde nach hinten, in Richtung auf die Feuertür, weiter. Die Elsässische Maschinenbaugesellschaft hatte ihn 1906 speziell für die PO-„Pazifiks" entworfen, weil er die Vorteile einer hohen, schmalen Feuerbüchse mit denen einer großen Rostfläche verband, ohne zu lang auszufallen.

Die Klasse 4500, die erste der beiden PO-„Pazifiks", kam 1907 zum Betrieb, während die Reihe 3500 ihren ersten Zug im Jahre 1909 fuhr. Die glatten Linien der beiden Modelle scheinen eher britisch als französisch zu sein, und wir erinnern uns, daß 1908 Churchwards einzige „Pazifik", The Great Bear, erschien und erhebliche Beachtung hervorrief. Obwohl seine Ausführung der Dampfleitungen die der französischen „Pazifiks" in ihrem Urzustand durchaus übertroffen haben mag, gaben sie nie zu Beanstandungen Anlaß. Sie erfüllten alle ihnen zugedachten Aufgaben, und die PO-Gesellschaft besaß mit ihnen Maschinen aus der europäischen Spitzengruppe. Ab 1911 wurden beide Typen nach und nach mit Überhitzern versehen.

Die PO-„Pazifiks" der Serie 4500 führten ein ganzes Feld von Schnellzuglokomotiven dieser Art an. Diese Stellung war dennoch recht zufällig, denn die Gattung IV f der Badischen

Staatsbahn erschien nur drei Monate später auf dem Plan. Binnen weniger Jahre liefen „Pazifiks" auch bei der Westbahn, der Nord und der PLM, außerdem nach dem Vorbild der PO auf den Gleisen der Etat und der Midi. In Deutschland gingen alle Länderbahnen bis auf Preußen den gleichen Weg, während in England erst 1922 Raven und Gresley in die Fußstapfen Churchward traten und „Pazifiks" für die North Eastern und die Great Northern bauten.

1910, während noch die beiden ersten Vierzylinder-Verbundloks der „Baltic"-Type, Achsfolge 2'C 2', nach seinen Skizzen für die Nordbahn im Bau waren, starb Gaston du Bousquet. Eine der Prototypen hatte eine breite rechteckige Rostfläche, die andere einen Wasserrohrkessel, der jedoch 1913 gegen einen Regelkessel ausgetauscht wurde, weil die Unterhaltung zu kompliziert war und die Wirtschaftlichkeitsrechnung einen solchen Aufwand nicht rechtfertigte. Alle Dampfleitungen waren sorgfältig berechnet worden, aber die Maschinen waren in ihrer Größe der Zeit so weit voraus, daß sie allenthalben unter Kinderkrankheiten zu leiden hatten. Nur so läßt sich die voreilige Einstellung der Entwicklungsarbeiten erklären, denn die nächsten Schnellzugloks waren 1912 wieder „Pazifiks" mit einer schmalen Feuerbüchse von 3,22 m², verglichen mit den 4,28 m² der „Baltics" recht klein.

Diese Nordbahn-„Pazifiks" der Serie 3.1151 waren fast Nachbauten einer Lieferung, die die Reichseisenbahnen 1909 von der SACM erhalten hatten. Es handelte sich wieder um du Bousquet-de Glehn Vierzylinder-Verbundloks, die so sehr zufriedenstellten, daß die 1914 unter Asselin für die Nordbahn gebauten „Pazifiks" der Reihe 3.1200 nach den gleichen Grundsätzen entstanden. Ihre Dampfleitungen waren wesentlich verbessert, doch durch den Ersten Weltkrieg kamen sie erst 1923, mit einigen Änderungen versehen, zum betrieblichen Einsatz: In Dienstplänen für 95 bis 100 km/h konnten sie 550- bis 600-t-Züge, manchmal sogar 650 t schleppen, wobei ihre Leistung von 2700 PS die der früheren „Pazifiks" der Gesellschaft mit 1900 PS recht beträchtlich übertraf.

Die PLM beschaffte ihre ersten zwei „Pazifiks" im Jahre 1909, eine davon als Naßdampf-Verbundlok nach de Glehn, die andere als Heißdampf-Vierling. Der Kesseldruck in der ersten Lok betrug 16,0 kg/cm², in der zweiten hingegen nur 12,0 kg/cm². Gespannt erwartete man die Ergebnisse der Versuchsfahrten: Die Heißdampflok mit einstufiger Dampfdehnung verbrauchte im Vergleich zur Naßdampflok mit zweistufiger Dehnung 16 Prozent weniger Brennstoff. Allerdings fuhr letztere überdurchschnittlich teuer, so daß die Ersparnis eigentlich bei etwa 10 Prozent hätte liegen müssen. Jedenfalls wurden zunächst 70 weitere Vierlingsloks in Auftrag gegeben. Auf der anderen Seite war die Verbundlok leichter zu fahren, weshalb 1911 davon zumindest 20 Einheiten bestellt wurden, nun mit Überhitzer. Vergleichsmessungen sprachen nun eindeutig für die Heißdampf-Verbundlok, die wirtschaftlicher als der Vierling war und auch dessen Höchstleistungen übertraf. Um den Nachteil des niedrigen Kesseldrucks der Lokomotive mit einstufiger Dehnung auszugleichen, baute die PLM im Jahre 1912 auch einige Vierlinge mit 14,0 kg/cm², die wohl die früheren Maschinen dieser Art übertrafen, aber immer noch um 11,5 Prozent hinter den Heißdampf-Verbundloks lagen. Aus diesem Grund wurden weitere Lokomotiven mit einfacher Dampfdehnung nicht mehr bestellt, außerdem nach dem Kriege alle vorhandenen Maschinen auf Verbundwirkung umgebaut. Obwohl überall die ursprünglichen Kesseldruckwerte beibehalten wurden, hatten die umgebauten Vierlinge jetzt einen um 10 Prozent niedrigeren Kohlenverbrauch. Alle weiteren „Pazifiks" der PLM hatten deshalb Verbundmaschinen. Inzwischen bestand jedoch auch an der Vorteilhaftigkeit des Überhitzers kaum noch ein Zweifel, so daß beispielsweise auf der PO-Bahn ab 1910 nur noch Heißdampf-„Pazifiks" in Dienst gestellt wurden.

Inzwischen, während dieser grundlegende Umbruch in der Konstruktion von Dampflokomotiven ablief, hatte André Chapelon aus der Beobachtung der Maschinen auf der Strecke sich seine ersten eigenen Vorstellungen abgeleitet. Mit besonderem Interesse erfüllten ihn die Arbeit von Gaston du Bousquet auf der Nordbahn und von George J. Churchward auf der englischen Westbahn, die wohl die Grundlagen für den Bau moderner, leistungsfähiger Loks errichteten.

Im Juli 1909 legte Chapelon den ersten Teil seiner Reifeprüfung in den Fächern Latein und Naturwissenschaften ab, wo er die Note „Assez-Bien" erhielt. Im Juli 1910 folgte der zweite Teil mit den mathematischen Prüfungen. Hieran schlossen sich Studien in Höherer Mathematik an, die nach dem erfolgreichen Abschluß der Zulassungsprüfung im Juni 1913 zur Aufnahme in die Ecole Centrale führten.
Chapelon unterlag damit dem Militärgesetz von 1905, das für alle Schüler der Grands Ecoles eine Dienstzeit von fünf Jahren vorsah, und zwar zwei Jahre bei der Armee und drei Jahre auf der Hochschule. Die beiden Jahre der Militärzeit, die als Fähnrich und als Unterleutnant bei der Artillerie zu verbringen waren, konnten entweder zusammen nach der Studienzeit abgeleistet werden, oder man konnte die Zeit jeweils für ein Jahr vor und nach den Studien festlegen. André Chapelon entschied sich für die letztere Möglichkeit und erhielt im Oktober 1913 seinen Gestellungsbefehl zum 6. Festungsartillerie-Regiment in Toul, das damals zu den französischen Grenzforts gehörte. Dort wurde er mit sechs anderen Absolventen der Grands Ecoles der Einheit von Reserveoffiziersanwärtern zugeteilt.

Als im darauffolgenden August der Krieg begann, sah Chapelon seinen Platz an der Ecole Centrale in weite Ferne schwinden. Am 2. August 1914 wurden die Fähnriche als Unterleutnants der Reserve bei ihrem Regiment verpflichtet und der Feuerleitstelle in der Festung Toul zugeteilt. Ehe sie dort ihren Dienst aufnahmen, wurden sie in einem Kurs eilig in Topographie und Artilleriebeobachtung unterwiesen. Chapelon wurde im Südwestabschnitt der Festung eingesetzt und hatte zunächst die Aufgabe, die Koordinaten der eigenen Batterien und Stellungen zu bestimmen, um die Unterlagen des Festungskommandanten auf den neuesten Stand zu bringen. Daneben war er mit der Schulung von Unteroffizieren betraut, die selbständig das Feuer ihrer Batterien leiten sollten.

Chapelon machte sich die Nähe der Technischen Abteilung der Festungsartillerie zunutze, wo er aus eigenem Antrieb die Unterlagen und Dienstvorschriften durcharbeitete. Gemeinsam mit einem Freund, der eine Flugabwehreinheit kommandierte, stellte er daraufhin völlig neue Rechentafeln für die Artillerie auf, die – verglichen mit den dadurch überholten Schußtabellen – schnelleres und genaueres Feuer ermöglichten.

Dennoch blieb Chapelon nicht lange in Toul. Er war bereits als erfolgversprechender Artillerist aufgefallen und wurde im Dezember 1914 zum Stabsoffizier beim Kommandeur der Schweren Artillerie in der 16. Infanteriedivision ernannt. Dort machten ihn seine Vorgesetzten für die Feuerbeobachtung, für die Feindaufklärung, für das Kartenwesen und für das Telefonnetz der Artillerie verantwortlich. Er erfüllte diese Aufgaben mit größter Sorgfalt und erwies sich in den Kämpfen als so tapfer, daß er am 6. Mai 1915 im Tagesbefehl der 16. Division genannt wurde.

Bald darauf wurde die schwere Artillerie vollständig reorganisiert, und Chapelon fand sich als Feuerleitoffizier bei dem neugebildeten 106. Artillerieregiment wieder. Dieses nahm im September 1915 an den Gefechten in der Champagne teil, wo es zur Artillerie des XIV. Korps gehörte. Inzwischen zum Leutnant bei einer der Batterien aufgerückt, meldete er sich am Anfang des Jahres 1916 freiwillig als Beobachter in einen Fesselballon. Nach dem Besuch des erforderlichen Kurses in Mailly wurde er einer Ballonabteilung beigegeben, wo er im Juni und Juli 1916 die Offensive an der Somme erlebte. Seine Erfahrungen und sein phantasievoller Geist ließen ihn auch hier nicht eher ruhen, bis er das herkömmliche System der Beobachtung vom Boden und aus dem Ballon durch ein Verfahren ersetzt hatte, das durch seitliche Verschiebung des Postens und dessen rechnerische Berücksichtigung mit einem einzigen Beobachter in der Luft auskam.

Nachdem er täglich mehr als sechzehn Stunden im Fesselballon zugebracht hatte, war André Chapelon am Ende seiner Kraft. Nach seiner Versetzung zurück zum 106. Regiment, wo er Stabsoffizier beim Kommandeur des Südwestabschnitts der schweren Artillerie in der Festung Verdun wurde, war er bald so weit wiederhergestellt, daß er in seiner dienstfreien Zeit eine Schrift über sein Verfahren der Artilleriebeobachtung von einem Punkt aus abfassen konnte. Nachdem sein Oberst die Arbeit als Verbesserungsvorschlag eingereicht und praktische Versuche deren Brauchbarkeit erwiesen hatten, wurde Chapelons neues System in die Dienstvorschriften aufgenommen.

Im Januar 1917 wurde André Chapelon zum Chef der Topographischen Abteilung in der Planstelle der Dritten Armee ernannt, wo er das gesamte Kartenwesen in den Gebieten zu erneuern hatte, aus dem sich die deutschen Truppen hinter die Hindenburglinie zurückgezogen hatten. Sein neues Vermessungssystem bezog sich auf eine 80 km lange Grundlinie hinter der Front, an der er unter Benutzung der Kirchtürme der Gegend und Einbeziehung des Sonnenstandes ein eigenes Koordinatensystem errichtete, in das nun die Stellungen viel leichter einzutragen waren. Anfang 1918 wurde Chapelon zum Ausbilder an der Schule für Beobachtungsoffiziere berufen, doch mit dem Beginn der deutschen Offensive im März kehrte er zur Dritten Armee zurück. Trotz der erheblichen Stärke der deutschen Angriffe und der dadurch entstehenden Bewegung der Front konnten seine Vermessungspläne, da sie sich nach der Sonne richteten, stets weiterverwendet werden, so daß sie der schweren Artillerie einen bemerkenswerten Dienst leisteten. Ohne Übertreibung kann man sagen, daß im Abschnitt der Dritten Armee die Artillerie einen überdurchschnittlichen Anteil an der Abwehr des deutschen Angriffs gehabt hat.

Im April 1919 zog André Chapelon seine Uniform aus und begann, fünf Jahre später als gedacht, mit dem Studium an der Ecole Centrale. Inzwischen war die Dauer der Ausbildung auf zwei Jahre begrenzt worden, und zu Beginn des Jahres 1921 legte er die Abschlußprüfung als „Ingenieur des Arts et Manufactures“ ab. Bald darauf trat er bei der Paris-Lyon-Mediterranée-Eisenbahn eine Stelle als Aspirant in der Maschinentechnischen Abteilung an.

Kapitel 2: 100 Jahre Dampflokomotiven – Beginn einer neuen Epoche

In dieser Abteilung, die für Lokomotiven und Rollmaterial gleichermaßen zuständig war, sammelte Chapelon unschätzbare Kenntnisse. Seine Ausbildung wurde von Etienne Tribolet, einem Oberinspektor des Depots Lyon-Mouche, geleitet, der dafür sorgte, daß Chapelon praktische Erfahrungen mit den verschiedensten Lokomotivgattungen älterer und jüngerer Herkunft in seinem Bezirk gewann.

In dem ganzen Feld des Eisenbahnbetriebs, das Chapelon bei der PLM kennenlernte, war er am unangenehmsten berührt von der Art, wie dort die Maschinen gefahren wurden. Besonderes Entsetzen befiel ihn bei der Serie 6100, der Vierzylinder-„Pazifik“ mit einfacher

Dampfdehnung: Die Lokführer gaben häufig 50 Prozent Füllung und öffneten den Regler nur zum Teil, so daß von den 12 kg/cm² Kesseldruck in den Zylindern nur noch rund 4 kg/cm², also ein Drittel, übrig blieben. Diese Praxis stand in krassem Gegensatz zu allem, was Chapelon während seiner Studien an der Ecole Centrale erfahren hatte, und entsprach keineswegs den von Nicholas Sadi Carnot (1796–1832), dem Begründer der Wissenschaft von der Thermodynamik, verkündeten Grundsätzen. Carnots Lehre hatten Chapelons Gedanken sehr stark beeinflußt, und die Erkenntnis, daß selbst eine große Eisenbahngesellschaft die einfachsten Faktoren der Wirtschaftlichkeitsrechnung so sträflich vernachlässigte, ließ ihn später immer wieder mit Nachdruck auf den Gebrauch des vollen Kesseldrucks und auf den Abbau von Drosselstellen in den Dampfleitungen hinwirken.

Tribolet war von Chapelons Fähigkeiten sehr beeindruckt. In einem Brief vom 14. April 1923 schrieb er ihm: „Gleich nach meiner Rückkehr werde ich Ihnen schreiben und Ihnen die nötigen Daten geben, und ich kann Ihnen im voraus versichern, daß alle Kritik, die Sie in Ihrem interessanten Brief geäußert haben, zutrifft . . . Immer wieder muß ich in bezug auf Sie, Herr Chapelon, sagen, daß Sie sich im höchsten Maße auf den Entwurf der Dampflokomotive verstehen."

Weil er in ihrem Bezirk geboren wurde und aufgewachsen war, betrachtete Chapelon die PLM als seine Eisenbahn. Als er 1903 zum ersten Mal die Leiter zum Führerstand einer Lok erklommen hatte, war es ein Vierkuppler der Serie 4000 der PLM gewesen. Aber schon bald war offensichtlich, daß dort nur wenig Möglichkeiten zum Aufstieg und kaum Spielraum für einen Schüler Carnots zu finden waren. So verließ er im Herbst 1924 den Lokomotivbau überhaupt und trat bei der Société Industrielle des Telephones ein. Dort wurden seine Fähigkeiten durchaus anerkannt, und nach kurzer Zeit hatte er es bis zum Abteilungsleiter gebracht. Doch die Arbeit erfüllte ihn nicht; er litt unter, wie er es selbst nannte, „Heimweh nach der Dampflokomotive". Sein Professor für Thermodynamik an der Ecole Centrale war Louis Lacoin gewesen, der eine hohe Meinung von Chapelons technischen Kenntnissen und Achtung für seine Leistungen bei der Artillerie besaß. Louis Lacoin war zudem mit Maurice Lacoin verwandt, der als Chefingenieur bei der Paris-Orléans-Eisenbahn wirkte, und mit den besten Empfehlungen seines Lehrers versehen, wurde André Chapelon am 12. Januar 1925 in die Forschungs- und Entwicklungsabteilung der PO aufgenommen.

Es war eine Stelle, für die er sich besonders gut eignete, denn er hatte sich jahrelang mit der Dampflokomotive im Einsatz befaßt und praktisch jedes Buch und jede Zeitschrift von Bedeutung gelesen, die sich damit beschäftigten. Ein Ergebnis dieser umfassenden Studien war, daß er schon seine eigene Meinung von den bei der PLM voraussichtlich erforderlichen Verbesserungen gehabt hatte, ehe er dort seine Arbeit aufnahm.

Bei der PO kam Chapelon unter die Aufsicht von Paul Billet, eines sehr bemerkenswerten Ingenieurs, der die Forschungs- und Entwicklungsabteilung als Teil des Konstruktionsbüros aufgebaut hatte, dem er vorwarf, sich mit zu viel Arbeit an dem vorhandenen Fahrzeugpark aufzuhalten. Auf seine Anweisung hin wurde Chapelon in Verbindung mit den Versuchsfahrten eingesetzt und besonders mit der Verbesserung der Saugzuganlagen auf den „Pazifiks" und anderen Gattungen betraut.

Die PO war nämlich mit den Leistungen ihrer gutaussehenden, eindrucksvollen Verbund-„Pazifiks" nicht zufrieden. Hätte sie nicht die bewundernswerten „Atlantiks" nach dem Muster der Nordbahn besessen, dann wären die „Pazifiks" vielleicht als ausreichend angesehen worden, denn sie liefen so gut wie die der meisten anderen Verwaltungen. Doch im Licht dessen, was die „Atlantiks" vollbrachten, war bald offensichtlich, daß die Güte der Konstruk-

Bild 1 Eine Maschine der PLM-Baureihe 4001–4159. Im Jahre 1903 stand André Chapelon zum ersten Mal in seinem Leben auf dem Führerstand, als er im Depot Eirminy auf eine Lokomotive dieses Typs kletterte. (Sammlung Chapelon)

Bild 2 „Pazifik"-Schnellzuglokomotive Nr. 6101 der PLM. Nach diesem Prototyp wurden von 1909 bis 1911 insgesamt 71 Lokomotiven gebaut. Bei Fahrten mit diesen Maschinen wurde Chapelon 1921 der negative Einfluß der Drosselung am Regler besonders deutlich. (PLM)

Bild 3 Naßdampf-Vierzylinder-Verbundlokomotive Nr. 3512 der PO aus der Serie 3501–3520, Baujahr 1909, vor dem Umbau. (Fohanno)

Bild 4 Heißdampf-Vierzylinder-Verbundlok Nr. 4597 im Depot Vierzon, als 1926 die Versuche mit den Kylchap-Saugzuganlagen 1 K/1 C und 1 K/T durchgeführt wurden. Diese Bauteile wurden auch auf der Naßdampflok Nr. 4528 der gleichen Reihe erprobt. (Sammlung Chapelon)

Bild 5 PO-Zweizylinder-„Pazifik“ Nr. 3638 aus der 1920 von der American Locomotive Co. gelieferten Serie 3591 nahm ebenfalls an den Kylchap-Versuchen im Jahre 1926 teil. Vor der Lok steht Alfred Renaud, ein Mitglied der Meß-gruppe. (Sammlung Chapelon)

Bild 6 „Pazifik“ Nr. 3634 aus der Baureihe 3591 mit Windleitblechen. Sie war die erste Dampflok in Frankreich, die mit diesen Bauteilen ausgerüstet wurde, nachdem Versuche mit Modellen (M 1:10) erfolgreich verlaufen waren, die das Aerotechnische Laboratorium in St. Cyr auf Wunsch der PO 1929 unternommen hatte. (PO)

tion nicht mit der Vergrößerung der Dimensionen Schritt gehalten hatte. Die Indikatordiagramme zeigten Drosselverluste in der Einströmung zu den Zylindern, einen beachtlichen Druckverlust im Verbinder zwischen Hoch- und Niederdruckteil, und auch noch zu großen Gegendruck in der Saugzuganlage – stets höhere Werte als bei den „Atlantiks". Zwar hatte der Überhitzer die Leistung der „Pazifiks" um mindestens 20 Prozent vergrößert, aber selbst dann gaben sie kaum mehr als 2000 PSi her, recht kläglich im Vergleich zu den 1600 oder gar 1900 PSi der „Atlantiks", die mit Naßdampf fuhren.

Die PO stand vor dem Problem, die schwereren Züge der Nachkriegszeit mit so kräftigen Maschinen befördern zu müssen, daß die Expreßfahrpläne von 1914 beibehalten werden konnten. Die einfachste, normale Lösung wäre der Bau neuer Loks nach moderner Konstruktion gewesen, doch schied diese aus Kostengründen aus, da bereits der Entschluß zur Elektrifizierung der PO-Hauptstrecken gefaßt und für die neuen Dampflokomotiven deshalb nur noch eine kurze Lebensdauer zu erwarten war. Man überlegte sich deshalb, wie man die vorhandenen Modelle verbessern konnte.

Ohne aus dieser Schrift ein Fachbuch machen zu wollen, scheint zum Verständnis dessen, womit Chapelon beschäftigt war, und wie er mit dieser Aufgabe fertig wurde, ein Ausflug in das Gebiet der Saugzuganlagen auf Dampflokomotiven notwendig zu sein. In erster Linie richtet sich die Leistung einer Maschine danach, wie das Wasser erhitzt wird. Je größer der Kessel, um so größer die Dampfleistung. Ebenso klar ist, daß das Feuer möglichst groß und heiß sein soll, um das Wasser rasch zum Kochen zu bringen. Um aber dieses große, heiße Feuer zu erreichen, benötigt man erstens eine ausreichende Rostfläche, und zweitens eine angemessene Sauerstoffversorgung durch den Saugzug. Tatsächlich ist bei den meisten ordentlich konstruierten Kesseln die Größe der Verdampfungsheizfläche weniger ausschlaggebend als die Rostgröße, aber diese ist eben so lange recht wirkungslos, wie der entsprechende Saugzug fehlt, um die Heizgase durch die Rohre des Langkessels zu zwingen. Viel hängt auch deshalb davon ab, wie der Abdampf der Zylinder verwendet wird, um Saugzug zu erzeugen. Natürlich kann man einen besonders kräftigen Zug erreichen, wenn man die Blasrohrmündung so eng wählt, daß dann der Dampfausstoß vermindert wird, aber damit erhält man einen extrem hohen Gegendruck auf die Kolben, die ihre Bewegung hemmt und die Leistung der Lokomotive stark herabsetzt. Der Dampfkreislauf vom Kessel zu den Zylindern und wieder heraus, weiter durch die Blasrohranlage in die Atmosphäre, muß aber so frei und unbehindert wie nur irgend möglich sein, wenn die Lok ihre Höchstleistung entwickeln soll. Die Bemessung des Saugzugs ist deshalb von allergrößter Bedeutung; und sie ist auch nur als Suche nach einem Kompromiß von möglichst geringem Gegendruck bei einer möglichst starken Saugwirkung zu erklären. Hierzu gehört dann auch die Vermischung von Abdampf und Verbrennungsgasen in dem Sinne, daß sie den Kamin mit der gleichen Geschwindigkeit verlassen.

Aufgrund der Beschränkungen durch das Lichtraumprofil ist der Lokomotivschornstein meistens sehr kurz. Theoretisch sollte die Höhe des Kamins das dreifache seines kleinsten Durchmessers betragen, aber im allgemeinen ist sie geringer, selbst wenn man den innerhalb der Rauchkammer gelegenen Teil mitrechnet. Nachdem Versuche ergaben, daß viele starke Maschinen mit ungenügenden Schornsteinen ausgestattet waren, wurden oft Essen mit dem doppelten Durchmesser eingebaut. Die Ergebnisse – man denke auch an die weiten Blasrohranlagen R. P. Wagners bei der Deutschen Reichsbahn und an ihren späteren Ersatz durch Fr. Witte – waren jedoch recht zweifelhaft, weil die hohen, dicken Kessel der schweren Maschinen kein günstiges Verhältnis zwischen Höhe und Durchmesser mehr zuließen. Bei den Belgischen Staatsbahnen versuchte Legein im Jahre 1925 durch Doppelschornsteine, dem Problem beizukommen. Man kennt feste und bewegliche Blasrohrmündungen, wobei letztere mit einem Mechanismus zur Veränderung des Blasrohrquerschnitts ausgerüstet sind. Meist wird die feste Ausführung vorgezogen, denn es ist eine Eigenschaft der Stephensonschen Dampflokomotive, daß sich der Saugzug von allein nach der Maschinenleistung richtet. Eine Reihe von Lokführern neigten dazu, den Saugzug durch das Anbringen von Stegen an der Blasrohrmündung zu verschärfen, indem sie den Abdampf in zwei Arme teilten, doch die Verwaltungen hielten wegen des höheren Gegendrucks auf die Kolben meist nicht viel davon.

Die PLM benutzte ein verstellbares Modell, das als Kleeblattblasrohr bekannt wurde. Es besaß einen inneren Kern, der senkrecht auf und ab bewegt werden konnte, sowie drei verschieden große Dampföffnungen. Die Stellung des Kerns entschied darüber, welcher Auslaß benutzt wurde. Die Anlage wurde als beträchtlicher Fortschritt gegenüber dem gewöhnlichen Blasrohr angesehen, denn damit ausgestattete Lokomotiven konnten 14 Prozent schwerere Züge als vorher befördern. In der Mitte des Jahres 1925 liefen bereits 2400 PLM-Maschinen und etwa 300 bis 600 Fahrzeuge bei anderen französischen Bahnen mit dem Kleeblattblasrohr.

Daneben kam auf einigen Loks zwischen Kamin und Blasrohr als Zwischendüse ein Rohr zur Anwendung, der „Petticoat". Die Aufgabe dieses Bauelements war, einen erheblichen Teil der Abgase aus den Rohren zu ziehen und ihn intensiver mit dem Dampf zu mischen, so daß sie beim Auspuff die gleiche Geschwindigkeit hatten wie jener. Damit sollten der Saugzug verbessert und die Strömung in den Kesselrohren gleichmäßiger gehalten werden.

Um wirkungsvoll zu arbeiten, muß eine Saugzuganlage genauestens berechnet werden. Welche Schwierigkeiten sich dabei ergeben, erkennt man an der Typenvielfalt, die konstruiert und gebaut wurde. Chapelon sprach voller Anerkennung von der Vortex-Anlage des Engländers William Adams von 1885, die außer auf über fünfhundert Maschinen der London & South Western Railway auch bei den französischen Nord- und Westbahnen Anwendung fand. Nach seiner Meinung fand sie damals vielleicht nicht die ihr gebührende Beachtung. Sie besaß eine äußere, ringörmige Öffnung für den Dampf und darin einen runden Auslaß für die Abgase, der sich nach unten als Trichter vor die tieferen Rohre des Langkessels legte.

Der finnische Lokführer und Ingenieur Kylälä erfand 1919 eine besondere Blasrohranlage, aus der Chapelon 1926 seinen Kylchap-Auspuff (KC) ableitete. Dieser war so aufgebaut, daß ein gleichmäßiger Saugzug auf die gesamte Rohrwand ausgeübt und dabei der Dampf mit den Verbrennungsgasen so innig vermischt wurde, daß sie mit geringstem Energieaufwand ausgestoßen werden konnten. Von den Zylindern kommend, durchlief der Abdampf eine konische Blasrohrmündung, die mit vier radialen, keilförmigen Einsätzen bestückt war. Diese Einsätze teilten den Dampf in vier Ströme, die einen Teil der Abgase mitnahmen, ehe sie auf die vier Zweige der Kylälä-Zwischendüse trafen, die darüber montiert war. Die Aufteilung des Abdampfs in vier Ströme verbesserte oberhalb der Düse nochmals die Mitnahme der Heizgase, von wo die Mischung aufwärts in den „Petticoat" und mit dem Rest der Gase aus dem Schornstein strömte.

Das hier beschriebene Modell der Kylchap-Anlage wurde als Typ 1 K/1 C bezeichnet. Als Variante besaß der Typ 1 K/T eine trompetenartige Verlängerung des Kamins nach unten, die den „Petticoat" ersetzte. Da auf den größeren Lokomotiven innerhalb der Umgrenzungslinie häufig die Höhe nicht ausreichte, um den Apparat in den richtigen Dimensionen zu gestalten, wurden oftmals zwei komplette Kylchap-Anlagen mit den Schornsteinen hintereinander angebracht, auf den stärksten Loks sogar drei Sätze.

1926 wurden die ersten Meßfahrten mit der Kylchap-Blasrohranlage auf den Verbund-

„Pazifiks“ der Serien 4500 und 3500, ferner mit den einfachen „Pazifiks“ der Reihe 3591 und weiteren großen PO-Maschinen durchgeführt. Die Resultate waren sehr ermutigend, denn man stellte eine bemerkenswert bessere Verdampfungsfreudigkeit und verminderten Gegendruck fest. Auf der „Pazifik“ Nr. 4597 wurde der Saugzug so scharf, daß das Blasrohr erweitert und dadurch der Gegendruck um 41 Prozent herabgesetzt werden konnte. Carnots Grundsätze wurden mit dem Einsatz dieser Maschine bestätigt, denn bei einem Versuch mit weit geöffnetem Regler wurde ein Druck von 15,7 kg/cm² statt der bisherigen 7,9 kg/cm² gemessen, und zwar bei Füllungen von 40 Prozent im Hochdruck- und 60 Prozent im Niederdruckteil, verglichen mit 60 Prozent bei Hochdruck und 70 bei Niederdruck vorher. Darüber hinaus sparte die Lok 16 Prozent Kohlen ein. Ähnliche Ergebnisse stellten sich auch bei der Lok 4528 ein, die im Gegensatz zu Nr. 4597 noch mit Naßdampf betrieben wurde, sowie bei der Zwillings-„Pazifik“ Nr. 3638.

Für André Chapelon war offensichtlich, daß er diese Resultate durch eine Querschnittserweiterung der Dampfleitungen noch verbessern konnte, und um ganz sicher zu gehen, hielt er eine Verdoppelung für angebracht. Gleichzeitig wollte er die engen Bögen der dampfführenden Rohre fortan vermeiden und das Volumen der Schieberkästen vergrößern. Mit diesen Maßnahmen sollten die Drosselverluste in der Dampfmaschine auf dem Weg vom Regler durch den Hochdruckteil zu den Niederdruckzylindern vermindert werden.

Es mutet seltsam an, daß bereits Thomas R. Crampton, der 1846 seine ersten Lokomotiven gebaut hatte, die Bedeutung großer Dampfquerschnitte kannte. Das besondere Kennzeichen seiner Lokomotiven war indes das einzelne Treibradpaar hinter der Feuerbüchse mit den vier bis sechs kleinen Tragrädern unter dem Kessel davor. Cramptons Ziel war die Verbindung einer beachtlichen Heizfläche mit einem niedrigen Schwerpunkt der Lok, wobei die äußere Erscheinung der Maschinen mancherorts die Aufmerksamkeit von den weiten Dampfleitungen abgelenkt haben mag.

Erst fünfzig Jahre später, 1897, kam die Nordbahngesellschaft nach Versuchen mit der Schnellzuglok Nr. 2158 zu den Abmessungen der Dampfleitungen, die den Erfolg ihrer „Atlantiks“ hervorriefen. Dort finden sich auch weite Speicher zwischen dem Kessel und den Zylindern, welche die Dampfströmung regulieren und Drosselverluste ausgleichen sollten. Auch diese Einrichtung wurde von den meisten Konstrukteuren kaum gewürdigt, hingegen von Chapelon als so wichtig erkannt, daß er die Räume vor den Niederdruckzylindern der PO-„Pazifiks“ vervierfachen wollte, bis sie das Volumen der Zylinder erreicht hatten. Die Prinzipien hinter den Versuchen der Nordbahn waren so neu nun auch wieder nicht, und Chapelon kannte ihre Veröffentlichung in dem Buch „Railway Machinery“ des Schotten D. K. Clark von 1850, aber sie waren eben inzwischen bei vielen Eisenbahningenieuren in Vergessenheit geraten.

Nach Chapelons Vorausberechnungen sollten die von ihm vorgeschlagenen Verbesserungen an den Dampfleitungen und der Auspuffanlage bei 40 Prozent Füllung in den Hochdruckzylindern und einem Tempo von 95 km/h eine Vergrößerung der indizierten Maschinenleistung von 1936 PS bei der alten Ausführung auf 2406 PSi erbringen, also Leistung und Wirtschaftlichkeit um ein Viertel steigern.

Das war aber noch nicht alles. Chapelon hatte auch die Temperatur in dem Verbinder zwischen Hoch- und Niederdruckteil bei einer der Heißdampf-„Pazifiks“ gemessen und festgestellt, daß die Überhitzung in den Niederdruckzylindern praktisch wieder gleich Null war. Wenn man die Kondensation in der Niederdruckgruppe ausschalten konnte, waren weitere Ersparnisse zu erwarten. Damals waren Heißdampfloks gegenüber den ursprünglichen Naßdampfmaschinen im Betrieb etwa 20 Prozent billiger, und zwar bei 300° C Überhitzung, aber der Gewinn war fast vollständig den Hochdruckzylindern zugutezuhalten. Wenn die Niederdruckzylinder ebenfalls mitwirkten, konnte man wohl weitere 10 Prozent Ersparnis annehmen. Chapelon schätzte, daß dazu die Heißdampftemperatur am Eingang der Hochdruckzylinder um etwa 100° C gesteigert werden müßte. Zwar waren Öl und Werkstoffe für diese hohen Temperaturen noch ein rechtes Problem, doch Chapelon hielt es für lösbar. Aus den gesammelten Berechnungen zog André Chapelon nun die Summe dessen, was von einer nach seinen Plänen umgebauten „Pazifik" insgesamt zu erwarten war. Wenn man die durchschnittliche indizierte Leistung der großrädrigen Heißdampf-„Pazifik" aus der Serie 3500 bei höherer Geschwindigkeit mit 1850 PSi annahm, dann würden seine Verbesserungen im Dampfkreislauf die Zylinderleistung um 20 Prozent auf 2200 PSi anheben, die durch gesteigerte Überhitzung um weitere 10 Prozent auf 2400 PSi zu verbessern waren. Zusätzlich aber sollte der verbesserte Saugzug mit dem Kylchap-Auspuff die Kesselleistung nochmals um 25 Prozent über den vorigen Stand schrauben, um die 3000-PS-Marke zu erreichen.

In diesen knappen Worten kommt die unglaubliche Bedeutung dieses Gutachtens kaum angemessen zum Ausdruck. Kein anderer Lokomotivbauer hatte bisher so scharf gerechnet und gedacht. Chapelon selbst, ein ausgesprochen zurückhaltender Mann, ließ denn auch nur vernehmen, er sei den Fußstapfen seiner Vorgänger gefolgt und habe auf der Arbeit von Anatole Mallet, dem Erfinder des Verbundsystems, den Gedanken von Henry bei der PLM, du Bousquet bei der Nordbahn, Churchward von der Great Western, Nadal bei der Etat sowie von Wilhelm Schmidt, dem Schöpfer des Überhitzers, aufgebaut. Auch R. A. Riddles, ein anderer englischer Konstrukteur, war von diesem Gedanken der Weiterentwicklung früherer Gedanken überzeugt, doch eine Kunst blieb es dennoch. Die langen Jahre von Chapelons Studien und Forschungen trugen die ersten Früchte: Der Bau von Dampflokomotiven stand vor dem größten Fortschritt aller Zeiten.

Aufgrund von Chapelons Gutachten und der Meßergebnisse wurde im November 1926 beschlossen, eine „Pazifik" der Baureihe 3500 vollkommen umzubauen. Wegen der hohen in Angriff genommenen Überhitzung wurde eine Maschine ausgewählt, auf der bereits die Lentz-Ventilsteuerung ausprobiert werden sollte. Diese sollte von Paxman & Co in London, Lizenzträger des Lentz-Patents, geliefert werden. Zunächst waren rotierende Nocken vorgesehen, doch entschied man sich dafür, die vorhandene Heusingersteuerung als Antrieb beizubehalten, so daß diese hin- und hergehende Nocken bediente. Am 15. Dezember 1926 faßte Chapelon alle Baumaßnahmen und die erwarteten Ergebnisse tabellarisch zusammen (siehe S. 23–26).

Im Mai 1926 hatte Chapelon einen Brief von Louis Lacoin erhalten, in dem dieser schrieb: „Mein Vetter Maurice Lacoin berichtete mir vor einigen Tagen, wie zufrieden er mit Ihnen und Ihrem Arbeitseifer ist. Ich schreibe Ihnen dies, um Sie zu ermutigen und um Ihnen mitzuteilen, wie sehr es mich freut."

Die erste Maschine, die zum Umbau kam, trug die Nummer 3566. Sie war wohl die schlechteste ihrer ganzen Baureihe und trug aus diesem Grunde bei den Personalen den Spitznamen „Cholera". Im November 1929 verließ sie die Werkstätten von Tours. Diese lange Zeit zwischen der Entscheidung zum Umbau und der Fertigstellung hatte ihren Grund in der Unsicherheit und Verwirrung, die durch den plötzlichen Tod von Billet und die Pensionierung von Lacoin entstanden waren. Lacoins Nachfolger war de Boysson, der wie mancher andere nicht recht an Chapelons Lokomotive glaubte und ihr einen Platz im Reich der Phantasie zumaß, statt sie einer näheren Betrachtung zu würdigen. Schließlich mußte Chapelon ihn

15. Dezember 1926: Fortschritte, die von den vorgeschlagenen Abänderungen an der zweiten Lokomotive der Reihe 3500 mit Lentz-Ventilsteuerung mit rotierenden Nocken[1]) zu erwarten sind

Gegenstand (a)	Zielvorstellung (b)	Vorgeschlagene Änderung (c)	Leistungszuwachs[2]) (d)	Präzedenzfälle (e)
A. Steigerung des thermischen Wirkungsgrades				
1. Im Kessel	a) Verbesserter Wirkungsgrad der Verbrennung durch bessere Mischung der Gase	Verlängerung des Feuerschirms	3 %	Versuche mit den Loks 4597 und 4528 im Jahre 1926
	b) Verbesserte Verdampfung durch gesteigerten Wasserumlauf an den Heizflächen	Einbau eines Nicholson-Thermosyphons	4 %	Nach Angaben des Herstellers in Amerika 10 % Ersparnis
2. Antriebsmaschine	a) Thermische Verbesserungen durch:			
	I. Steigerung der Dampftemperatur von 300° C auf 350° C und 400° C	Vermehrung der Rauchrohre von 24 auf 40 Stück; Kürzung der Überhitzerelemente auf $^2/_3$ der Rohrlänge[3])	350° C 5 % / 400° C 9 %	Nach Versuchen von Strahl in Deutschland wurden bei Steigerung der Temperatur von 300° C auf 350° C Brennstoffersparnisse von 9 % erzielt
	II. Betrieb stets mit dem größtmöglichen Schieberkastendruck (Regler weit geöffnet)		10 %	
	b) Verbesserungen an der Maschine im engeren Sinne:			
	I. Durch die Steigerung der Überhitzung werden die Kondensationsverluste an den Zylinderwänden fast vollständig aufgehoben, selbst in den Niederdruckzylindern			
	II. Abbau der Drosselverluste durch: 1) Querschnittsvergrößerung des gesamten dampfführenden Systems vom Regler bis zum Blasrohr	a) Querschnittsvergrößerungen von: Regler, Reglerrohr, Überhitzer, Ein- und Ausströmrohren der vier Zylinder, Verbinderrohre, Ein- und Auslaßventile der vier Zylinder	40–60 km/h 70–90 km/h 100–120 km/h	

Anmerkungen

[1]) Da der Einbau von rotierenden Nocken nur unter Schwierigkeiten möglich gewesen wäre, wurden auf Chapelons Wunsch hin- und hergehende Nocken mit Antrieb durch Heusingergestänge angebracht.

[2]) Leistungszuwachs bei konstantem Brennstoffverbrauch. Diese Werte beziehen sich auf 1500 bis 2000 PSi, wie sie von der ursprünglichen Maschine mit Kolbenschiebern abgegeben wurden. Die Leistungssteigerung wurde so angesetzt, daß der Zylinderinhalt, der nicht verändert wurde, bei allen denkbaren Beanspruchungen ausreichen würde. Es wurde als sicher angesehen, daß sich bei hohen Geschwindigkeiten (110 – 120 km/h) hier keine Probleme ergaben.

[3]) Nach Versuchen mit dem Schmidt-Überhitzer mit verkürzten Elementen an Lok 3566, zunächst mit 40, später mit 32 Rauchrohren, wurde der Houlet-Überhitzer mit 28 Rauchrohren (von denen 2 Rohre gewöhnliche Schmidt-Elemente enthielten, um 400° C nicht zu überschreiten) an den Lokomotiven 3702/3721 angebracht.

Gegenstand (a)	Zielvorstellung (b)	Vorgeschlagene Änderung (c)	Leistungszuwachs[2]) (d)	Präzedenzfälle (e)
	2) Verbesserung der Form der Dampfleitungen	b) Volumenvergrößerung von: Hochdruck-Schieberkasten, Verbinderraum, Einström- und Verbinderrohren der Hoch- und Niederdruckzylinder		
	3) Einbau von Ventilsteuerungen			Die Lentz-Gesellschaft nennt für Lokomotiven mit hin- und hergehenden Nocken und Ein- und Ausströmungen von normalem Querschnitt Ersparnisse in der Größenordnung von 10 %
	4) Schnelles Öffnen der Ventile			
	5) Größere Flüssigkeit des hochüberhitzten Dampfes und sein niedrigeres spezifisches Gewicht			
	6) Geringere Schwankungen im Hochdruck-Schieberkastendruck durch Volumenvergrößerung von Schieberkasten und Einströmrohr			
3. In Kessel und Triebwerk zusammen	Entnahme von Dampf zur Vorwärmung des Speisewassers aus dem Verbinder[4])	Betrieb eines Injektors mit dem aus dem Verbinder entnommenen Dampf[4])	7 %	Theoretisch ergaben sich etwa 12 %; durch Versuche bei der Ostbahn wurden 10 % erreicht
B. Steigerung der Dampflieferungskapazität des Kessels				
	Steigerung der stündlichen Rostbelastung je qm um 50 % (von 400 kg auf 600 kg)	Einbau des 1 K/1C-Doppelschornsteins (Kylälä- u. Vierstrahldüse mit aufgesetzter zylindrischer Zwischendüse mit konischer Spitze).	25 % bei 50 % günstigerem Kohlenverbrauch	Der Mehrfachschornstein geht auf Geoffrey zurück, der ihn 1865 bei einer Crampton der Nordbahn (4 Kamine) anwandte. 1925 wurde er in Amerika eingeführt und auch an einer Flamme-Pazifik der Belgischen Staatsbahn durch Legein angebracht

[4]) Die Bauform wurde nicht ausgeführt, sondern die Lokomotiven wurden mit einem ACFI-Speisewasservorwärmer ausgerüstet.

Gegenstand (a)	Zielvorstellung (b)	Vorgeschlagene Änderung (c)	Leistungszuwachs[2]) (d)	Präzedenzfälle (e)
C. Besondere Maßnahmen aufgrund der besonders hohen Überhitzung				
1. Zylinderschmierung	Sichtbare mechanische Schmierung mit besonderer Leitung zu jeder Schmierstelle	Mechanische Michalk-Hochdruckschmierpumpe mit Rückschlagventilen, um stabilen Druck sicherzustellen[5])		
2. Dampfdichte Ausführung von:				
a) Kolben	Vergrößerte Zahl der Kolbenringe	4 Hochdruck-, 3 Niederdruckkolbenringe		
b) Ölsperren	Labyrinthmündungen mit Gußringen	Hauber-Ölsperren		
c) Anfahrvorrichtungen (Trennung von HD- und ND-Zylindern bei der Anfahrt)		Einbau zusätzlicher Ringe und Nuten		
3. Verminderung der Wärmeverluste des überhitzten Dampfes durch Abstrahlung[6])	Ganz vollständige Isolierung aller Teile des Dampfsystems, Einströmrohre, Schieberkästen, Zylinder, Verbinderrohre			Deutlicher Druckverlust vor dem Zylinder (0,5 bis 1,0 kg/cm²); Untersuchungen für die Nordbahn 1892 und die PO 1903 (Reihen 3000 u. 4000) sowie 1926 (Reihe 4500) an Naßdampfloks. Auch bei Heißdampf von 300° C wurden noch Druckverluste festgestellt.
D. Sonstige Maßnahmen				
1. Verhinderung von Ermüdungserscheinungen an der Kropfachse angesichts der erwarteten gesteigerten Maschinenleistung	Achse mit ausgewuchteter Kröpfung			
2. Anstandslose Achslagerschmierung	Mechanische Schmierung			
3. Zeitweilige Haftreibungsverbesserung	Sandung der sechs Kuppelachsen mit Druckluftsandstreuer			

[5]) Diese Schmierpresse kam nicht zur Anwendung, sondern es wurde die Bauart Bosch wegen ihrer größeren Genauigkeit installiert.

[6]) Ungenügende Isolierung kann den Verlust aller Vorteile der Hochüberhitzung bedeuten, denn die zusätzliche Wärmemenge zur Erzeugung dieses Überhitzungsgrades ist relativ gering.

Zusammenfassende Abschlußberechnung

Einsatzbedingungen	I. Indizierte Leistung [PSi] Gegenwärtige Lok	Projektierte Lok	Mehrleistung [%]	II. Spezifischer Brennstoffverbrauch [kg/PSeh] Gegenwärtige Lok	Projektierte Lok	Brennstoffmehrverbrauch der gegenwärtigen Lok im Vergleich zur Projektlok [%]
1) Füllung 60/70 %, Schieberkastendruck 10–11,7 kg/cm², HD-Einströmtemperatur 300° C	1500–1600			1,25		
bei 70– 90 km/h		1750	15		1,085	15
bei 100–120 km/h		1850	20		1,040	20
2) Regler voll geöffnet, Schieberkastendruck 15 kg/cm², HD-Einströmtemperatur						
a) 350° C						
bei 70– 90 km/h		2150	40		0,900	40
bei 100–120 km/h		2250	45		0,865	45
b) 400° C						
bei 70– 90 km/h		2250	45		0,865	45
bei 100–120 km/h		2350	50		0,830	50
3) Einsatz der gesamten Kesselleistung durch den Doppelkamin, Schieberkastendruck 15 kg/cm², HD-Einströmtemperatur						
a) 350° C						
bei 70– 90 km/h		2700	75		1,075	16
bei 100–120 km/h		2850	80		1,040	20
b) 400° C						
bei 70– 90 km/h		2850	80		1,040	20
bei 100–120 km/h		3000	90		1,000	25

Anmerkung:

Die Zahlen in diesen Tabellen können, da sie nur auf Schätzungen beruhen, nur mit Vorbehalt angegeben werden [gez.] A. Chapelon, 15-12-26.

Anmerkung des Verfassers:

In der Praxis, bei Versuchen mit Bremslokomotiven, erzielten zwei Lokomotiven aus den ersten umgebauten Serien (Loks 3705 und 3718) spezifische Verbrauchswerte in kg/PSeh, welche die hier unter 3) genannten Zahlen der Abschlußberechnung noch unterboten. Statt der Werte 1,075; 1,040, 1,040 und 1,000 kg/PSeh lauteten die ermittelten Werte vielmehr 0,863; 0,990, 0,960 und 1,000 kg/PSeh bei einer durchschnittlichen Dampftemperatur von 350 ° C und einem Kesseldruck von 17,0 kg/cm², bedeuteten also nochmals 8 % durchschnittlichen Minderverbrauch.

Eine der 1934 umgebauten „Pazifiks“ ergab noch bessere Werte. Die Lok 231.726 besaß Niederdruckzylinder mit 10 % Volumenvergrößerung, ferner im Niederdruckteil vergrößerte Einströmung (22 %) und Ausströmung (31 %) sowie eine Querschnittsvergrößerung um 25 % in der Überhitzeranlage. Bei Versuchen fielen die entsprechenden Werte für den spezifischen effektiven Brennstoffverbrauch auf 0,730; 0,766, 0,770 und 0,760 kg/PSeh. Dabei betrugen die durchschnittliche Dampftemperatur 380 ° C und der Kesseldruck 17,0 kg/cm². Hieraus ergibt sich eine weitere Kohlenersparnis von etwa 20,5 %, so daß die Gesamtverbesserung gegenüber den 1926 errechneten Werten etwa 27,5 % beträgt. Dieses außerordentlich zufriedenstellende Ergebnis war auf sparsamen Umgang mit dem Dampf sowie auf den höheren Kesselwirkungsgrad zurückzuführen, die zu geringerer Rostbelastung führten.

Bild 7 (links) André Chapelon (in weißer Kombination) und Oberlokomotivführer Deschamps vor der 2'C-Heißdampflok Nr. 4521 der PO. Die Lokomotive gehörte zu der von 1914 bis 1922 gelieferten Bauserie 4200; das Bild wurde anläßlich von Vergleichsfahrten mit Nordbahn-, PLM- und Kylälä-Auspuffanlagen 1925 im Depot Châteauroux aufgenommen. (Sammlung Chapelon)

Bild 8 (oben) Die doppelte Kylchap-Saugzuganlage, die später auf der umgebauten „Pazifik" Nr. 3566 angebracht wurde. (PO)

Bild 9 Die erste der von Chapelon umgebauten Lokomotiven: Nr. 3566 nach dem Verlassen der Werkstätte in Tours im November 1929, bereits mit dem Tender der Nordbahnbauart gekuppelt, um ihr den Langlauf Orléans–Bordeaux mit nur einem Zwischenhalt in Poitiers zu ermöglichen. (PO)

Bild 10 Lokomotive 3566 übernimmt am 24. März 1931 in Les Aubrais ihren Zug von einer elektrischen Lokomotive. Vertreter der verschiedenen französischen Bahngesellschaften betrachten sich das Triebwerk.

(Sammlung Chapelon)

Bild 11 Am selben Tag in Poitiers. Wieder drängen sich die Techniker um die Maschine. (Sammlung Chapelon)

Bild 12 Versuchsfahrten vor der technischen Kommission des OCEM. Die umgebaute „Pazifik" Nr. 3705 verläßt Angoulême vor einem 750-t-Zug.

(Sammlung Chapelon)

Bild 13 Lokomotive Nr. 3715 im Depot Calais, als 1932/33 die Versuchsfahrten auf der Nordbahn durchgeführt wurden. Neben der Maschine steht Oberlokführer René Gourault. (Sammlung Chapelon)

Bild 14 Noch einmal die gleiche Szene: Rechts von Oberlokführer Gourault steht sein Heizer Léonce Miot, die bewährte Besatzung der Versuchslok 3566. (Sammlung Chapelon)

Bild 15 Die umgebaute „Pazifik" Nr. 3.1171, die erste Maschine aus einer Bestellung der Nordbahn, bei Probefahrten im Bahnhof Tours. Es handelt sich um die frühere Betriebsnummer 3579 der PO, an der 1927 die ersten Versuche mit Lentz-Ventilsteuerungen gemacht worden waren. (Sammlung Chapelon)

Bild 16 Lokomotive 3.1189 aus der ersten Serie von 20 Chapelon-Maschinen für die Nordbahn, hier in La Chapelle. Später wurden sie als 231 E 1–20 bezeichnet. (Floquet)

Bild 17 Die Lok 231 E 42, ebenfalls in Paris-La Chapelle aufgenommen, gehörte zur zweiten Serie der Nordbahn. Diese 28 Maschinen kamen neu aus der Fabrik. (Floquet)

Bild 18 Während des Umbaus einer Lokomotive 3500 in der Werkstätte von Tours. Aus diesen Teilen wurde später entweder die Maschine 231.730 oder 231.731 aus der verbesserten Serie (vgl. Bild 19). (Fenino)

in einer Eingabe auf die Bedeutung hinweisen, die dem Umbauplan ursprünglich zugekommen war. Hierauf bat ihn de Boysson um eine ausführliche Erklärung des Projekts und stimmte endlich seiner Fortsetzung zu.

In ihrer endgültigen Form enthielt die umgebaute Maschine außer den bereits genannten Veränderungen noch einen ACFI-Speisewasservorwärmer und einen Nicholson-Thermosyphon. Dieses Bauteil hatte zur Aufgabe, den Wasserumlauf im Kessel zu verbessern und den Druck nach Anfahrten schneller wieder auf die rote Marke zu bringen. Eine doppelte Kylchap-Anlage mit zwei Kaminen wurde eingebaut.

Die Lok 3566 unternahm ihre ersten Meßfahrten am 19. November 1929, fast genau ein Jahrhundert nach Stephensons Triumph mit der „Rocket" in Rainhill. Die Ergebnisse waren beachtlich: Chapelons Berechnungen wurden genau erfüllt, denn Lok 3566 entwickelte rund 3000 PSi vor einem schweren Zug mit 120 bis 130 km/h, und mit Ersparnissen von ungefähr einem Viertel bei mittleren Leistungen, wie sie die anderen Maschinen erbrachten. Die neue Lok war mit einem Schlag bekannt, und zwar nicht nur in Frankreich, sondern überall, wo Lokomotiven gebaut wurden.

Ausführliche Versuche mit der Lok 3566 wurden vor Planzügen und Meßeinheiten auf der Strecke Paris–Bordeaux südlich des elektrifizierten Abschnitts ab Les Aubrais unternommen. Am 4. April 1930 legte die Maschine die 114 km zwischen Poitiers und Angoulême mit einem Zug von 368 t unbeirrt mit der zugelassenen Geschwindigkeit von 120 km/h zurück, ohne irgendwie auf die Steigungen einzugehen. Auf der lok befand sich Edmond Epinay, der von de Boysson gerade das Amt des Chefs der Maschinentechnischen Abteilung übernommen hatte, und der diese Fahrt als das eindrucksvollste Ereignis seiner beruflichen Laufbahn bezeichnete. Es war diese Leistung, die bald darauf zur Festsetzung der Fahrzeit zwischen Poitiers und Angoulême auf 60 Minuten führte, weil Epinay sie von der zögernden Betriebsabteilung forderte. Sein Vertrauen war gerechtfertigt, kaum ein Lokführer überschritt diesen Plan.

Eine weitere hervorragende Probefahrt fand am 24. März 1931 statt, als ein 457-t-Zug auf den 588 km von Paris nach Bordeaux in 5 Stunden 48 Minuten mit einer durchschnittlichen Geschwindigkeit von 100,5 km/h befördert wurde, ohne einmal die Begrenzung auf 120 km/h zu überschreiten. In dieser Rechnung ist der Traktionswechsel in Les Aubrais enthalten. Dort setzte sich Lok 3566 vor den Zug und brachte ihn binnen 4 Stunden 26 Minuten über die 460-km-Distanz nach Bordeaux, einschließlich eines Aufenthalts von 8 Minunten in Poitiers. Die Reisegeschwindigkeit zwischen Les Aubrais und Poitiers war 104,6 km/h, die zwischen Poitiers und Bordeaux 103,5 km/h, obwohl Streckenarbeiten mehrere Langsamfahrstellen verursachten. Unter den Fahrgästen des Zuges befanden sich Ingenieure der anderen französischen Bahngesellschaften, und bei der Ankunft in Bordeaux hörte Chapelon von Marcel Bloch, dem Oberingenieur für Fahrzeuge und Werkstätten unter Epinay, den schmeichelhaften Satz: „Vous avez fait quelque chose" (Sie haben wirklich etwas geleistet).

Die Fahrt war angesetzt worden, um Aufschluß über die Möglichkeit eines Fahrplans von 5 Stunden 50 Minuten zwischen Paris und Bordeaux zu erhalten. Das war jetzt sicher, und man konnte an die Verkürzung der Fahrzeiten auf dieser Strecke um eine bis anderthalb Stunden denken. Epinay, der diese Zeiten selbst mit Zügen über 800 t herausgefahren hatte, bestand auf der Einführung solcher Pläne, sobald die neuen Maschinen verfügbar waren. Begeistert von dem großen Erfolg der Meßfahrten war schon beschlossen worden, die „Pazifiks" 3501 bis 3520 von 1909, die ja noch mit Naßdampf liefen, in Tours umzubauen.

Zum Sommerfahrplan 1932 standen sie bereit. Lok 3566 wurde in Nr. 3701 umgezeichnet;

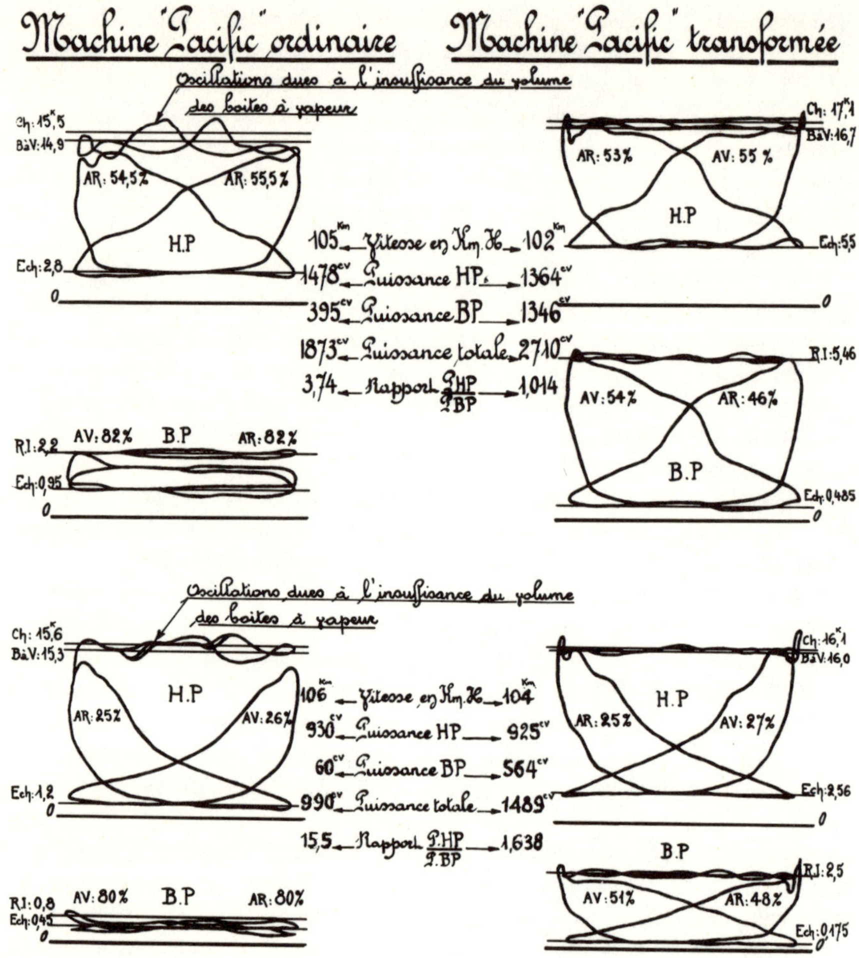

Indikatordiagramme der Baureihe 3500 der Eisenbahn Paris – Orléans vor und nach dem Umbau

(PO)

die anderen Loks erhielten die Nummern 3702 bis 3720, allerdings nicht in der alten Reihenfolge. Gegenüber dem ersten Umbau waren sie etwas abgeändert: Der Kesseldruck war von 16,0 kg/cm² auf 17,0 kg/cm² gestiegen, der Robinson-Überhitzer einem Modell von Houlet gewichen, hinzu kamen Detailverbesserungen. Alle Maschinen wurden dem Depot Tours zugeteilt und dort vor den Rapides und den schwereren Expreßzügen zwischen Les Aubrais und Bordeaux sowie zwischen Tours und Nantes eingesetzt.

Die Probefahrten auf der westlichen Hauptstrecke Tours – Nantes und weiter hatten noch 1932 stattgefunden. Am 12. März hatte Lok 3701 einen Zug von Paris nach Redon (510 km) in Les Aubrais zu übernehmen. Die Abfahrt erfolgte verspätet, weil ein beschädigter Wagen ausgesetzt werden mußte, so daß das Zuggewicht von 475 t auf 435 t zurückging. Redon ist ein bedeutender Kreuzungsbahnhof hinter Nantes auf der Strecke nach Brest. Obwohl 4 Halte und 15 Langsamfahrstellen die Fahrt verzögerten, erreichte Lok 3701 noch einen Gesamtdurchschnitt ab Paris von 98,8 km/h. Der Mittelwert von Les Aubrais nach Redon war 126,7 km/h, wobei für die Versuche ausnahmsweise einmal 135 km/h Spitzengeschwindigkeit zugelassen worden waren. Der Chefingenieur der Nordbahngesellschaft, Lancrenon, war diesmal selbst im Zug mitgefahren, und aufgrund seines Berichts bestellte diese Verwaltung 20 auf ähnliche Weise umgebaute Maschinen bei der PO sowie noch weitere 28 bei der Industrie.

Die Entscheidung Lancrenons wurde durch Versuche auf der Nordbahn etwas später voll gerechtfertigt. Hieran nahmen die Chapelon-„Pazifik" Nr. 3715, je eine 2'D 1'-Lok von der PLM und der Ostbahn sowie eine „Pazifik" der Nordbahn-Serie 3.1250 teil. Man kann sich kaum eine bessere Mischung französischer Lokomotiven für Vergleichsfahrten vorstellen, denn jede Gattung war die beste ihrer Verwaltung. Die Nordbahn war wieder auf der Suche nach stärkeren und wirtschaftlicheren Maschinen für ihre schweren, außerordentlich knapp geplanten Schnellzüge, denn der Vorstand ihrer Verkehrsabteilung hing der paradoxen Meinung an, die Züge seien allein deshalb pünktlich, weil die Fahrzeiten nur mit Mühe und Not einzuhalten seien.

Die Nordbahn-„Pazifik" gehörte zu einer Lieferung von 1931, die als modernisierte Version der Reihe 3.1200 von 1923 galt. Diese wiederum waren etwa um ein Drittel stärker als die anderen französischen „Pazifiks" und wurden deshalb „Superpazifiks" genannt. Allerlei Defekte hatten jedoch ihre Unterhaltungskosten in die Höhe getrieben, und die Reihe 3.1250 war mit den entsprechenden Verbesserungen ausgestattet. Die 2'D 1' der Ostbahn stammte von 1925. Als die Staatsbahn ihre 600-t-Züge von Paris nach dem Hafen Cherbourg (372 km) mit einem Zwischenhalt binnen viereinhalb Stunden befördern wollte, hatten schon einmal Meßfahrten zwischen dieser „Mountain" Lokomotive und der Nordbahn-Serie 3.1200 stattgefunden. Die wesentlich größere Rostfläche und ihr höheres Reibungsgewicht ließen die Ostbahnlok das Rennen machen, und die Etat bestellte demzufolge 40 Stück – eine beachtliche Anzahl, denn die Ostbahn hatte auch nur 41 dieser Lokomotiven. Die 2'D 1' der PLM schließlich, Nr. 241 C 1, war ein Einzelstück, das am 30. Dezember 1930 abgeliefert worden war. Sie bildete die Nachfolgerin der Reihe 241 A von 1925, jedoch mit Treibrädern von 2000 mm Durchmesser statt der 1800 mm damals, und war in gewisser Weise der Prototyp der 1948 entstandenen SNCF-Baureihe 241 P, die allerdings viele Änderungen durch Chapelon aufweisen sollte.

Ein anderer bemerkenswerter Aspekt der Vergleichsfahrten war, daß die Lokomotiven aus zwei verschiedenen Schulen des Maschinenbaus stammten. Die Hauptstrecken der Ostbahn und der PLM folgten meistens den Tälern der großen Flüsse und waren deshalb in langen, schlanken Kurven angelegt. Daraufhin bauten diese Bahnen ihre Maschinen mit recht flexiblen Rahmen, die sich in den Gleisbögen verwinden konnten. Außerdem waren ihre Steigungen zwar lang, aber nicht zu stark, so daß kurzfristige Höchstleistungen nur selten verlangt wurden. Völlig anders war die Lage der Hauptstrecken von Nordbahn und PO: Sie durchquerten im allgemeinen die Täler und waren deshalb durch zahlreiche kurze Steilstrecken mit problematischen Anfahrten in vielen Bahnhöfen gekennzeichnet. Ihre Lokomotiven hatten massive Rahmen und waren robuster gebaut, um auf den schwierigen Routen die geforderte Leistung erbringen zu können.

Im Führerstand der Lok 3715 waren Oberlokführer René Gourault und Heizer Leonce Miot. Die Probefahrten wurden im Winter 1932/33 abgehalten und umfaßten die Beförderung von Sonderzügen mit häufigen Stops zwischen Paris und Boulogne, die zunächst 660 t, später 750 t wogen. Außerdem gehörte die „Flêche d'Or" (Golden Arrow) aus der Bootsverbindung Paris–Calais–London mit einem auf 650 t erhöhten Zuggewicht zum Programm. Wie vorauszusehen war, lagen die vierfach gekuppelten Lokomotiven bei den 750-t-Zügen mit mehreren Zwischenhalten vorn, weil es den „Pazifiks" an Reibungsgewicht mangelte. Trotzdem machte die Lok 3715 selbst vor 750 t eine ausgezeichnete Figur, denn sie erreichte Paris auf dem Rückweg von Boulogne 5 Minuten 39 Sekunden eher als die „Mountain" der PLM und 16 Sekunden eher als die Ostbahnlok. Die Nordbahn-„Pazifik" war nicht recht in Schuß und wurde deshalb nicht vor den 750-t-Zug gespannt. Die Ostbahn-2' D 1' war der Chapelon-Maschine nicht nur leicht unterlegen, sondern hatte auch noch den höchsten Brennstoffverbrauch aller Loks im Vergleich. Der Verschleiß, dem sie auf den Nordstrecken ausgesetzt war, schien ungeheuerlich: Bei der Lok brach der Rahmen, die Ersatzlok ereilte das gleiche Schicksal, und erst die dritte widerstand. Die große PLM-2' D 1' entwickelte wohl die höchste Zughakenleistung, hatte aber im Verhältnis zu den Mitbewerberinnen die doppelten Unterhaltungskosten.

Chapelons „Pazifik" war bei weitem die Beste. Sie hatte den geringsten Durchschnittsverbrauch an Kohle und Wasser, und von ihr wurde die schönste Meßfahrt der vier Lokomotiven aufgezeichnet, als sie den „Flêche d'Or" mit 120 km/h über den Gipfel der 40 km langen Steigung von Gannes (1 : 333 bis 1 : 250) zog.

Die Maschineningenieure der Nordbahn waren von diesen Leistungen zutiefst beeindruckt, besonders ihr Lokomotivinspektor Cugnet, der sich bei der letztgenannten Fahrt neben Chapelon im Führerhaus befand. Cugnet konnte seine Begeisterung nicht verbergen, als der 650 t schwere Zug an Gannes vorbeiraste: Regler voll geöffnet, Hochdruckfüllung 60 Prozent, Niederdruck 58 Prozent, Kesseldruck und Wasserstand gehalten! (Übrigens war Cugnet lange Jahre später bei einer Fahrt mit der 242 A 1 zwischen Paris und Lille ebenso hingerissen). Die Fahrten wurden zu einem einzigen Triumph für Chapelon und seine beiden Helfer Gourault und Miot. Unter den Erinnerungsstücken, die Chapelon noch heute am höchsten hält, befindet sich der Abschiedsbrief Miots vor dessen Pensionierung, in dem dieser ihm die Wertschätzung der Heizer für das angenehme Arbeiten mit dem Kylchap-Auspuff zum Ausdruck bringt. Die Nordbahn war nun sicher, mit der Bestellung von 20 Chapelon-„Pazifiks" bei der PO den richtigen Schritt zu tun, und ließ 1936/38 bei der Industrie 28 weitere fertigen.

Für ihren eigenen Bedarf baute die PO in Tours nochmals zehn Maschinen mit weiteren Verbesserungen um, die bei Versuchen auf dem Prüfstand von Vitry bei 141 km/h in den Zylindern 3700 PSi und am Zughaken 2750 PSe entwickelten. Nach Chapelons Meinung war damit das Ziel der meisten Konstrukteure von Verbundlokomotiven erreicht, aus dem Niederdruckteil ebensoviel herauszuholen wie aus den Hochdruckzylindern. Schließlich liefen 102 seiner Lokomotiven, und zwar 31 Umbauten bei der PO, 23 Umbauten bei der Ostbahn, und 48 aus verschiedenen Lieferungen bei der Nordbahn.

Nachdem man so hervorragende Ergebnisse mit der vollständigen Umkonstruktion der Maschinen erzielt hatte, wollte man auch einen begrenzteren, billigeren Versuch bei den „Pazifiks" der Reihe 3500 machen, die bereits mit Überhitzer und etwas größeren Zylindern aus der Fabrik gekommen waren. Deshalb wurde die Lok 3583 mit einem Kylchap-Saugzug bestückt, ihr alter Überhitzer durch die Ausführung Houlet ersetzt, und an die Stelle der Flachschieber im Niederdruckteil rückten neue Kolbenschieber mit doppelter Ein- und Ausströmung, um so große Dampfquerschnitte wie bei der Ventilsteuerung zu erreichen. Der Entwurf stammte von Willoteaux, dem Chefkonstrukteur der PO. Der Umbau war ein solcher Fortschritt, daß noch 1932 weitere 15 auf ähnliche Weise abgeändert wurden und beim Depot

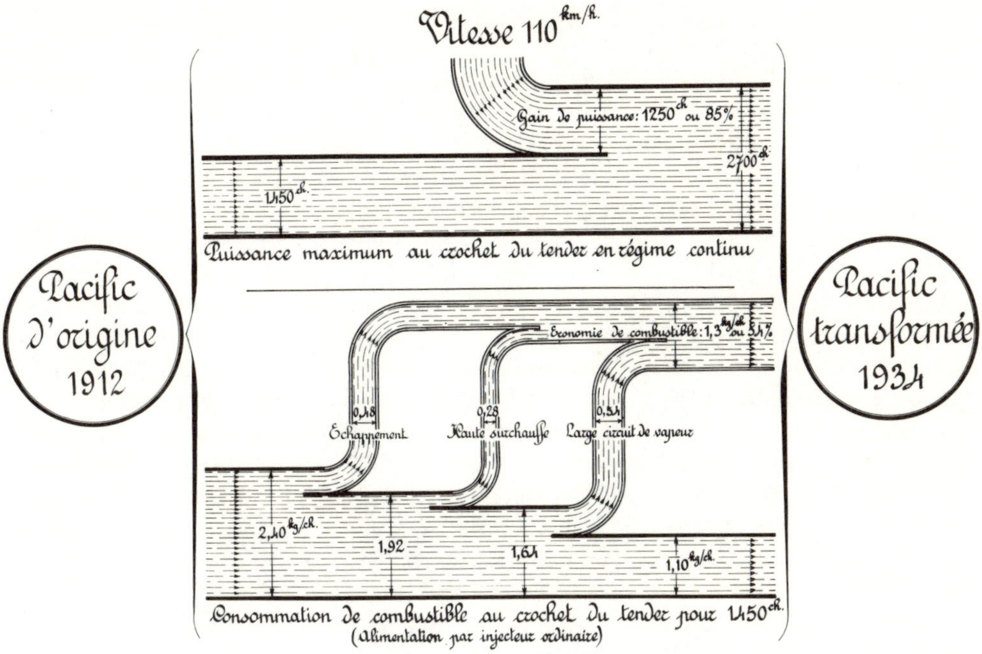

Das Diagramm zeigt die Verbesserungen der letzten umgebauten „Pazifiks“ der Reihe 3500 aus dem Jahre 1934 im Vergleich zum Ursprungszustand der Heißdampf-Baureihe 3500 von 1912.

(Sud-Est)

Limoges zur Beschleunigung der Nachtzüge zwischen Paris und Narbonne eingestellt wurden. Auf dieser Strecke, die Steigungen von 1 : 100 über erhebliche Längen besitzt, konnten die Fahrzeiten gleichfalls um über eine Stunde vermindert werden.

Bald nach den ersten Meßfahrten mit der Lok 3566 hatte André Chapelon einen weiteren einzigartigen Triumph auf einer anderen Bahngesellschaft: Ihm Jahre 1927 hatte die Société Suisse pour la Construction de Machines in Winterthur eine 1'C 1'-Tenderlok mit drei Stumpffschen Gleichstromzylindern gebaut, die mit einem Wasserrohrkessel von 60 kg/cm² Dampfspannung ausgerüstet war. Das Zentrale Konstruktionsbüro (OCEM) hatte um Versuchsfahrten vor Bremslokomotiven der Ostbahn gebeten, doch weder der Erbauer noch das OCEM konnte dem Umstand abhelfen, daß die Maschine ausgesprochen schlecht Dampf machte. Als man daraufhin an Chapelon herantrat, entwarf er eine Sonderform der Kylchap-Anlage speziell für diese Lok, mit der sie am 10. Dezember 1929 die ersten Tests unternahm. Die bergige Strecke von Chalons-sur-Marne nach Reims, die für die Fahrten ausgewählt worden war, begann gleich in Chalons mit einem steilen Anstieg. Zur Verwunderung aller Beobachter fiel aber der Kesseldruck bei der Anfahrt nicht, sondern stieg am Hang so weit, daß mehrfach die Sicherheitsventile abbliesen. Chapelon sandte ein Dankgebet dafür zum Himmel, daß ihm auch in diesem anscheinend so hoffnungslosen Fall der richtige Einfall gekommen war. Bei der Ankunft in Reims wurden seine Gefühle von allen Anwesenden geteilt, und der Vertreter der Winterthurer Gesellschaft umarmte voller Dankbarkeit den Retter seiner Lokomotive.

Kapitel 3: Die Revolution der Vierkuppler

Im Jahre 1930 begann die PO-Verwaltung mit der Suche nach einem Mittel, um sowohl die Geschwindigkeit als auch das Gewicht ihrer Züge auf der Hauptstrecke nach Toulouse zu vergrößern, wo der schwierige Abschnitt zwischen Châteauroux und Montauban mit seinen langen Steigungen von 1:100 den kleinrädrigen „Pazifiks" der Reihe 4500 das letzte abverlangte. Schneller als bisher konnten sie nicht fahren, und mehr als 500 t Last konnten ihnen nicht zugemutet werden. Zwar hatte der Umbau der Heißdampf-Serie 3500, inzwischen mit Reihe 3700 bezeichnet, zu kürzeren Fahrzeiten geführt, aber ihr Reibungsgewicht reichte für schwerere Züge eben auch nicht hin. Man wünschte sich eine Lok, die in diesen angespannten Plänen bis zu 700 t befördern konnte.

Epinay dachte zunächst an die Beschaffung von 2'D 1'-Maschinen wie der PLM-241 C, die mit dem vierten Kuppelradsatz schwer genug zu sein schien, oder aber an einen Umbau der einfachen Zweizylinder-„Mikados" der PO (Achsfolge 1'D 1'), die einst zum großen Teil in Amerika gekauft worden waren, in dreizylindrige „Mountains". Demgegenüber schlug ihm André Chapelon vor, das Problem durch eine Verbesserung der Reihe 4500 wie zuvor bei der großrädrigen Serie 3500 unter gleichzeitigem Umbau in die Achsanordnung 2'D zu lösen. Epinay stimmte diesem Rat zu, so daß Chapelon im Oktober 1931 mit dieser Aufgabe betraut wurde.

Natürlich konnte der bisherige Kessel der Serie 4500 mit trapezförmigem Rost nicht beibehalten werden, sondern mußte einer langen schmalen Feuerbüchse zwischen den hinteren Kuppelrädern Platz machen. Chapelon glaubte, daß der ausgezeichnete Kessel auf den Nordbahn-„Pazifiks" der Reihe 3.1200 seinen Ansprüchen genügen würde, und bat dort um die Zeichnungen. Schließlich wählte er die längere Belpaire-Feuerbüchse mit 3,75 m^2 Rostfläche nach Asselins Originalentwurf von 1914 und fügte einen Nicholson-Thermosyphon hinzu, weil ihm die abgeänderte Ausführung von 1923 mit 3,50 m^2 Rostfläche als zu klein erschien. Die „Pazifiks" der Nordbahn waren allen vor Chapelon gebauten Loks dieser Art um ein Drittel überlegen, was außer auf ihre bessere Steuerung und auf ihre weiteren Dampfleitungen eben auch auf den langen schmalen Stehkessel zurückzuführen war.

Die ursprünglichen Rahmen der Reihe 4500 wurden nun hinter der letzten Kuppelachse abgeschnitten und dann durch angeschweißte Platten der gleichen Dicke nach hinten verlängert. Der Umbau begann, wie gesagt, im Oktober 1931 in Tours, und zehn Monate später, im August 1932, konnte die erste Probefahrt abgehalten werden – ein ganz anderes Bautempo als bei der Lokomotive 3566!

Der Stehkessel war 3,81 m lang, obwohl man im allgemeinen nicht gern über 3,0 m hinausging. Chapelon war aber überzeugt, daß sich für den Heizer bei der Beschickung einer schmalen Box von dieser Länge keine größeren Schwierigkeiten ergeben würden. Außerdem hatte er erkannt, daß eine Feuerbüchse dieser Form von selbst eine bessere Wärmeausbeute erbrachte als ein breiter Stehkessel mit der gleichen Rostfläche, weil die Strahlungsheizfläche größer war. Schließlich war auch für den Heizer die Unterhaltung eines ausreichenden Feuers auf schmalem Rost einfacher als auf einem breiten, weil bei letzterem die hinteren Ecken nicht leicht zu erreichen waren. Als weiterer Vorteil der schmalen Feuerbüchse kam hinzu, daß die Kohle besser vorwärts wanderte und so eine Verstopfung des Rosts vermied, die dem unaufmerksamen Heizer bei der breiten Feuerbüchse stets drohte.

Nur schwer lassen sich die passenden Worte finden, um die Fähigkeiten der neuen Lok 4521 zu beschreiben: Sie war ein Gigant unter den Maschinen, denn ihre Leistungen stellten selbst die der umgebauten „Pazifiks" in den Schatten. Dennoch sah es auf der ersten Probefahrt, die sie 1933 mit einem Zug von 730 t zwischen Vierzon und Limoges unternahm, keineswegs danach aus. Zwischen Vierzon und Chateauroux litt die Lok bei kurzer Füllung unter Dampfmangel, und die mitfahrenden Kritiker, die ihr eine zu kleine Rostfläche vorwarfen, rieben sich schon schadenfroh die Hände. In Châteauroux wurde, wie vorgesehen, die Last für die Steilstrecke nach Limoges auf 654 t herabgesetzt, und der Meßzug fuhr mit Verspätung ab. Nach flotter Fahrt über den ebenen Abschnitt bis Argenton ging die Lok zügig die 10-Promille-Steigung an, wo die Dampflieferung so reichlich wurde und auch blieb, daß die Kritiker recht beschämt waren. Die Lokomotive nahm die Steigungen mit solchem Tempo, daß der Zug in Limoges fahrplanmäßig eintraf, als ob Châteauroux zur rechten Zeit verlassen worden sei. Die anschließende Untersuchung ergab, daß das Doppelblasrohr bei niedrigen Füllungen nicht richtig funktionierte, was man mit wenigen Handgriffen bereinigen konnte.

Am 16. Mai 1933 legte die Lok 4521, als man sie vor einen 575-t-Zug spannte, die steigungsreichen 201 km zwischen Vierzon und Limoges mit einer Reisegeschwindigkeit von 98,6 km/h zurück. Bei weiteren Messungen erwies sie sich als in der Lage, dauernd 3800 PSi bei 90,1 km/h und 4000 PSi bei 112,7 km/h abzugeben; Leistungen, vor denen manche neuere Diesellok vor Neid erblassen muß.

Aufgrund dieser überzeugenden Daten wurden elf weitere Maschinen in gleicher Weise umgebaut. Lok 4521 erhielt die Betriebsnummer 4701, die anderen folgten bis Nr. 4712. Beim Depot Brive kamen sie vor den schweren Schnellzügen zwischen Vierzon und Narbonne zum Einsatz, und sie erfüllten mit Leichtigkeit das Programm der PO, indem sie 700 t in den verkürzten Zeiten ans Ziel brachten. Zudem waren sie sehr flexibel, denn sie waren vor den Rapides mit 150 km/h, vor 700-t-Personenzügen auf Steigungen bis 1 : 100 in engen Kurven zwischen 50 und 80 km/h ebenso zu Hause wie vor schweren Güterzügen auf diesen Strecken, wo sie mehr Last an den Haken nahmen und rascher fuhren als die 1'E-Vierzylinder-Verbundloks der Klasse 6000 von 1910. Bei Versuchen mit konstanter Geschwindigkeit und Füllung leistete die Lokomotive 4701 effektiv 3030 PS bei 100,5 km/h. Bei dieser Gelegenheit erzielte Heizer Marty das seltene Kunststück, binnen einer Stunde vier Tonnen Kohle in die Feuerbüchse zu schaufeln, die Dampferzeugung während der ganzen Zeit vollkommen im Griff zu haben, und auch noch jede fremde Hilfe abzulehnen. Die Lok 4707, inzwischen in 240.707 umgezeichnet, wurde anschließend bei der Nordbahn und auf der Etat zur Probe gefahren, und beide Gesellschaften bestätigten den Ruf, den sich die Maschine bei der PO errungen hatte. Im Norden schleppte die Lok am 18. Februar 1935 einen 650-t-Zug von Paris Nordbahnhof nach Calais Ville mit einem Halt in Amiens; die Reisegeschwindigkeit betrug 110,7 km/h. Das tatsächliche Tempo war 120 km/h, und auf dem 100 km langen Abschnitt von Amiens nach Etaples wurde die besonders zugelassene Spitzengeschwindigkeit von 141 km/h gehalten. Auf der Rückfahrt nach Paris lag der Durchschnitt bei 124,3 km/h.

Bei einer Reise von Paris nach Boulogne, Last 750 t, Dampfheizung im Betrieb, zahlreiche Zwischenhalte, zeigte Lok 240.707 beachtliche Verdampfungsfreudigkeit. Aufgezeichnet wurden 3200 PSe bei 85,3 km/h auf der Steigung von Neufchâtel (1 : 143) und eine Dauerleistung von mehr als 2750 PSe. Im Vergleich zu den letzten Zahlen sei hier eingefügt, daß die Lok 241 C 1 der PLM vor einem ähnlichen Zug nur 2350 bis 2450 PSe gebracht hatte, die Umbau-„Pazifik" 3715 der PO etwa 2150 bis 2250 PSe, und die „Mountain" der Ostbahn 1960 bis 2000 PSe.

Die 240.707 ging daraufhin zur Staatsbahn über, wo man sie mehrmals vor einem Zug von 14 Wagen (607 t) auf die kurven- und steigungsreichen 372 Kilometer zwischen Paris

St. Lazare und Cherbourg schickte. Die kürzeste Fahrzeit, einen Aufenthalt von 6 Minuten in Caen eingerechnet, war 3 Stunden 32 Minuten.

Am 21. März 1935 reisten die beiden höchsten maschinentechnischen Beamten der Deutschen Reichsbahn im Zug mit, um die Arbeit der Lokomotive zu begutachten. Bis Caen befand sich Dr. Ing. Friedrich Fuchs auf der Lok, Professor Dr. Hans Nordmann im Meßwagen. Fuchs gratulierte Chapelon nach dem Herabsteigen vom Führerstand, und Nordmann sagte beim Verlassen des Bahnhofs St. Lazare: „Ich werde meine Meinung über das Verbundsystem neu durchdenken müssen." Beide hatten gesehen, wie auf der Steigung von Bernay (1 : 125) die Zughakenleistung am Scheitelpunkt 2900 PSe erreichte und ihre Erwartungen bei weitem übertroffen hatte. Noch vor der Abfahrt in St. Lazare hatten sie die Maschine als „eine sehr kleine Lokomotive" bezeichnet. Bei ihrer eigenen Gesellschaft zog die Lok 240.710 am 4. Oktober 1935 zwischen Bordeaux und Angoulême einen Zug von 1000 t mit dem Tempo des Südexpress, der 13 Minuten schneller lief als die schweren D-Züge.

Im November 1936 wurde Nr. 240.705 bei der Ostbahn vor Rapides, schweren Schnellzügen, Eil- und Güterzügen ausprobiert, wo sie in allen Fällen Zeit gewann. Zum Beispiel sparte sie mit einem 823-t-Eilzug von Chalons nach Paris 26 Minuten ein, oder vor einem 1228-t-Güterzug vom Verschiebebahnhof Pantin bei Paris über die 158 km nach Troyes 30 Minuten, wo die Fahrplangeschwindigkeit 50 km/h gewesen war. Am 30. Dezember 1936 übernahm sie in der Nähe von Reims einen 1024-t-Plan, der sonst von der Ostbahn-Reihe 5200, einer 1925 gebauten Ableitung der sächsischen XIII H, erfüllt wurde. Der Test enthielt zwei Betriebshalte inmitten einer Steigung 1:100, von wo der Start ohne Verzögerung glückte, bis wieder 25 bis 27 km/h erreicht waren. Trotz des zweifachen Aufenthalts langte der Zug drei Minuten zu früh am Scheitelpunkt an.

Im Jahre 1938 wurden auf Wunsch der PLM auch Läufe auf deren Strecken zwischen Paris und Lyon abgehalten. Nach über 4000 km im Schnellzugdienst kam die Lok 240.705 vor die Züge 11 und 12, die schnellsten der Gesellschaft. Die 535 km, die Paris und Lyon voneinander trennen, wurden neunmal durchfahren, ohne daß sich während dieser fast 5000 km irgendwelche betrieblichen Unregelmäßigkeiten ergeben hätten. Vor Zug 11 lief sie im Durchschnitt 25¾ Minuten unter Plan, maximal 30 Minuten, während es vor Zug 12 im Schnitt 22,6 Minuten, im Höchstfall 29 Minuten waren. Als Reisegeschwindigkeiten errechneten sich 108,5 und 106,2 km/h, verglichen mit den 99,0 und 98,5 km/h des Fahrplans. Zwei Touren waren mit 345 t Last unternommen worden, die restlichen brachten es durch den beigestellten Meßwagen auf etwa 400 t.

Am 6. Juli wog Zug 12 seine 398 t, und Lok 240.705 raste mit 114 km/h durch den Tunnel von Blaisy, entwickelte auf der Steigung 1 : 125 von Velors nach Baule la Roche am Zughaken durchschnittlich 2600 PSe, als Spitze 2840 PSe. Zwölf Tage später, am 18. Juli, führte die Lok 15 Schnellzugwagen von insgesamt 672 t, für die der Plan des auf 320 t begrenzten Luxuszuges „Côte d'Azur", Pullman 1 der PLM, ausgesucht worden war. Die Abfahrt in Laroche erfolgte 10 Minuten verspätet, doch in Arcy le Franc (56 km) stimmten die Zeiten wieder, und in Blaisy (weitere 30 km) fuhr man 5 Minuten zu früh ein.

Aufgrund dieser Ergebnisse entschied die Verwaltung der inzwischen gegründeten SNCF, daß die PO für die PLM, die neue Südostregion, 25 ihrer Naßdampf-„Pazifiks" der Reihe 4500 umbauen sollte. In diese Neugestaltungen arbeitete Chapelon eine Anzahl weiterer Verbesserungen ein, nämlich eine Vergrößerung des Volumens der Niederdruckzylinder um 10 Prozent wie bei den PO-„Pazifiks" 3722 bis 3731, eine mechanische Rostbeschickungsanlage und verstärkte Rahmen. Daneben wurden alle äußeren Leitungen unter die erweiterte Kesselver-

Bild 19 Die Dampflokomotive Nr. 231.725 der PO-Midi gehörte zur zweiten, verbesserten Serie mit den Betriebsnummern 231.722–731. (SNCF)

Bild 20 Maschine Nr. 4521, umgebaut aus einer „Pazifik“ in eine 2'D-Lokomotive, bei der ersten Fahrt unter Dampf in Tours; 16. August 1932. Vor der Lok das Personal des Ausbesserungswerks, darunter Alfred Renaud vor den Zylindern. (Sammlung Chapelon)

Bild 21 Die gleiche Lokomotive im Bahnhof Cahors, aufgenommen während einer Meßfahrt am 11. Mai 1933, als sie einen Zug von 658 t zwischen Vierzon und Toulouse beförderte. Angestellte der anderen französischen Bahnen stehen auf dem Bahnsteig und besprechen die Leistung der Maschine. (Sammlung Chapelon)

Bild 22 Die Urahne aller PO-„Pazifiks“, die Lokomotive Nr. 4501, im Originalzustand des Jahres 1907. Sie war damals die erste „Pazifik“ Europas. (PO)

Bild 23 Heizer Marty vor seiner Lokomotive Nr. 4701. Ihm gelang es während der vorstehend illustrierten Versuchsfahrten, binnen einer Stunde 4 Tonnen Kohle in die Feuerbüchse zu schaufeln, und dabei noch jede fremde Hilfe abzulehnen. (Sammlung Chapelon)

Bild 24 2'D-Lokomotive Nr. 4703, ein Umbau aus einer Schwestermaschine der Nr. 4501 von Bild 22. Auch äußerlich fällt der Wandel sofort ins Auge. (SNCF)

Bild 25 Die 2'D-Maschine Nr. 4707 wurde für die Versuche zwischen Paris und Cherbourg mit dem großen Nordbahntender gekuppelt; außerdem wurden die Seiten des Führerhauses eingezogen, damit die Lok im engeren Lademaß der Westbahn verkehren konnte. (PO)

kleidung verlegt, das Umlaufblech wurde über die Kuppelachsen angehoben, so daß die Radkästen verschwinden konnten, und das Führerhaus wurde am Kessel statt am Rahmen befestigt, um die Schwingungen herabzusetzen und dem Personal etwas Erleichterung zu bieten. Chapelon gewann den Maler Emile André Schefer als Mitarbeiter, so daß eine Lokomotive von ansehnlichem Äußeren entstand. Die neuen Maschinen erhielten die Gattungsbezeichnung 240 P und die Betriebsnummer 240 P 1 bis 240 P 25. Sie wurden zwischen Juni 1940 und Ende 1941 in den Dienst mit schweren Schnellzügen auf der Strecke Laroche–Dijon–Lyon eingesetzt.

Die mechanische Rostbeschickung, auch Stoker genannt, wird in weiten Kreisen als Kohlenfresser bezeichnet. Sie wurde zuerst in Amerika gebraucht, wo Maschinen mit Rostflächen um 5 bis 6 m^2 stündlich 2 Tonnen Kohle oder mehr verbrannten. Durch den Stoker konnte aber die Dampflieferung des Kessels und damit die Anhängelast erheblich angehoben werden, manchmal um 25 Prozent. Hinsichtlich des Kohlenverbrauchs gilt, daß der Kesselwirkungsgrad, ausgedrückt in der von einer bestimmten Kohlenmenge verdampften Quantität an Wasser, bei höherer Kesselanstrengung abnimmt, aber die Kosten je Tonnenkilometer bleiben dennoch unter dem Regelsatz, weil die Leistungsfähigkeit der Maschinen besser ausgenutzt werden kann. Es kommt jedoch noch hinzu, daß die Kohle in eine für den Stoker geeignete Größe gebrochen werden muß, womit man wieder Verluste aufgrund des Auswurfs unverbrannter Teile durch den Kamin heraufbeschwört. In Chapelons Anwendung des Stokers finden wir einen verlängerten Feuerschirm, um die kleinen Kohleteilchen bis zum Ausbrennen in der Feuerbüchse zu halten, und tatsächlich war der Wärmeverbrauch der Reihe 240 P nur 10 Prozent höher als bei der Serie 240.700, was man zum größten Teil auf den Dampfverbrauch der Anlage selbst zurückführen kann.

Die Nordbahn hatte recht bemerkenswerte Ergebnisse mit dem Stoker auf ihren 1'E-Loks der Klasse 5.1200 erreicht, deren Kessel identisch mit dem der „Superpazifiks“ waren und einen schmalen Rost von 3,53 m^2 Fläche hatten. Den richtigen Brennstoff vorausgesetzt, sollen sie den gleichen Kesselwirkungsgrad wie handgefeuerte Maschinen aufgewiesen haben. Auf der Reihe 240 P ergab die mechanische Rostbeschickung ähnlich zufriedenstellende Werte.

Eine dieser Lokomotiven, die 240 P 5 mit Lokführer Chartier und Heizer Jarry, vollbrachte wohl die eindrucksvollste Betriebsmeßfahrt einer Dampflok überhaupt, wenn man das Verhältnis zwischen Gewicht und Leistung berücksichtigt. Der Zug wog 800 t und bestand aus 17 Vierachsern. Am 31. Mai 1941 befuhr sie unter den argwöhnischen Blicken aller leitenden Ingenieure der Südostregion die 31,5 km lange Steigung zwischen Les Laumes und Blaisy, wo durchschnittlich 1:188 mit höchstens 1:125 zu überwinden waren: Die Lok hielt im Mittel ein Tempo von 107 km/h und entwickelte schätzungsweise 3190 PS am Haken! Auf dem Anstieg von 1:213 unmittelbar hinter Thenissey lief der Zug mit 114 km/h, durch Blaisy am Gipfel mit 98 km/h. Die im Meßwagen aufgezeichnete Leistung am Zughaken, unberücksichtigt Steigung und Beschleunigung, nahm während der ganzen Reise stetig zu; sie betrug 2500 PS bei der Durchfahrt von Les Laumes, 2900 PS in Thenissey, 3300 PS in Verrey und ebensoviel in Blaisy. Die letzten zwei Kilometer der Steigung 1:125 wurden mit 98,5 km/h und 3175 PS am Haken bewältigt, entsprechend etwa 3600 PSe bei gehaltener Geschwindigkeit in der Ebene. Der Kesseldruck blieb die ganze Zeit konstant, und auch der Wasserstand war makellos, als der Regler am Ende der Fahrt geschlossen wurde. Es war eine Fahrt, die selbst heute, mehr als dreißig Jahre später, keine einzige europäische Diesellok nachvollziehen könnte.

Auch die Tour der Lok 240 P 3 am 7. Mai 1941, wenige Tage zuvor, war gleichermaßen erfreulich gewesen. Mit 12 Wagen von zusammen 512 t legte die Maschine die Strecke Les Laumes–Blaisy in 15 Minuten 36 Sekunden zurück. Ihre Reisegeschwindigkeit war damit 120,7 km/h, die Spitzen 130,4 km/h in Thenissey und 110,7 km/h in Blaisy. Umgerechnet auf die Ebene, wurden 2682 PSe geleistet.

Chapelon betrachtete die Loks der Reihe 240 P als seine liebsten Schöpfungen, und als vollständige Serie waren sie vielleicht die besten Maschinen der Welt. Im Depot Laroche der alten PLM-Region der SNCF wurden sie von den Personalen mit Begeisterung aufgenommen, denn sie waren mit ihrer hohen Leistung und der großen Verdampfungswilligkeit nicht nur die fähigsten Maschinen auf der Strecke, sondern gaben mit ihrem verstärkten Rahmen auch kaum Anlaß zu Unterhaltungsschwierigkeiten. Ihre Vorgängerinnen in Laroche, die PLM-Lokomotiven 241 A, hatten den schon beschriebenen, zu wenig festen Rahmen, dessen Verwindungen allenthalben zu heißgelaufenen Treibachslagern und auch zu gebrochenen Kuppelstangen geführt hatten. Die einzigen mechanischen Schwierigkeiten mit der 240 P kamen später im Kriege auf, als sie einem Depot der Südostregion zugeteilt waren, wo die Pflege nicht mehr die frühere Gründlichkeit hatte und gutes Öl fehlte. Einige Maschinen litten dort unter heißen Drehgestellachslagern aufgrund verstopfter Schmierpolster, so daß das Öl die Lager nicht erreichen konnte. Der neue Depotchef Merlan entdeckte jedoch bald die Ursache der Probleme und sorgte für regelmäßigen Austausch der Polster; später entwarf er eine bessere Form der Stücke. Bis die Strecke 1949/50 elektrifiziert wurde, gab der Vorstand der Maschinenabteilung in der Südostregion oft seiner Zufriedenheit mit diesen Lokomotiven Ausdruck. Die Kessel hielten außerordentlich lange, und in der letzten Zeit war der betriebliche Einsatzgrad der Reihe 96 Prozent, wesentlich besser als bei anderen Dampfloks.

Während des Krieges, und auch in der ersten Zeit danach, fuhren die Loks der Serie 240 P die schwersten Züge. Wenn etwa die Hauptstrecke durch Dijon unterbrochen war, wurde die einzige Verbindung nach dem Süden durch einen Zug von 22 bis 28 Wagen von 1400 bis 1800 t Gewicht dargestellt. Er benutzte die Bourbonnaislinie über Nevers und machte in der Ebene durchaus 85 km/h, Steigungen von 1 : 166 nahm er mit 40 km/h. Ebenso gehörten unmittelbar nach dem Krieg die wichtigen Kohlentransporte von 2000 t zu ihrem Programm.

Die Nordregion der SNCF interessierte sich ausgesprochen stark für diese Lokomotiven, und sobald sie aufgrund der Elektrifizierung überhängig waren, bemühte sie sich 1951 um die 240 P und um die älteren 240.000, um damit schwere D-Züge auf der hügeligen Linie Lille–Valenciennes–Charleville zu fahren. Die Hauptverwaltung der SNCF war jedoch der umstrittenen Ansicht, die Reihe 241 P, entstanden aus der PLM-Lok 241 C 1, eigne sich besser für diese Aufgabe, und der Antrag wurde abgelehnt. Da die Strecke jedoch schon 1952 zur Elektrifizierung mit dem neuen System 50 Hz 25 kV vorgesehen wurde, kamen dort überhaupt keine neuen Dampfloks mehr zum Betrieb.

Eine weitere Möglichkeit zur Benutzung der 2'D-Loks stand auf der Strecke Cherbourg – Paris der alten Staatsbahn offen, und die Ingenieure dieser Region, die sich noch gut an die Probefahrten der 240.707 auf ihren Gleisen erinnerten, äußerten sich entsprechend. Unglücklicherweise hatte der frühere Chefingenieur der Gesellschaft jeder weiteren Verwendung von Vierkupplern auf dieser leichten, kurvenreichen Strecke energisch widersprochen, nachdem dort 1933 eine Ostbahn-2'D 1' mit ihrer damals recht schlechten Drehgestellfederung entgleist war. So mußten Chapelons ausgezeichnete 2'D-Lokomotiven, die durchaus eine gute Abstützung besaßen, vorzeitig auf das Abstellgleis; 12 Einheiten der Gruppe 240.700 und 25 Stück 240 P.

Die Leistungen dieser Umbauten festigten Chapelons Ruf als fähigster Eisenbahningenieur Frankreichs. Am 9. Januar 1934 hatte ihm ein älterer Lokomotivbauer geschrieben: Edouard Sauvage, Konstrukteur der ersten Dreizylinder-Verbundlok Frankreichs, einer 1'C von 1887. Sie war in den Werkstätten der Nordbahn entstanden, wo Sauvage als Chefkonstrukteur wirkte.

Er war später nacheinander Chefingenieur der Ost- und der Westbahn und nach seiner Pensionierung bei der Bahn noch Professor an der „Academie des Arts et Métiers“. 1894 hatte er sein großes Werk „La Machine Lokomotive“ herausgebracht, das besonders für die Techniker der Bahngesellschaften abgefaßt war. Neun Auflagen erschienen bis 1935, und nach Sauvages Tod brachte es Chapelon für eine zehnte und letzte Auflage auf den neuesten Stand, die 1945 gedruckt wurde. In seinem Brief an Chapelon schrieb Sauvage: „Mein lieber Ingenieur, Ihre gütige Erinnerung freut mich, und ich danke Ihnen. Meinerseits wünsche ich Ihnen eine Fortsetzung Ihres bisherigen Erfolgs bei der Arbeit mit der Lokomotive, und ich benutze die Gelegenheit Ihnen mitzuteilen, wie sehr ich die wissenschaftliche Methode bewundere, die Sie zu so bemerkenswerten praktischen Ergebnissen geführt hat.“

Im Juli 1934 wurde Chapelon für seine hervorragenden Leistungen im Zusammenhang mit den Maschinen zum Ritter der Ehrenlegion ernannt. Das war nicht die einzige Auszeichnung: Noch 1934 erhielt er den Plumey-Preis der Academie des Sciences und die Goldmedaille der Société d'Encouragement pour l'Industrie Nationale. 1935 empfing er die Medaille für Conférences au Conservatoire des Arts et Métiers, 1937 den J.-J.-Meyer-Preis der Société des Ingenieurs Civile des France für seine 1936 verfaßte Denkschrift über die Verbesserungen der Dampflokomotive, und 1950 den A.-Mallet-Preis der gleichen Gesellschaft für seine Arbeit „Hundert Jahre Crampton-Lokomotive und ein Jahrhundert des Fortschritts der Dampftraktion“.

Chapelon besteht jedoch darauf zu sagen, daß sein Erfolg nicht denkbar gewesen wäre, wenn er nicht stets von seiner bewundernswerten Mannschaft unterstützt worden wäre. Diese Männer waren voller Enthusiasmus an der Arbeit, und die erzielten Resultate gaben ihnen Zufriedenheit und Stolz. Diese Mannschaft war gleich nach seinem Eintritt bei der PO aus deren Personal gebildet worden, und sie stand in zunehmender Achtung und mit Vertrauen hinter ihm. Mit solchen Männern konnte man nach seinen Worten Wunder vollbringen. Auch die verständnisvolle Verwaltungsorganisation der PO trug ihren Teil dazu bei, denn die Gedanken des Chefs waren auf allen Stufen der Beamtenschaft bekannt, und es war dieses konsequente Verständnis seiner Arbeit, das Chapelon befähigte, die Lok 4521 neun Monate nach dem ersten Bleistiftstrich umgebaut aus dem Werk zu fahren – ein Tempo, das er später auch bei den amerikanischen Fabriken als Bestleistung feststellen konnte, wenn alle Verzögerungen durch die Verwaltung umgangen wurden.

Trotz der weiten, gar internationalen Anerkennung seiner Arbeit und der führenden Stellung, die er unter den Konstrukteuren der PO genoß (oder vielleicht gerade deshalb), hatte Chapelon sich jede Beförderung innerhalb der Eisenbahnhierarchie hart zu erarbeiten: vom 2. Inspektor zum 1. Inspektor, 2. Bezirksinspektor, 1. Bezirksinspektor, Vize-Ingenieur und schließlich Chef-Ingenieur der Fahrzeugkonstruktion. Das dauerte bis 1938, als die PO – seit 1934 mit der Midi vereinigt – in der verstaatlichten SNCF aufging. Doch völlig unabhängig von seinem jeweiligen Rang blieben seine täglichen Aufgaben stets die gleichen, wenn auch mit wachsender Verantwortung und Entscheidungsfreiheit: Er war mit der Konstruktion und den Probefahrten von Lokomotiven beschäftigt, erst in der Forschungs- und Entwicklungsabteilung der PO, dann als deren Vorstand, hierauf als Chefingenieur für Fahrzeugkonstruktion auf der PO-Midi.

Während dieser Zeit vor der Bildung der SNCF war Chapelon nicht nur praktisch mit der Revolution im Dampflokbau beschäftigt, sondern schrieb auch über Lokomotiven und besonders über den Umbau der PO-Maschinen. In der Revue Générale des Chemins de Fer veröffentlichte er vier größere Artikel. Der erste, im August und September 1928, beschäftigte sich mit den Saugzuganlagen und den bei der PO unternommenen Versuchen. Im Juli 1929 steuerte er eine Arbeit über Maßnahmen gegen den Niederschlag von Rauch und Dampf auf der Lokomotive bei. Im Juli 1931 beschrieb er den Umbau der PO-„Pazifiks" der Reihe 3500 mit den Verbesserungen der Dampfleitungen, der Steigerung der Überhitzung sowie dem Einbau von Kylchap-Anlage und Ventilsteuerung, und im Februar und März 1935 behandelte er die Rekonstruktion der kleinrädrigen „Pazifiks" in 2'D-Loks auf ähnliche Weise.

1938 erschien André Chapelons großes Buch mit dem Titel „La Locomotive à Vapeur" mit einem Vorwort von Edouard Sauvage. Dieses bewundernswerte Werk, das 1952 in zweiter, durchgesehener Auflage gedruckt wurde, ist ohne Frage die hervorragendste Arbeit, die jemals über die Dampflokomotive des Zwanzigsten Jahrhunderts geschrieben wurde. Nur zu Recht stammt es aus der Feder eines so ungewöhnlichen Konstrukteurs.

Kapitel 4: Chapelons Gedanken setzen sich durch

Die Leistungen von Chapelons umgebauter „Pazifik" Nr. 3566 wurden auch in Großbritannien mit Aufmerksamkeit verfolgt, besonders von H. N. Gresley (später Sir Nigel Gresley), dem Chefingenieur der London & North Eastern Railway. Gresley sandte seinen Stellvertreter, O.V.S. Bulleid, zur Beobachtung einiger Probefahrten nach Tours, und Ende 1925 reiste er selbst zu einem Besuch Chapelons nach Frankreich. Ein unmittelbares Ergebnis ihrer Gespräche war, daß Gresley eine Kylchap-Anlage auf einer 2'B-Lok seiner „Shire"-Klasse unterbringen wollte, von Chapelon die Skizzen erhielt und bei der LNER ein Muster herstellen ließ. Die Loks, einfache Drillinge, waren ab 1927 in Darlington für die nordöstlichen und schottischen Bezirke der Bahn entstanden, um dort mittlere Schnellzüge zu fahren.

1930 fuhr Chapelon selbst auf dem Führerstand der mit Kylchap ausgerüsteten Maschine von London nach York mit. Sie lief nicht übel, aber ein Fehler bei der Anfertigung der Bauteile war der Anlaß dafür, daß ihre Leistungen nicht völlig seinen Vorstellungen entsprachen. Die vier Felder des Kylälä-Schirmes waren nicht völlig voneinander getrennt, sondern gleich unterhalb der Spitze durch Stege miteinander verbunden, so daß dieses Hindernis die Gase am Durchströmen der Mitte des Apparates hinderte und seine Wirkung herabsetzte. Chapelon wies auf den Defekt hin und schlug seine Beseitigung vor; ob es allerdings dazu kam, ist unbekannt.

Im Jahre 1929 hatte Gresley seine beachtenswerte Lok Nr. 10000 fertiggestellt. Ihre Achsfolge war 2'C 2', ihr ganzer Entwurf mit Vierzylinder-Verbundmaschine und Yarrow-Wasserrohrkessel von 31,6 kg/cm² Druck wohl auch revolutionär zu nennen. Sie entsprach aber nicht den in sie gesetzten Erwartungen, und sowohl Gresley als auch Bulleid diskutierten mit Chapelon über Möglichkeiten, sie zu verbessern. Chapelon wies darauf hin, daß die Überhitzung zu niedrig sei, um Kondensationsverlusten in den Niederdruckzylindern aus dem Weg zu gehen, und daß sie angehoben werden müsse, oder daß man noch bessere Wirkungen mit einer Nach-Überhitzung zwischen den beiden Zylindergruppen – wie er sie später bei seiner eigenen 160 A 1 anwandte – erzielen könne. Außerdem sei eine Kylchap-Anlage vonnöten. Gresley brachte dann tatsächlich einen Zwischenüberhitzer und doppelten Kylchap-Saugzug an, worauf sich Leistungsfähigkeit und Wirtschaftlichkeit etwas besserten. Andere Probleme der Lok, wie Abdichtungsfragen bei den Stehkesselwänden und Rohren, hielten sie jedoch davon ab, Leistungen oder Ersparnisse zu erbringen, die den unkonventionellen Entwurf der Nr. 10000 gerechtfertigt hätten. 1937 wurde sie kurzerhand mit einem konventionellen Kessel ausgestattet und auf Vierlingswirkung umgestellt, allein der zweifache Kylchap-Auspuff blieb ihr.

Die nächste Gelegenheit, bei der Gresley Chapelon konsultierte, war im Zusammenhang mit der 1934 gebauten 1'D 1'-Schnellzuglok „Cock o' the North" gegeben. Es handelte sich um eine Drillingsmaschine mit doppeltem Kylchap, weiten Dampfleitungen, einer Ventilsteuerung mit rotierenden Nocken sowie mit hoher Überhitzung; Elemente, die Gresley getreulich von den Umbau-„Pazifiks" der PO kopiert hatte. Tatsächlich erklärt er in seiner zweiten Antrittsrede als Präsident der Institution of Locomotive Engineers im Jahre 1936: „Ich habe nicht gezögert, einige der hervorragenden Merkmale von Lokomotiven der Paris-Orléans-Eisenbahn mit zu verwenden, wie etwa besonders weite dampfführende Leitungen und ein Doppelblasrohr. Es war auch nichts ausgesprochen Neues an diesen Merkmalen, außer daß die französischen Ingenieure die Konstruktionsdaten wissenschaftlich erarbeitet und sie dann durch ihre Betriebsergebnisse überprüft hatten."

Auf Gresleys Wunsch wurden Vorbereitungen getroffen, um die „Cock o' the North" in Frankreich auf dem Prüfstand von Vitry zu untersuchen. Im Dezember 1934 lief die Maschine nach Harwich, um dort eingeschifft zu werden, hinter sich einige 40-t-Güterwagen mit ihrer normalen Kohle. Maschine und Waggons wurden daraufhin nach Calais gebracht, von wo sie nach Vitry-sur-Seine überführt wurde. Nach dort setzte sich auch Bulleid in Marsch, der den Tests beiwohnen sollte. Die Prüfungen waren jedoch erst sehr enttäuschend, weil die „Cock o' the North", ganz ähnlich einer Reihe anderer Maschinen, auf dem Prüfstand nicht hart genug herangenommen werden konnte, ohne daß die Achslager heißliefen. Gresley war recht besorgt, als er Chapelon mit den Plänen der Lok im Konstruktionsbüro aufsuchte und ihn nach Gegenmitteln fragte. Die Untersuchung förderte jedoch keinen speziellen Fehler zutage, so daß Chapelon, der schon manche Lokomotive auf dem Prüfstand hatte leiden sehen, Versuche auf freier Strecke mit bestimmten Anhängelasten vorschlug. Diese bestanden bei der PO aus dem Meßwagen und drei kalten Vierzylinder-Verbundloks mit Gegendruckbremse. Die Läufe wurden zwischen Les Aubrais und Tours abgehalten und verliefen zufriedenstellend; die Heißläufer blieben aus, und die Maschine entwickelte bei 112,7 km/h am Zughaken 2000 PSe. Damit lag sie natürlich um einiges hinter Chapelons eigenen 2'D-Lokomotiven. Eine Schwierigkeit war die Feuerung der Maschine, die abwechselnd von einem Heizer der LNER und von Leonce Miot besorgt wurde. Die Feuertür war so klein, daß die rückwärtigen Ecken des breiten Rosts nicht ordentlich beschickt werden konnten. Infolgedessen war die Dampfentwicklung so gehemmt, daß der Kesseldruck bei gleichmäßiger Dampfentnahme jedesmal absackte. Eine weitere Eigentümlichkeit der Maschine war, daß sie im Gegensatz zu den anderen Loks ihrer Klasse keine Kolbenschieber hatte, so daß zur Vermeidung eines zu scharfen Saugzugs der Ausströmrohrdurchmesser um die Hälfte vergrößert werden mußte. Diese Besonderheit mußte wohl ihrer hohen Abdampftemperatur zugeschrieben werden, die auf ihre Erwärmung an einer zu dünnen Trennwand vom Frischdampf zurückgeführt wurde. Um dieses Handikap der Maschine zu beseitigen, hätte ihr kompletter Zylinderblock neu durchkonstruiert werden müssen.

Zwar behauptete Bulleid noch 1947, die „Cock o' the North" habe im Vergleich zu den französischen Maschinen bezüglich ihres Kohlenverbrauchs je PSe nicht schlechter abgeschnitten, doch Chapelon nennt Zahlen, die belegen, daß die englische Lok im Verbrauch von Kohle und Wasser bei weitem nicht so wirtschaftlich gewesen ist wie seine eigenen Verbundloks. Man muß jedoch bedenken, daß es sich um eine Lok mit einfacher Dampfdehnung handelte, und daß ihre Ventilsitze nicht ganz dicht gewesen sein mögen. Die Werte für eine von Chapelons Umbau-„Pazifiks" und Gresleys Lok Nr. 2001 lauteten:

	PO-„Pazifik"		„Cock o' the North"
Geschwindigkeit [km/h]	110	90	110
Zughakenleistung [PSe]	1910	2700	1910
Wasser je PSh [kg]	7,50	8,20	10,45
Kohle je PSh [kg]	1,05	1,22	1,48

Ein schlimmer Fehler der „Cock o' the North" lag auch in der Konstruktion ihres führenden Einachsgestells, wodurch der Lauf sehr unruhig wurde, weil die erste, feste Kuppelachse jede Richtungsänderung viel zu hart beantwortete. Man hätte diesem Mangel durch ein Laufgestell wie an der späteren Reihe 141 P abhelfen können, doch Edward Thompson entschied sich später zur Umwandlung der Baureihe in „Pazifiks". Sie wurden damit zwar beweglicher, verloren aber an Reibungsgewicht.

Gresley und Bulleid hielten sich drei Wochen in Frankreich auf, solange die Versuche mit der LNER-Maschine dauerten. Obwohl Gresley so viele von Chapelons Gedanken in seinen Entwurf der „Mikado" eingearbeitet hatte, war ihm doch klar, daß ihm die Konstruktion einer Maschine, welche den französischen Umbauten in Leistung oder Wirtschaftlichkeit gleichkam, nicht gelungen war. Tatsächlich teilte er der Institution of Locomotive Engineers mit, daß der erste „Cock o' the North" zugleich der letzte sein würde, und daß die folgenden Loks dieser Baureihe nach den Lektionen gestaltet würden, die man ihn in Frankreich gelehrt hatte. Mittlerweile war jedoch die Lok 2002 „Earl Marischal" schon seit Oktober 1934 im Betrieb, die sich von ihrer Vorgängerin nur durch die Ausstattung mit Heusingersteuerung und Kolbenschiebern unterschied. Die letzten vier Loks, Nr. 2003 bis 2006, hatten indes die nochmals vergrößerten Dampfleitungen, mit denen die gleichzeitig gebauten Maschinen der Reihe A 4 geliefert wurden. Ab 1937 trugen die A 4-„Pazifiks" auch einen doppelten Kylchap-Saugzug, mit dem die Lok „Mallard" am 3. Juli 1938 ihre bekannte Weltrekordfahrt unternahm.

Diese späteren Gresley-„Pazifiks" und seine „Mikados" waren alle stromlinienverkleidet, denn sie entstanden zu einer Zeit, als die Stromschale bei den Eisenbahnen überall auf der Welt sich großer Popularität erfreute. Die ganze Stromliniengeschichte gehört eher zu den Kuriositäten der Technik, denn man wird den Verdacht nicht los, daß auf vielen Bahnen die Verkleidung mehr zu einem guten Eindruck beim Publikum als zur Erleichterung von Schnellfahrten beitragen sollten. So haben etwa die Stromlinien-„Pazifiks" der Irakischen Staatsbahn ganze 65 km/h erreicht!

Der Gedanke einer windschnittigen Verkleidung war nicht neu. Schon 1888 hatte Ricour bei der Etat versucht, den Luftwiderstand durch die Ausstattung der Lokomotiven mit einem glatten Äußeren zu vermindern, und bei Geschwindigkeiten um 95 km/h soll er 10 Prozent an Zugkraft gewonnen haben. 1894 liefen bei der PLM die ersten der berühmten Loks mit Windschneiden, die im Eingangskapitel erwähnt wurden, und 1934 eröffnete die Südmandschurische Eisenbahn auf japanisches Betreiben hin den ersten fahrplanmäßigen Verkehr mit vollständig verkleideten Zügen. Sie legten die 710 km von Dairen nach Ilsiking in $8^1/_2$ Stunden zurück.

Zahlreiche Versuche wurden durchgeführt, um die beste Stromlinienform einer Lokomotive zu finden. Studien mit verkleinerten Modellen sollten ergeben, welche Gestalt den Luftwiderstand bei hohen Geschwindigkeiten am weitesten herabzusetzen vermöchte, und aufgrund dieser Studien wurden die zu erwartenden Gewinne berechnet. Die Kalkulationen ergaben jedoch, wie die Erfahrung zeigte, meist einen überhöhten Wert der möglichen Kraftersparnisse an, weil der Luftwiderstand von Modellen im Verhältnis größer ist als bei den Fahrzeugen selbst. Die Vorteile der Stromlinienverkleidung können deshalb nur durch Vergleichsfahrten auf der Strecke mit ausreichender Genauigkeit bestimmt werden. Die PLM unternahm 1935 solche Versuche, indem sie einen Zug aus vier Drehgestellwagen und einer „Atlantik" der Reihe 221 A von 1907 vollkommen einschalte und ihn den gleichen Messungen unterzog wie eine nicht verkleidete Version. Die von dem windschnittigen Zug herausgefahrenen Ersparnisse betrugen 275 PS bei 120 km/h und 450 PS bei 140 km/h. Von diesen Werten wurden 155 PS beziehungsweise 260 PS an der Lokomotive sowie die restlichen 120 PS und 190 PS an den Waggons eingespart. Wurde hingegen der verkleidete Zug von einer normalen Lok geführt, so wurden nur 50 PS beziehungsweise 90 PS weniger benötigt. Es war deshalb einträglicher, die Lok zu verkleiden als die Wagen. Bei einem Vergleich der beiden ja sonst weitgehend identischen Züge zwischen Les Laumes und Paris verbrauchte der stromlinienförmige Zug bei 107,8 km/h Reisegeschwindigkeit 28 Prozent weniger Kohle und 23 Prozent weniger Wasser.

Im Jahre 1936 wurde eine der umgebauten PO-„Pazifiks", Nr. 231.726, mit einer der attraktivsten Stromlinienverkleidungen im Dampflokbau überhaupt ausgerüstet. Im Versuch vor der Bremslok zeigte sie gegenüber ihrer früheren Ausführung folgende Leistungsgewinne: 60 PS bei 90 km/h, 80 PS bei 100 km/h, 105 PS bei 110 km/h, 130 PS bei 120 km/h und 150 PS bei 130 km/h. Diese Werte belegen, daß bei höheren Geschwindigkeiten zweifellos gewisse Vorteile zu erwarten waren. Wenn wir uns aber erinnern, daß der erste Umbau der PO-„Pazifiks" aus deren Zughakenleistung von 1450 PSe bei 112,6 km/h reichliche 2650 PSe machte, die nur mit Veränderungen am Auspuff, am Überhitzer und in den Dampfleitungen erkauft wurden, dann sieht der Gewinn durch die äußere Stromlinie nur noch recht klein aus. Man muß sich wirklich wundern, daß beim Entwurf von Hochgeschwindigkeits-Dampflokomotiven der Aerodynamik so viel Aufmerksamkeit zuteil wurde, wo etwas mehr Beschäftigung mit ihrer Thermodynamik sinnvoll gewesen wäre.

In der Praxis bringt die Stromlinienverkleidung unterhalb von 120 km/h keinen Nutzen. So sollten von den geplanten Standard-Baureihen der SNCF auch nur diejenigen damit ausgestattet werden, die vor sehr schnellen Zügen über 150 km/h erreichen würden. Bei allen anderen D-Zug-Maschinen hielt man es für ausreichend, wenn das Äußere etwa wie bei der Reihe 240 P bereinigt würde, um die Wirbelverluste so klein wie möglich zu halten. Doch auch mit den weder verkleideten noch irgendwie geglätteten Chapelon-„Pazifiks" wurden sehr hohe Geschwindigkeiten gemessen: Im September 1935 raste die Lok 3.1174, ein Umbau für die Nordbahn, vor 400 t mit 175 km/h das Gefälle 1:250 bei Chantilly herab. 1956 wurden zur Untersuchung des Verhaltens zwischen dem Stromabnehmer und der Oberleitung auf der Nordbahn einige Fahrten unternommen, bei denen Chapelon-„Pazifiks" die Elektrolokomotiven bewegten. Zwei Versuchsgruppen wurden gebildet, im Februar mit Lok 231 E 35, im Juni mit 231 E 9 (ex Nr. 3567 von 1912), die 1934 in Tours für die PO umgebaut worden war. Beide Maschinen gehörten zum Depot Fives, und bei mehr als siebzig Gelegenheiten fuhren sie zwischen 160 und 175 km/h. Insgesamt liefen sie ungefähr eine Strecke von 300 km mit diesem Tempo, ohne besondere Vorbereitungen und ohne irgendwelche Schwierigkeiten. Die Spitzenleistung wurde von der Lok 231 E 9 vollbracht, als sie eine Ellok schob und einen Meßwagen am Haken hatte, zusammen 220 t. Mit dieser Last donnerte die Lok mit 178 km/h eine Steigung von 1:117 herab.

Viele Lokomotiven anderer französischer Gesellschaften wurden zwischen 1932 und 1936 nach den von Chapelon vertretenen Grundsätzen modernisiert. Seine alte Verwaltung, die PLM, rüstete viele ihrer „Pazifiks" um. Als erste kam Nr. 231 F 141 an die Reihe, der man die weiten Dampfleitungen, neue Zylinder und Kolbenschieber gab. Ein doppeltes Blasrohr mit Maßen wie bei Chapelon, diesmal jedoch mit einer verstellbaren Kleeblattdüse, wurde angebracht. Daneben wurde ein neuer Kessel mit 20,5 kg/cm² Druck und einem verbesserten Überhitzer eingebaut. Ein ACFI-Speisewasservorwärmer durfte nicht fehlen. Die Maschine wurde auf 231 H 141 umgezeichnet und lief so gut, daß sie der Prototyp für 30 weitere Maschinen der Reihe 231 H wurde. Diese entstanden aus Loks der Serien 231 B und 231 E, die selbst Umbauten aus Vierlings-„Pazifiks" in Verbundmaschinen gewesen waren.

Sie blieben nicht die einzigen PLM-„Pazifiks", die abgeändert wurden. 118 Stück der Reihe 231 G und 12 Stück der Reihe 231 K erschienen, allerdings in bescheidenerem Umfang modernisiert. Sie behielten ihre ursprünglichen Kessel und Hochdruckzylinder; die Serie 231 K erhielt einen etwas kürzeren Kessel und getrennte Steuerungsantriebe für Hoch- und Niederdruck.

Die Staatsbahn hatte ähnliches mit ihren „Pazifiks" der Serie 231.500 vor. Sie waren 1914 erstmals gebaut und auch nach dem Kriege noch geliefert worden. Viele fuhren bei anderen französischen Gesellschaften, denn im Jahre 1920 hatte das Ministerium für Öffentliche Arbeiten 400 Exemplare davon bestellt, von denen 280 bei der Etat, 40 bei der Ostbahn, 40 in Elsaß-Lothringen und weitere 40 bei der PO unterkamen. Ihr Entwurf stammte von J. Nadal und entsprach weitgehend dem der PO-„Pazifik"-Reihe 3500, hatte jedoch wegen des engeren Lichtraumprofils der Westbahn eine runde Stehkesseldecke sowie auch ein Westbahn-Drehgestell. Bei der Etat wurden 187 Maschinen nach Chapelons Prinzipien umgestaltet, davon 134 Stück mit Lentz-Ventilsteuerung an den Niederdruckzylindern (231 D 500), 23 Stück mit Willoteaux-Niederdruckschiebern (Reihe 231 F), und 30 Stück mit Lentz-Steuerung an Hoch- und Niederdruckzylindern (Reihe 231 G). Die Lokomotiven mit Ventilsteuerung trugen den Kylchap-Auspuff 1 K/1 C doppelt, die Maschinen mit Willoteaux-Schiebern das Modell 1 K/T einfach. Weitere 82 Loks erfuhren weniger umfangreiche Änderungen, die sich auf einen größeren Überhitzer, weite Dampfquerschnitte, einfachen Kylchap 1 K/T und modifizierte Steuerungen beschränkten (Reihe 231H). Die übrigen Maschinen wurden nicht umgebaut. Die stärksten unter den neuwertigen Lokomotiven gehörten zur Serie 231 G. Neben diesem umfangreichen Programm ließ die Etat auch einige ihrer 2'C-Vierzylinder-Verbundlokomotiven auf die gleiche Weise verbessern und bestellte einige nach.

Bei der Ostbahn wurden einige der 2'D 1'-Loks und sämtliche Etat-„Pazifiks" nach den Prinzipien Chapelons umgebaut. Die „Mountains" waren im Ergebnis viel kräftiger; eine von ihnen leistete auf dem Prüfstand 3500 PS am Radreifen bei 109,5 km/h. Auch viele 2'C-Loks der Gesellschaft, das Rückgrat ihrer Personenbeförderung, wurden überholt. Die letzten fünfzig, 1925 gebauten Maschinen erhielten Dreifachblasrohre mit sechs Düsen, weite Kamine und Ostbahn-Niederdruck-Kolbenschieber mit doppelter Ein- und Ausströmung. Insgesamt kamen 174 Lokomotiven in den Genuß einzelner oder mehrerer dieser Verbesserungen.

Bild 26 Die 2'D-Lokomotive 240 P 1 kurz nach dem Verlassen des Ausbesserungswerks im Depot Tours. Neben der Maschine steht Monsieur Chan, Leiter der Versuchsabteilung für Dampflokomotiven bei der SNCF. (Sammlung Chapelon)

Bild 33 Lokomotive 231.726 auf dem Prüfstand von Vitry, wo sie bei 100 km/h über zwei Stunden 3000 PS am Radreifen abgab, ohne daß sich Kesseldruck und Wasserstand änderten. Lokführer Maurice Gourault befindet sich im Führerstand, links steht Heizer Leonce Miot. (Sammlung Chapelon)

Bild 34 Die englische 1'D 1'-Lokomotive „Cock o' the North“ von der London & North Eastern Railway bei Versuchsfahrten in Frankreich vor drei 2'C-Bremslokomotiven der PO, Baureihe 4000. (Gulbenkian)

Bild 35 Etat-„Pazifik“ der Westregion, Nr. 231 D 686, gebaut in Übereinstimmung mit den Grundsätzen Chapelons, vor einem Zug im Gare St. Lazare von Paris. (Sammlung Chapelon)

Daß die guten Ergebnisse immer mit Verbundmaschinen erreicht wurden, veranlaßte mehrere Eisenbahnverwaltungen zur Suche nach ähnlichen Mitteln für ihre Lokomotiven mit einstufiger Dampfdehnung. Wir erwähnten bereits die LNER, wo Gresleys Wahl des Kylchap-Saugzugs auch von seinen Nachfolgern Edward Thompson und A. H. Peppercorn kaum in Zweifel gezogen wurde. 1934 baute auch die Belgische Staatsbahn einige recht große Vierlings-„Pazifiks“ mit einem Kessel, wie er zuerst auf dem „Cock o' the North“ gelaufen war. Ein Teil dieser Loks hatte doppelte Kylchap-Anlagen. Im Jahre 1933 ließ die Bahn in Elsaß-Lothringen, deren Vorliebe für die einfache Dampfdehnung bekannt war, bei der Société Alsacienne de Constructions Mécaniques als Baureihe S 16 eine Zweizylinder-„Pazifik“ anfertigen, die doppelten Kylchap, einen Kesseldruck von 20,0 kg/cm², Caprotti-Ventilsteuerung und in einem Exemplar sogar Booster besaß.

Zu den bemerkenswertesten Lokomotiven der Elsaß-Lothringer Bahn gehören jedoch ihre beiden mächtigen 1'E 1'-Güterzugloks der Baureihe G 16 von 1916, die bei drei Zylindern mit einfacher Dehnung auskommen. Wie die „Pazifiks“ hatten sie Caprotti-Ventile und den Kessel von 20,0 kg/cm² Dampfspannung. Dieser war dem Modell von der PLM-Gattung 151 A ähnlich, der sich seinerseits kaum vom Kessel der PLM-Serie 241 A unterschied. Sie verfügten über ACFI-Vorwärmer und doppelte Kylchap-Saugzug-Anlagen, dessen Blasrohreinsätze vertikal bewegt werden konnten. Auf der Steigung 1:100 von Thionville nach Hargarten entwickelte die G 16 beachtliche Fähigkeiten in der Beförderung schwerster Lasten. In der Regel schleppten sie 1650-t-Züge, manchmal auch 1800 t. Auf der gleichen Strecke gab die 151 A der PLM bei 1450 t auf, und die an sich nicht schlechten Nordbahnloks der Reihe 5.1200 schafften nur 1350 t. Bei Vergleichsfahrten mit der Reihe 151 A zwischen Dijon und Les Laumes gab die G 16 in der Ebene bei dauernd 48,3 km/h ihre 2800 PSe ab, wo die PLM-Type 2670 PSe leistete. Immerhin zeigte diese Verbundlok aber den Vorteil ihres Systems durch einen um 12,6 Prozent niedrigeren Wasserverbrauch, wenn 2000 PSe abzugeben waren. Keine der vier elsässischen Maschinen überstand den Krieg.

In den Vereinigten Staaten führte der Erfolg von Chapelons Methoden dazu, daß die Pennsylvania Railroad die Lok 5399, eine K 4s-„Pazifik“ von 1924, entsprechend umbauen ließ. Die ausgeführten Verbesserungen umfaßten den Einbau einer Ventilsteuerung, die Verbesserung des Überhitzers und eine Querschnittsvergrößerung der Dampfwege. Das Resultat war auch hier ein beachtlicher Leistungszuwachs. Bei 120 km/h erreichte die Maschine jetzt 4200 PSi, verglichen mit 3500 PSi zuvor; bei 160 km/h jetzt 4100 PSi statt 2800 PSi.

In Spanien und der Tschechoslowakei wurde der Kylchap-Saugzug mit großem Erfolg sowohl an Verbundloks wie auch an einfachen Maschinen benutzt. Die spanische Norte baute 1938 eine 2'D 1'-Lok mit Vierzylinder-Verbundtriebwerk durch Ventilsteuerung, Doppelkylchap und die weiteren Dampfleitungen um. Sie war von der Mehrleistung so angetan, daß 28 weitere Loks nach diesen abgeänderten Plänen neu beschafft wurden.

Die Betriebsnummern der französischen Lokomotiven sind auf den vorangegangenen Seiten immer wieder erwähnt worden, und es ist vielleicht an der Zeit, einmal die verschiedenen Bezeichnungssysteme kurz zu besprechen.

Das erste System, das in Frankreich benutzt wurde, enthielt vier Ziffern, von denen die erste die Anzahl der Kuppelachsen angeben sollte. Eine 2'C-Lok würde also in der Serie 3000 laufen, eine 1'D-Maschine in der Serie 4000 usw. Dieses Verfahren hielt jedoch nicht lange, und bald fand man die PO-„Atlantiks“ in der Reihe 3000 oder die gleichzeitig entstandenen 2'C-Typen in der Reihe 4000; es wurde vereinzelt aber beibehalten.

Im Jahre 1908 brachte die Etat ein besseres System heraus, das aus zwei Zahlengruppen bestand. Die erste gab die Achsanordnung der Lok an, die zweite ihre laufende Nummer. So wurde die erste Gruppe der „Pazifiks“ mit 231.011 bis 231.060 die nächste Ausführung mit 231.501 bis 231.783 bezeichnet. Die Nordbahn ihrerseits gab nur eine Ziffer für die Kuppelachsen und vier Stellen für die Bauserie und die laufende Nummer, so daß ihre „Superpazifiks“ als 3.1201 bis 3.1240 liefen.

Als die PO mit der Midi vereinigt wurde, übernahm die neue Verwaltung das Verfahren der Etat zum Teil und setzte deren dreistellige Laufwerksbezeichnung an die Stelle der ersten Ziffer ihrer alten vierstelligen Nummern, so daß aus der 2'D-Lok Nr. 4706 nun die 240.706 wurde.

Das Etat-System zeigte wohl im Groben die Anordnung der Maschine, ließ aber genaueren Aufschluß über die Type vermissen. Die PLM hatte deshalb schon 1918 einen Buchstaben zwischen die beiden Zahlengruppen geschoben, der dies nachholte und der die letzten drei Ziffern nur noch die Maschinen einer bestimmten Art zählen ließ. Die ersten PLM-„Pazifiks“ mit einstufiger Dampfdehnung aus dem Jahre 1912 hießen fortan 231 A 2 bis 231 A 71, die ersten Verbund-„Pazifiks“ 231 C 2 bis 231 C 86. Als 231 B wurden die auf Verbundwirkung umgebauten, mit höherem Kesseldruck ausgestatteten Maschinen der Serie 231 A eingeschoben, und so ging es weiter. Dieses System wurde von der SNCF im Jahre 1938 allgemein eingeführt, obwohl einzelne Regionen für die vor der Verstaatlichung gebauten Maschinen die alten Nummern beibehielten. Als ein Beispiel konsequenter Umzeichnung sei die Etat-„Pazifik“ 231.011 genannt, die zur 231 A 011 wurde. Neue SNCF-Loks erhielten den Kennbuchstaben P in Verbindung mit der Achsfolge, so daß die ab 1941 für die SNCF gebauten 1'D 1'-Vierzylinder-Verbundloks als Reihe 141 P und Chapelons 2'D-Loks für die Südostregion als Reihe 240 P in Betrieb genommen wurden.

Kapitel 5: Mit sechs Zylindern

André Chapelons letzte Lokomotivkonstruktion für die PO-Midi wurde 1940 abgeliefert, als die Bahnen Frankreichs schon einige Zeit in der SNCF vereinigt waren. Aufgrund des Krieges konnten vor 1948 keine Versuchsfahrten damit durchgeführt werden.

Obwohl in einem der kommenden Kapitel Chapelons 2'D 2'-Lok 242 A 1 als seine größte Schöpfung beschrieben werden wird, ist es sicher nicht falsch zu sagen, daß die nun in Rede stehende Lok sein außergewöhnlichstes Projekt darstellte. Sie sollte zwei Thesen beweisen: Erstens, daß man Verbundlokomotiven von einer solchen Überlegenheit im Vergleich zu Maschinen mit einfacher Dampfdehnung bauen konnnte, daß selbst der energischste Verfechter des letzteren Systems seine Meinung ändern mußte, und zweitens, daß die Unterhaltungs- und Betriebskosten dieser Lok so niedrig sein würden, daß kein noch so ausgekochtes Zahlenspiel den Traktionswechsel zu Diesellokomotiven attraktiv erscheinen lassen konnte. Doch diese Beweise kamen um Jahre zu spät.

1909 hatte die Paris-Orléans-Bahn ihre Premiere mit den „Pazifiks“ durch die Einführung der Achsfolge 1'E in Frankreich wiederholt, als sie ihre Güterzugtype 6000 vorstellte. In Europa waren bis dahin nur die 1907 in Österreich gebauten Maschinen dieser Anordnung bekannt. Bei der Reihe 6000 handelte es sich um Vierzylinder-Verbundloks mit Überhitzer, gebaut bei der Société Alsacienne de Constructions Mécaniques. Sie waren mit den „Pazifik“-Serien 3500 und 4500 verwandt, hatten aber zur Beschränkung der Achslast auf 15,5 t einen kürzeren Kessel, kleineren Rost und auch einen leichteren Rahmen. Die allgemeine Anordnung war teilweise von ihren Vorgängerinnen, der 1904 abgelieferten 1'D-Gattung 5000, übernommen. Die Baureihe 6000 sollte in erster Linie schwere Güterzüge auf den Hauptstrecken, so besonders zwischen Paris und Bordeaux, befördern, doch sie wurden auch in den verschiedensten Plänen über die scharfen Kurven und die beängstigenden Steigungen der Routen im Zentralmassiv geschickt. Ab 1920 erhielten viele ein Kleeblattblasrohr, und nach 1926 wurden 15 Einheiten mit dem Kylchap-Modell 1 K/T bestückt, das für 14 Prozent Brennstoffersparnis gegenüber den Loks mit Dreifachblasrohr sorgte. Ab 1931 wurde eine größere Anzahl mit Speisewasservorwärmern der Marken ACFI, Worthington und Dabeg ausgerüstet. Die vier Zylinder lagen in einer Querebene; der Hochdruckteil innen arbeitete auf die zweite Kuppelachse, während die Niederdruckzylinder außen auf den dritten Kuppelradsatz wirkten.

Im Jahre 1936 fertigte Chapelon die ersten Skizzen an, um den Umbau einer Lok der Reihe 6000 in die Achsfolge 1'F vorzubereiten. Sein Ziel war der Entwurf einer Lokomotive von hoher Zugkraft und von besonderer Wirtschaftlichkeit bei niedrigen Fahrgeschwindigkeiten. Da die Betriebskosten einer gewöhnlichen Dampflok bei geringem Tempo recht ansehnlich in die Höhe gehen, war die Lösung der Aufgabe nicht eben einfach. Abkühlung an den Zylinderwänden und Undichtigkeiten waren die Hauptprobleme. Bei den Schnellzugloks hatte man Drosselverluste bekämpft; bei diesen langsameren Fahrzeugen ging es nun wegen der Wirtschaftlichkeit um eine möglichst vollständige Expansion, die besonders bei angestrengtem Arbeiten immer durch Abkühlung und Lecks gefährdet ist.

Versuche mit der 2'D-Baureihe 240.700 hatten Chapelon gezeigt, daß das Diagramm der Hochdruckzylinder selbst bei der gesteigerten Überhitzung noch beträchtliche Kondensation aufwies, wenn mit kleiner Füllung langsam gefahren wurde. Die Hochüberhitzung wurde also schlecht ausgenutzt, weil die überschüssige Wärmeenergie im Zentrum des Zylinderraums sich nicht an dessen Rand bewegte, um dort die Verluste an der Wandfläche auszugleichen. Die Forderung nach einer entsprechenden Erwärmung der Zylinderwände ließ Chapelon auf die Idee kommen, einen Dampfmantel anzubringen, so daß der Heißdampf vor und nach seinem Eintritt in den Zylinder gleichermaßen Arbeit leisten konnte. In anderen Worten, er benutzte die im Zylinder überschüssige Energie nun zur Erwärmung von außen, wenn es von innen unmöglich war. Die Dampfmäntel sollten Teil des Dampfkreislaufs werden, so daß der Dampf Hoch- und Niederdruckzylinder flott umspülen würde. Da man vor letzterem die Zwischenüberhitzung vorgesehen hatte, konnte man das ganze Verfahren ohne Steigerung der Heißdampftemperatur versuchen, die vielleicht zu Schwierigkeiten mit dem Öl oder den Gußteilen geführt hätte. Außerdem wählte Chapelon Chromstahl für die Zylinderlaufflächen, um die Abnutzung der Kolbenringe und daraus folgende Undichtigkeiten zu vermindern.

Da er sich für eine Ventilsteuerung entschied, brauchte er Leckverluste durch defekte Kolbenschieberringe nicht zu befürchten. Auf der anderen Seite sollten natürlich die Ventile vollkommen dampfdicht sein und sich auch unter Druck nicht bewegen. Versuche mit allerlei verschiedenen Typen ergaben, daß die Lentz-Ventilsteuerung diesem Verdrehen am wenigsten unterlag. Um der Neigung zum Drehen und Kippen während der Expansion zu begegnen, kam eine Ausführung mit konischem Ventilsitz zur Anwendung. Die Erprobung eines entsprechenden Modells bei einer Lok der Reihe 240.700 war mit Erfolg abgeschlossen worden. Getrennte Heusingersteuerungen mit schwingender Nockenwelle besorgten den Ventilantrieb. Der gesamte Steuerungsapparat befand sich außerhalb des Rahmens, von wo die Bewegungen der inneren Niederdruckventile abgeleitet wurden.

Um sowohl eine gute Expansion als auch hohe Zugkräfte zu erhalten, müssen für einen wirtschaftlichen Betrieb die Zylinderdurchmesser so groß wie nur irgend möglich gestaltet werden. Die Niederdruckzylinder des vorausberechneten Volumens wären jedoch so riesig ausgefallen, daß sie die Fahrzeugbegrenzung überschritten hätten. Chapelon wagte daraufhin den Entschluß, eine Sechszylinderlok mit zwei Hochdruck- und vier Niederdruckzylindern zu bauen. Die beiden Hochdruckzylinder befanden sich mehr in der Mitte des Fahrzeugs, zwischen der zweiten und dritten Kuppelachse innerhalb des Rahmens. Zwei Niederdruckzylinder des gleichen Durchmessers wurden vorn zwischen den Rahmenwangen angebracht, und in einer Ebene mit ihnen lagen außen die beiden anderen. Die Hochdruckzylinder wirkten auf die vierte, die inneren Niederdruckzylinder auf die zweite und die Außenzylinder auf die dritte Kuppelachse.

Zwischenüberhitzung für den Niederdruckteil bedeutete, daß der Dampf nicht nur vor seinem Eintritt in die Hochdruckzylinder überhitzt wurde, sondern auch auf seinem Weg durch den Verbinder. Für den Hochdruck kam nur der Houlet-Überhitzer infrage, weil er mit der kleinsten Anzahl von Elementen die beste Wirkung erbrachte. Eine weitaus größere Anzahl von Rohren mußte dem Niederdruck-Überhitzer vorbehalten bleiben, der wohl den Druckverlust auf dem Weg zu seinen Zylindern vermeiden sollte, aber andererseits wieder nicht zu überhöhten Temperaturen führen durfte. Zu diesem doppelten Zweck wurden Schmidt-Elemente parallelgeschaltet und paarweise in die weiten Rohre eingesetzt, was vollauf befriedigte.

Um die Intensität des Wärmeaustauschs zwischen den Heizgasen und dem Kesselwasser zu steigern, wurde die ganze Trommel durch eine Trennwand, 2000 mm von der Rauchkammerrohrwand entfernt, in zwei Abschnitte geteilt. Chapelon folgte hiermit dem Franco-Crosti-Prinzip, ohne dessen zusätzliche Behälter mit den unpraktischen Schornsteinen in der Nähe des Führerhauses zu übernehmen, indem er den vorderen Teil des Langkessels zum Vorwärmer umwandelte. Dieser Abschnitt war stets voller Wasser, das von einer ACFI-Abdampfpumpe oder einem Injektor als Reserve nachgefüllt wurde. In den eigentlichen Kessel wurde das Wasser durch ein simples Überlaufrohr gepumpt. Da für Notfälle auch in diesem Kesselteil ein Injektor angebracht war, hat es mit der gesamten Anlage nie Schwierigkeiten gegeben.

Die Ursprungsausführung der 1'E-Lok hatte eine trapezförmige Feuerbüchse wie manche „Pazifiks" der PO, doch mit einer kleineren Rostfläche (3,80 m²). Dieser Stehkessel wurde wie bei der Baureihe 240.700 abgeändert, indem der Rost auf 3750 mm verlängert und damit auf 4,13 m² vergrößert wurde – so wurde die direkte Heizfläche betont und die Feuerbehandlung erleichtert. Natürlich trug die Lokomotive auch eine doppelte Kylchap-Saugzuganlage und Dampfleitungen von reichlichem Querschnitt. Bei der Anfahrt erhielten die Niederdruckzylinder Frischdampf von 10 kg/cm², ohne daß man an einen direkten Auspuff des Hochdruck-Abdampfs in die Atmosphäre dachte. Der Lokomotivrahmen wurde beträchtlich verstärkt, um ihm die notwendige Festigkeit zu verleihen. Aufgrund der sechs Kuppelachsen mußten auch Maßnahmen zur Vorbereitung eines zufriedenstellenden Kurvenlaufs getroffen werden. Nur drei Radsätze, nämlich die Treibachsen, wurden mit geschwächten Spurkränzen festgelegt. Die erste Kuppelachse war um 20 mm, die fünfte um 10 mm und die sechste um 30 mm seitenverschieblich eingerichtet. Damit lief die Maschine bequem über Strecken, die selbst für manche Loks mit kürzerem Radstand schwierig waren.

Diese Lokomotive, Betriebsnummer 160 A 1, rollte im Juni 1940 aus der Bahnwerkstätte von Tours. Da sich zu dieser Zeit die deutschen Truppen nach Südfrankreich bewegten, beeilte sich Chapelon, seine kostbare neue Maschine nach Brive, ihrem zukünftigen Depot, in Sicherheit zu bringen. Inzwischen war durch die Kriegsereignisse der ganze Betriebsdienst so angespannt, daß Lokomotivleerfahrten nicht mehr zugelassen waren. Die Lok fuhr deshalb ohne

Last nur bis Limoges, wo bereits ein Güterzug von 1200 t auf sie wartete. Ohne irgendwelche vorhergehenden Versuchsfahrten hatte die Maschine den schweren Zug über die 10-Promille-Steigung von Limoges nach Brive zu bringen. Auf dem Führerstand befand sich René Gourault, der auch die Lok 3566 bei ihren ersten Messungen im Jahre 1929 gefahren hatte, und dank dieses Experten an Regler und Steuerung sank das Tempo auf der Rampe nicht unter 40 km/h. Nach der Ankunft in Brive wurde Lok 160 A 1 im Schuppen verborgen, wo sie bis zum Ende des Krieges verblieb.

Mit ihren neuen Bauteilen war Chapelons 1'F-Maschine nur eine logische Weiterentwicklung der klassischen, konventionellen Dampflokomotive. Sie enthielt jedoch viele Elemente, die er mit Rücksicht auf ihre mögliche Verwendung in einer künftigen Generation von Maschinen ausprobieren wollte. Lok 160 A 1 gab neue Erkenntnisse in großer Zahl her, und Chapelon nannte sie oft: ein einziges rollendes Laboratorium. Trotzdem erwies sich die Auswertung der Resultate mit dem vorhandenen Meßgerät als sehr aufwendig; Chapelon hätte sie wahrscheinlich besser nutzen können, wenn ihm mehr Mittel zu ihrer Erforschung zur Verfügung gestanden hätten. Dennoch war er überzeugt, daß eine Reihe wichtiger Grundsätze ohne praktische Versuche wohl kaum zutage gefördert worden wären.

Eine besondere Schwierigkeit wurde zum Beispiel beim Messen der Dampftemperatur an verschiedenen Stellen der Leitungen bemerkt, als bei einer Überprüfung der Werte durch eine abgeänderte Anordnung der Meßstellen sich völlig neue Zahlen ergaben. Der Grund hierfür lag sicherlich in der schlechten Wärmeleitfähigkeit von Heißdampf, doch darauf kam man erst, als die Lok eines Tages nur mit Naßdampf gefahren wurde. Jetzt lieferten die verdächtigen Apparate plötzlich übereinstimmende Temperaturen. Damit wurde gleichzeitig ein Fehler auf dem Prüfstand von Vitry offenbar, wo man die Meßgeräte immer an einem Reservoir eichte, das von der Lok mit Naßdampf versorgt wurde. Diese Prüfung konnte nun nicht mehr genügen, weil bei Heißdampf die gemessenen Temperaturen viel stärker von der Form der Meßeinrichtungen und von ihrer jeweiligen Position auf der Lok abhängig sind.

Die ersten Tests der Lok 160 A 1 in Vitry-sur-Seine konnten nicht vor Kriegsende stattfinden, und es dauerte noch bis 1948, ehe sie zu Meßfahrten auf der freien Strecke zur Verfügung stand. Inzwischen befand sich Chapelons große 2'D 2'-Maschine 242 A 1 schon zwei Jahre im Versuchsbetrieb, und es waren die Pläne für eine neue Familie von Dampflokomotiven formuliert und wieder verworfen worden, nachdem die Entscheidung gegen den Weiterbau von Dampfloks und für die Elektrifizierung der Hauptstrecken gefällt worden war. Alle Erkenntnisse, die Chapelon noch durch die Lok 160 A 1 gewinnen würde, konnten folglich nicht mehr auf die nächste, schon konstruierte Generation von Dampflokomotiven angewendet werden, sondern nur noch auf die Generation danach. Bei dieser aber konnte es sich nur noch um Verbesserungen an vorhandenen Maschinen handeln. Diese Umbauten wurden jedoch nicht mehr vorgenommen, so daß seine 1'F-Lok 1955, zwei Jahre, nachdem Chapelon die SNCF verlassen hatte, verschrottet wurde. Man kann sich kaum eine Maschine vorstellen, deren Erhaltung verdienstvoller gewesen wäre.

Wenden wir uns für einen Augenblick noch Chapelons Anordnung der Triebwerkskurbeln zu: Die Hochdruckzylinder waren um 90° gegegeneinander versetzt, die Kurbeln der inneren Niederdruckzylinder um 180° voneinander entfernt, und die äußeren Niederdruckzylinder waren um 120° voneinander und von der Wirkung der inneren Niederdruckzylinder versetzt. Der Effekt dieser Anordnung war, daß der Niederdruckteil als Dreizylindermaschine mit sechs Auspuffschlägen je Radumdrehung arbeitete. Sie ließ auch die Zufuhr von Frischdampf allein zu den Niederdruckzylindern zu, um kraftvolle Starts zu fahren. Eine vorteilhafte Eigentümlichkeit des Rauchgas-Vorwärmers war die, daß Wasser ohne größeren Abfall des Kesseldrucks nachgespeist werden konnte. Im Dienst auf Steilrampen war dieses Verhalten ein besonderer Pluspunkt.

Trotz ihrer nur 1400 mm großen Kuppelräder war die Lokomotive in der Lage, relativ hohe Geschwindigkeiten zu fahren, so daß man sie auf den schwierigeren Strecken auch vor Schnellzügen einsetzen konnte. Als Maximum wurden 95 km/h aufgezeichnet. Viel wichtiger war jedoch, daß bei langsamer Fahrt der thermische Wirkungsgrad nicht absank. Während bei anderen Maschinen ihres Treibraddurchmessers der spezifische Brennstoffverbrauch wieder anstieg, sobald das Tempo unter 35 km/h fiel, nahm bei Lok 160 A 1 der Verbrauch je PSh am Zughaken mit der Geschwindigkeit ab. Damit zeigten die „locomotives chapelonisées" einen neuen Vorzug.

Die Versuchsfahrten wurden im Mai und Juni 1948 mit 17 planmäßigen Zügen durchgeführt, vor die der Meßwagen gestellt wurde. Die Zuglasten wechselten, ebenso die Steigungen der Strecken: Villeneuve St. George–Laroche (1:200), Laroche–Dijon (1:125), Roanne–St. Etienne (1:83), Badan–St. Stienne (1:33) und Lyon–Roanne über Tarare (1:38). Auf sämtlichen Routen zog die Lok ohne fremde Hilfe die jeweils zulässigen Höchstlasten, nämlich 1650 t zwischen Laroche und Dijon, 1000 t zwischen Roanne und St. Etienne, 850 t von Badan nach St. Etienne und 575 t über Tarare. Die Zugkräfte entsprachen 20 bis 22 t in der Ebene bei 20 bis 32 km/h, gleich 1800 bis 2300 PSe. Bei höherem Tempo, etwa bei 45 km/h, war die Zugkraft noch 16,5 t, bei 60 km/h betrug sie 12 t und kam damit 2650 bis 2750 PSe gleich.

Ihr Verbrauch im Plandienst war verhältnismäßig niedrig. Vor einem aus 65 Fahrzeugen bestehenden 1660-t-Zug zwischen Laroche und Dijon, wo sie länger als 2³/₄ Stunden eine durchschnittliche Zugkraft von umgerechnet 9680 kg bei 48 km/h (entsprechend 1702 PSe) ausübte, wurde der Verbrauch auf 8,733 kg Wasser und auf 1,224 kg Kohle je PSeh errechnet. Auf der Rampe 1:125 zwischen Dijon und Les Laumes wurden 64 Wagen (1510 t) befördert, wo die dauernd ausgeübte Zugkraft 14370 kg bei 39 km/h betrug (auf die Ebene bezogen) und 2062 PSe entsprach. Die Verbrauchswerte lagen hier bei 9,500 kg/PSeh für Wasser und 1,572 kg/PSeh für Kohle. Obwohl also die Zugkraft gegenüber der erstgenannten Fahrt um 50 Prozent zugenommen hatte, war der spezifische Wasserverbrauch nur um ein geringes gestiegen.

Als weiteres Beispiel sei ein Lauf zwischen Badan und St. Etienne genannt, wo der Zug 32 Wagen gleich 993 t umfaßte. Die durchschnittliche Dauerzugkraft entsprach 15665 kg bei 30 km/h, umgerechnet 1612 PSe. Der Vebrauch betrug hier 10,228 kg/PSeh Wasser und 1,505 kg/PSeh Kohle.

Zahlen in der gleichen Größenordnung wurden auch bei den letzten zwei Fahrten vor dem Expreßzug LO aufgezeichnet, dessen 13 Waggons (575 t) von Lyon über Tarare nach Roanne gebracht werden mußten. Hier lautete der Wert für die Zugkraft 8033 kg bei 51,5 km/h. Vor diesem Zug, für den die Streckenhöchstgeschwindigkeit ausnahmsweise von 60 km/h auf 70 km/h angehoben worden war, fuhr die Lok am 8. Juni 1948 gegenüber dem Fahrplan 5¹/₂ Minuten herein. Dabei ging sie die Rampe von 1:83 mit 60 bis 65 km/h an und holte selbst auf der Steilstrecke 1:38 noch 32 km/h heraus, ohne daß die auf der Strecke übliche Schiebelok in Anspruch genommen werden mußte. Als die Lok 160 A 1 in Beuchaille, zwischen Dijon und Blaisy gelegen, auf der Steigung 1:125 im Bogen ihre 1660 t in Gang setzte, wurden von den Apparaten des Meßwagens 36 t Zugkraft angezeigt.

Während des gesamten Verlaufs der Erprobungen fiel angenehm auf, wie trotz der erheblichen Beanspruchungen alle Bauteile der Lok ihren ausgezeichneten Zustand beibehielten. Hier zahlte sich die Verteilung der Belastung auf sechs Zylinder aus.

Auf die Fahrversuche im Regelzugdienst folgten Messungen vor der Bremslokomotive. Die erste Serie wurde auf der relativ steigungsarmen Strecke Moret–Montargis–Cosne anberaumt, aber die Zugkraft der Maschine war so enorm, daß fünf bis sieben Bremsloks beigestellt werden mußten. Um die Versuche etwas einfacher zu gestalten, ging man deshalb auf eine steilere Route über. Die Wahl fiel auf den Abschnitt Givers – St. Etienne mit Rampen von 1:167 und 1:71, wo hinter den Planzügen mit einer 1'D 1'-Bremslok auszukommen war.

Die Versuche gingen nun gut voran, erbrachten allerdings einen überraschenden Aspekt: In den Fahrten von St. Etienne hatte die Maschine 10 bis 15 Prozent mehr Kohle und Wasser benötigt als in den Läufen, die jetzt in Montargis stattfanden. Sofort wurde mit der Suche nach den Ursachen dieses Verhaltens begonnen. Um den Einfluß der Kurven auf den Laufwiderstand der Lokomotive zu untersuchen, wurde das Fahrgestell in zwei Gruppen zu je drei Achsen aufgeteilt, doch die Lösung des Problems wurde darin nicht gefunden. Vielleicht war die Reibung innerhalb der vielen Lager und Bahnen auf der schwierigen Strecke von St. Etienne größer als auf den schwächeren Steigungen bei Montargis? Man fuhr zurück nach St. Etienne, um diese Hypothese zu überprüfen, und staunte nicht schlecht, als man dort nun dieselben Verbrauchsziffern wie vor der Abfahrt von Montargis messen konnte.

Die Erklärung hierfür war, als sie endlich gefunden wurde, ausgesprochen simpel. Die Läufe in Montargis waren über eine längere Strecke als in St. Etienne gefahren worden, und sobald man in beiden Bezirken gleichlange Touren ansetzte, stimmten auch die Verbrauchsziffern wieder überein. Dieser Vorfall zeigt die außerordentlichen Schwierigkeiten eines exakten Vergleichs, die nach Chapelons Ansicht meistens zuwenig beachtet werden und die man sich bei einer Reihe von veröffentlichten Versuchsergebnissen immer wieder vor Augen halten muß.

Die Meßfahrten in der Umgebung von St. Etienne wurden bis zu einer Zugkraft von 23 t ausgeführt. Sie waren umfangreich genug, um dadurch eine Analyse der Arbeitsweise der Maschine zu gewinnen. Zunächst fanden Versuche mit kompletter Überhitzung und Zwischenüberhitzung statt, zweitens Fahrten mit zwei Dritteln der Heißdampfüberhitzung, drittens ohne Heißdampfüberhitzung, und schließlich ohne Überhitzung im Hoch- und Niederdruckteil. Die Resultate waren aufschlußreich: Ohne Hochdrucküberhitzung verbrauchte die Lok bei 60 km/h nur 1,5 Prozent mehr, bei 20 km/h auch nur 3,0 Prozent mehr. Bei reinem Naßdampfbetrieb war die Zunahme bei 60 km/h nur 6 Prozent, bei 20 km/h schließlich 13 Prozent. Diese letzten Zahlen ergeben sich vor allem aus den Drosselverlusten, die bei Naßdampf auch im Bereich niedriger Geschwindigkeiten auftreten. Es braucht kaum betont zu werden, daß diese Zahlen kaum der allgemeinen Vorstellung vom Unterschied zwischen Heißdampf- und Naßdampfbetrieb entsprechen.

Ebenso bemerkenswert war, daß die Maschine mit Naßdampf bei ähnlichen Füllungen und gleichen Geschwindigkeiten wie während der Fahrt mit doppelter Überhitzung im Durchschnitt noch 93 Prozent der indizierten Leistung auf dem gesamten Leistungsdiagramm erbrachte.

Diese Messungen hatten damit eine bisher völlig unbekannte Eigenschaft der Verbundlokomotive ans Licht gebracht, nämlich daß man durch die alleinige Überhitzung des Niederdruckdampfs und durch den Einbau von Dampfmänteln im Hochdruckteil auf einer Lokomotive den gleichen Wirkungsgrad erreichen konnte wie mit der Überhitzung des Heißdampfs zu sehr hohen Temperaturen. Diese Erkenntnis hatte man aus dem Gebrauch der Dampfmäntel gewonnen, die Chapelon eigentlich aus einem ganz anderen Grund angebracht hatte. Ihre wichtigste Bedeutung blieb zwar weiterhin, daß durch sie die für Öl, Gußteile, Kolbenringe und die allgemeine Unterhaltung unvorteilhaften hohen Temperaturen vermieden werden konnten, doch da die neue Entdeckung nur auf Verbundloks angewandt werden konnte, würden diese in Betrieb und Unterhaltung noch billiger werden als vergleichbar starke Loks mit einfacher Dampfdehnung. Wäre der Krieg nicht begonnen worden, würden solche Maschinen wahrscheinlich zum Einsatz gekommen sein, und zwar nicht nur in Frankreich, sondern auch in Großbritannien und einigen anderen Ländern. Chapelon ist sicher, daß seine 1'D 1'-Maschinen der Baureihe 141 P dann als Verbundloks mit Dampfmänteln im Hochdruckteil und mit einem Überhitzer nur für den Niederdruck konstruiert worden wären. Aber die Versuchsergebnisse der Lok 160 A 1 kamen zu Anfang der fünfziger Jahre viel zu spät heraus – selbst zu spät für die 1952 gedruckte Ausgabe von Chapelons Buch „La Locomotive à Vapeur".

Mit der Behandlung seiner revolutionären 1'F-Maschine sind wir der Geschichte etwas vorausgeeilt. Das liegt daran, daß die Lok 160 A 1 ja eigentlich entworfen worden war, um eine Forderung der seinerzeit noch unabhängigen PO-Midi zu befriedigen. In seinen weiteren Projekten mußte Chapelon nun die Bedürfnisse sämtlicher Regionen der SNCF berücksichtigen. Bei der Bildung der neuen Verwaltung wurde er als Leiter der Versuche in der Abteilung für Lokomotivkonstruktion übernommen, deren Vorsteher er schließlich wurde. Gleichzeitig stieg er in der Rangliste vom Ingenieur zum Oberingenieur und schließlich zum Chefingenieur auf.

Wie in den meisten anderen Ländern auch, ergab sich bei der Verstaatlichung das bekannte Problem, ob für den künftigen Bedarf an Maschinen vorhandene Modelle weitergebaut, die bewährten Typen mit Änderungen beschafft oder gar vollkommen neue Lokomotiven entwickelt werden sollten. Glücklicherweise gab es in Frankreich kaum den von den alten deutschen oder gar den britischen Bahnen geläufigen Neid oder die Abneigung gegen Maschinen fremder Verwaltungen. Dort schien nur die PLM etwas skeptisch, aber selbst sie konnte Chapelons Reihe 240 P nicht widerstehen.

Dieser war natürlich ein überzeugter Anhänger des Verbundverfahrens, und seine Berufung auf den Posten bei der SNCF bedeutete die Übereinstimmung der Direktion mit seinen Ansichten. Tatsächlich waren ja sämtliche Vergleiche zwischen den Loks mit ein- und zweistufiger Dampfdehnung zugunsten der Verbundwirkung ausgegangen. Noch vor dem Zweiten Weltkrieg wurde in Frankreich eine sehr bemerkenswerte Versuchsreihe abgehalten, an der zwei nach Chapelons Grundsätzen gestaltete Vertreterinnen der beiden Expansionsarten teilnahmen. Es handelte sich um die vierzylindrige Etat-„Pazifik" der Reihe 231 DD, die spätere Serie 231 G und der stärkste Umbau der Gesellschaft einerseits, und um die zweizylindrige S 16 der Alsace-Lorraine andererseits. Diese fuhr mit 20,0 kg/cm² statt 16,0 kg/cm² Kesseldruck und sollte speziell dazu konstruiert worden sein, Expansionswerte wie bei ähnlichen Verbundloks aufzuweisen.

Die Vergleiche wurden auf der Strecke von Paris nach Le Havre ausgeführt, zu der auch die Rampe von Motteville, 30 km lang und 1:182 geneigt, gehört. Die S 16 bewältigte diesen Abschnitt mit 590 t und einer Geschwindigkeit von 88,5 km/h; die 231 DD nahm aber 690 t und fuhr sie mit durchschnittlich 101,4 km/h die Steigung hinauf, wobei sie 2470 PSe leistete. Auf der recht ebenen Strecke von Paris nach Rouen hielt die 231 DD zwischen 132 und 138 km/h; ihr Gesamtverbrauch an Brennstoff während der Fahrt lag um 30 Prozent unter dem der S 16. Auch Meßfahrten vor der Bremslokomotive, an der die S 16 und eine umgebaute PO-„Pazifik", die Lok 231.726 mit 17,0 kg/cm² Kesseldruck, teilnahmen, erbrachten ähnliche Resultate.

Bild 36 Die 1'F-Sechszylinder-Verbundlokomotive 160 A 1 besaß zwei Hochdruck- und vier Niederdruckzylinder, doppelte Überhitzung, Dampfmäntel an den Zylindern, Lentz-Ventilsteuerungen und doppelten Kylchap-Saugzug. Sie war aus einer 1'E-Lok der Reihe 6000 aus dem Jahre 1909 umgebaut worden. (SNCF)

Bild 37 Die Lokomotive vor ihrer ersten Ausfahrt unter Dampf in Tours; Juni 1940. (Sammlung Chapelon)

Bild 38 Lokomotive 160 A 1 in Lyon-Perrache vor einem D-Zug von 578 t. Die folgende Steigung 1:38 wurde mit 32 km/h bezwungen. (Sammlung Chapelon)

Bild 39 Versuchszug mit 160 A 1 vor der Abfahrt von Laroche-Migennes; 10. Mai 1948. (Fenino)

Bild 40 Zweizylinderlokomotive 141 E 113 der Westregion. Sie ist ein Beispiel für die Anwendung der Grundsätze aus dem Umbau der Verbund-„Pazifiks“ auf Maschinen mit einstufiger Dampfdehnung. (Vilain)

Bild 41 Dreizylinder-2’D 1’-Lokomotive 241.101 der Etat im Ursprungszustand. (Auclair)

Oft haben Gegner der zweifachen Dampfdehnung vorgetragen, aus dem Umstand, daß kaum ein anderes Land Frankreich im Bau von Verbundloks gefolgt sei, erhelle von selbst, daß dieses System im ganzen nur wenige Vorteile habe. Die einfache Antwort auf dieses Argument ist, daß die Verbundlokomotive nach Chapelon in Wirklichkeit jeder anderen Dampflokkonstruktion auf der Welt meilenweit voraus war.

Kapitel 6: Nach dem Krieg

Im Jahre 1945, kurz nach dem Kriege, hielt Chapelon vor der Association Française des Amis des Chemins de Fer (AFAC) eine Rede über die Zukunft der Dampftraktion bei der SNCF. Weil dieser Vortrag das ganze Gebiet so umfassend behandelte, sei er der Beschreibung von Chapelons weiterer Karriere bei der SNCF zugrundegelegt. Die verschiedenen Lokomotivtypen werden dann detailliert besprochen, sobald sie im Verlauf der Rede auftauchen.

Zu Beginn des Krieges liefen bei den französischen Eisenbahnen 9137 Schlepptenderloks in 114 Typen und 2726 Tenderloks in 63 Typen. Jede Type enthielt alle Maschinen der alten Gesellschaften, die die gleiche Achsfolge und übereinstimmenden Kuppelraddurchmesser aufwiesen. Die umfangreichste Type, oder auch die größte Gruppe von Baureihen, wurde von den ab 1918 für die PLM gebauten 1'D 1'-Lokomotiven mit 1650-mm-Rädern gebildet, von der 692 Stück im Betrieb waren. Die PLM besaß auch 370 „Pazifik“-Schnellzugloks mit Treibrädern von 2000 mm, wurde jedoch hierin von der Etat übertroffen, zu deren 340 „Pazifiks“ gleichen Raddurchmessers ja noch die 140 identischen, vom Ministerium für Öffentliche Arbeiten aus Reparationsmitteln bestellten Einheiten kamen. In ihrer Ursprungsausführung, also vor dem Umbau im Sinne von Chapelon, waren die Konstruktionen bei der PLM im Jahre 1909 und bei der Etat 1914 entstanden.

1945 betrug das Durchschnittsalter der Lokomotiven mit Schlepptender 34 Jahre. Man konnte die Schnellzugtypen in zwei Hauptgruppen aufteilen: Einmal in die ungefähr 1200 Einheiten mit der Achsfolge 2'C, etwa um 1910 geliefert, und zweitens in rund 1500 Lokomotiven aus der Zeit ab 1923 in den Baumustern „Pazifik“ und „Mikado“. Bei den Tenderloks, deren durchschnittliches Alter nur 32,3 Jahre umfaßte, gab es vier wichtigere Gruppen, die allerdings geringeren Umfang besaßen als bei den Modellen mit Schlepptender. Es handelte sich um rund 300 C-Kuppler, deren älteste Vertreter bereits 74 Jahre lang auf Frankreichs Gleisen herumfuhren, dann um 250 Maschinen der Achsfolgen 1'C 1' und E von 1910, weiter um etwa 300 Stück mit der Gruppierung 1'D 1' und D von 1920, sowie schließlich um die ab 1930 beschafften Bauarten 1'D 1', 2'D 2', ferner E und D. Diese große Typenvielfalt des Lokomotivbestands und die ungünstige Altersstruktur sollten nun durch ein beschleunigtes Austauschprogramm bekämpft werden, so daß bestimmte Maschinen ohne weitere Verzögerung abgestellt werden konnten. Das Programm enthielt die Maschinen, deren Leistungsfähigkeit den neueren Ansprüchen nicht mehr genügte, und die Oldtimer, deren Unterhaltungskosten nicht mehr verantwortet werden konnten. Dabei war nicht einmal der Ersatz sämtlicher ausgemusterten Lokomotiven nötig, denn durch den Fortschritt der Elektrifizierung bei den Französischen Staatsbahnen wurden jetzt weniger Lokomotiven als vor dem Kriege gebraucht. Im Jahre 1950 zum Beispiel, als der Fahrdraht zwischen Paris und Lyon in Betrieb genommen wurde, war die Zahl der Dampfloks bereits um mehr als 1600 zurückgegangen. Die wichtigsten ausgemusterten Baureihen umfaßten die nicht umgebauten „Pazifiks“ und 2'C-Loks der PO, Etat, Nord und PLM, außerdem die Personen- und Güterzugloks der Bauarten 1'E, 2'D und 1'D, dazu 2'D-Tenderloks, die vorher der PO, Ostbahn, PLM und Midi gehört hatten. Die Baujahre dieser verschiedenen Typen lagen zwischen 1897 und 1913. Einen bemerkenswerten Gegensatz zur Abschaffung mancher noch relativ jungen Lok bildete die Weiterverwendung einiger sehr alter Fahrzeuge: Von 179 im Jahre 1867 für die Westbahn gebauten Dreiachsern der Klasse C waren 1945 erst 29 Stück ausgeschieden. Diese robusten Zweizylinderloks wogen nur 40 t und bedienten die leichtesten Strecken. Ihre Außenzylinder, ein hoher Kamin und der kräftige Dom ließen sie beim Dienst vor ländlichen Personenzügen und im Nahgüterverkehr zu malerischen Requisiten einer langen vergangenen Zeit werden.

Der Beschaffungsplan für Dampflokomotiven wurde im Lichte der für die Zehnjahresperiode von 1945 bis 1956 angenommenen Verkehrszunahme aufgestellt und berücksichtigte schon die Auswirkungen der Elektrifizierung Paris–Lyon. Gleichzeitig wurde eingeräumt, daß er flexibel genug sein mußte, um Abweichungen der tatsächlichen Verkehrsentwicklung von den vorausberechneten Werten folgen zu können, und um bei einer Erweiterung der elektrischen und der Dieseltraktion Änderungen zuzulassen. Der Neubau von Maschinen sollte erheblichen Vorrang genießen, und man war übereinstimmend der Meinung, daß unvorhergesehener Verkehrszuwachs die vermehrte Lieferung neuer Loks, nicht aber die langsamere Ausmusterung alter Maschinen nach sich ziehen sollte. Nur in dieser Erneuerung des Bestands lag die Möglichkeit, eine größere Wirtschaftlichkeit des Betriebs zu erreichen. Es war und ist ein wichtiger Aspekt der Zugförderungskosten, daß die jährlichen Ausbesserungskosten mit dem Alter der Maschinen zunehmen und allmählich einen Wert erreichen, wo ihre Beibehaltung teurer wird als der Bau neuer Lokomotiven. Dieser Zeitpunkt war von einem amerikanischen Ingenieur genauer untersucht und schließlich dahingehend definiert worden, daß die wirtschaftliche Lebensdauer einer Lok dort endet, wo die Zunahme der Unterhaltungskosten gleich der Abnahme in den Kosten für den Ersatz der Lok wird. Er bezifferte diese Zeit auf 15 bis 20 Jahre. Etwas eigentümlich stimmt dieser Wert mit der Zeit überein, nach der Lokomotiven nicht mehr den Anforderungen des Betriebszweiges entsprachen, für den sie gebaut worden waren. Die Crampton-Lokomotive, 1850 entstanden, war 1870 überholt, die 2 B-Verbundlok von 1890 galt 1910 nichts mehr, und die „Pazifik" von 1910 mit ihren 2000 PS war 1930 kaum noch gefragt. Sie konnten sich nur durch den Umbau nach Chapelons Grundsätzen länger halten.

Dennoch war die amerikanische Berechnung in gewisser Weise irreführend, denn nach dortiger Praxis wurde ein ausgebauter Kessel – selbst nach Einbau einer neuen Feuerbüchse oder nach dem Ersatz des gesamten Langkessels – immer wieder in die ursprüngliche Maschine einmontiert, während in England, Frankreich und bei der Deutschen Reichsbahn die Lok und der Kessel getrennt voneinander ausgebessert wurden. So kam ein Rahmen hier oft zu mehreren verschiedenen Kesseln hintereinander, während in Amerika meist die Lebensdauer des Kessels über die Maschine entschied. In Frankreich wurde deshalb, um allen technischen und wirtschaftlichen Gesichtspunkten Rechnung zu tragen, für die Dampfloks ein Höchstalter von 40 Jahren festgesetzt, nach dessen Ablauf die jährlichen Betriebskosten diejenigen einer neuen Maschine wesentlich überstiegen.

Unter Berücksichtigung dieser Überlegungen wurde 1945 beschlossen, daß zur Bewältigung des gleichen Verkehrs wie in den zwölf Monaten vor Kriegsbeginn zwischen 2000 und 3000 neue Lokomotiven beschafft werden mußten, je nachdem, ob die nach Deutschland abgefahrenen Maschinen zurückgegeben würden oder nicht. Selbst im Rahmen dieses bescheidenen Plans mußten also jährlich 200 bis 300 neue Loks in Auftrag gegeben werden.

Unter den Umständen der ersten Nachkriegsjahre, ebenso unter Berücksichtigung der jetzt maßgebenden Grundsätze für die Beförderung von Personenzügen, wurden neue Schnellzugloks nicht sofort benötigt. Man hatte vor, nur wenige, aber dafür längere Schnellzüge zu fahren. Sie sollten bei Dampftraktion 650 bis 700 t und bei elektrischer Zugförderung 850 t, jeweils bei 65 bis 75 km/h, nicht übersteigen, um sich der Leistungsfähigkeit der vorhandenen Maschinen – „Pazifiks" hier und 2'D 2'-Loks dort – anzupassen. In der ersten Zeit würden die gleichen Lokomotiven auch ausreichen, um die „Flaggzüge", einen leichten Schnellverkehr als Angebot besserer Verbindungen auf den Hauptstrecken, damit zu bespannen.

Die „Pazifiks", von denen Chapelon hier spricht, sind natürlich die verschiedenen umgebauten Fahrzeuge der PO und PLM, der Etat und der Nordbahn, die in den früheren Kapiteln bereits beschrieben wurden. Diese Loks der PLM wurden durch Elektrifizierung überhängig und deshalb nach Norden und Osten versetzt, wo bereits die PO-„Pazifiks" von Chapelon liefen. Ein Vergleich der beiden Typen ergab folgendes: Wie zu erwarten war, erwiesen sich die PO-Loks als robuster, denn sie waren in allen Teilen von der für ihre kräftigen Konstruktionen bekannten Société Alsacienne ausgeführt worden und hatten seit 1929 die verschiedenen Verstärkungen des Rahmens in Tours genossen; Verstärkungen übrigens, die auch bei den 28 Neubauten für die Nordbahn im Jahre 1937 nicht vergessen worden waren. Die Rahmenwangen bei der PO waren 32 mm dick, verglichen mit 28 mm bei der PO, außerdem kreuzweise verstärkt. Diese Kreuzverstrebungen waren besonders in der Nähe der äußeren Hochdruckzylinder ausgeprägt, die nach de Glehn unmittelbar vor der führenden Kuppelachse lagen. Bei den PLM-Loks hingegen waren alle vier Zylinder in einer Querebene auf der Höhe der Drehgestellmitte angeordnet, und der Rahmen war aufgrund schwächerer Kreuzverstrebungen biegsamer. Diese Konstruktionsweise eignete sich weniger gut für höhere Leistungen als jene der PO-„Pazifiks", und wir finden hierin einen der Gründe, weshalb diese für die früher beschriebenen Testfahrten mit Stromabnehmern benutzt wurden. Auch die Kessel der beiden Typen unterschieden sich, die PO-Lok besaß die Belpaire-Feuerbüchse mit Trapezrost und Nicholson-Syphon, während die PLM-Maschine eine runde Stehkesseldecke mit quadratischer Rostfläche verband. Weiter finden wir Heusingersteuerung mit Kolbenschiebern und etwas vergrößerte Dampfleitungen vor den Niederdruckzylindern bei der PLM, statt dessen Lentz-Ventilsteuerung mit hin- und herschwingenden Nocken, getrieben durch ein Heusingergestänge, sowie die im Querschnitt verdoppelten Leitungen bei der PO. Diese Lok fuhr mit voneinander unabhängigen Steuerungen, jene mit abgeleiteter Bewegung für die Innenzylinder. Schließlich gaben auf der PLM-„Pazifik" die Hochdruckzylinder in der Regel zwei Drittel der Gesamtleistung ab, während sich bei der PO-„Pazifik" Hoch- und Niederdruck die Arbeit teilten. Aus diesen vielfältigen Bauelementen galt es die geeigneten auszuwählen, als der Entschluß fiel, für die kommenden Bestellungen vorhandene Baumuster weiterzuentwickeln. Sie sollen nun beschrieben werden.

Reihe 150 P

Im Jahre 1911 hatte die Nordbahn eine sehr gute Vierzylinder-Verbundlok der Achsfolge 1'D beschafft, die außenliegende Hochdruck- und innenliegende Niederdruckzylinder aufwies. Ein weiteres Kennzeichen dieser Serie von 4061 bis 4340 war der relativ große Querschnitt ihrer Dampfleitungen. Aus diesem Grunde liefen sie recht flott und kamen trotz ihrer kleinen Kuppelräder auch vor Schnellzügen bis zu 105 km/h zum Einsatz. Vor den Rennzügen nach Chantilly erreichten sie auf dem Gefälle 1:250 bei Orry-la-Ville und St. Denis sogar 116 km/h.

Ein Jahr später wurden die ersten der aus diesem Typ abgeleiteten Fünfkuppler in Dienst gestellt. Die Maschinen der Serie 5.0001 unterschieden sich von den 1'D-Loks nur durch verlängerte Rahmen und Kessel sowie einen vergrößerten Zylinderinhalt; die Belpaire-Feuerbüchse mit schmalem Rost blieb unverändert. Eine der beiden Vorauslokomotiven war noch als einfacher Vierling ausgeführt, schnitt aber im Vergleich zu der als Verbundlok gebauten Schwestermaschine nicht gut ab und wurde daraufhin umgebaut. Alle weiteren Lieferungen wurden gleich mit dem Verbundsystem ausgestattet. Die letzte Serie, schon mit ACFI-Vorwärmer, kam 1930 zur Nordbahn. Insgesamt 84 Maschinen wurden in Betrieb genommen, später jedoch durch Tauschzylinder und Verbesserungen an den Dampfleitungen modernisiert. Sie konnten bis zu 2000 t schleppen, einige fuhren Kohlenzüge auf der Strecke Paris–Lens, die meisten jedoch arbeiteten zwischen Velenciennes und Hirson, wo Steigungen von 1:100 mit 1300 t bewältigt wurden.

1933 kam die Nordbahn zu 30 neuen 1'E-Loks der Reihe 5.1200 nach einem Entwurf von de Caso, der die Grundzüge der oben beschriebenen Lok mit den Merkmalen der „Pazifik"-Reihe 3.1250 zu verbinden suchte. Ihre Kessel stimmten überein, allerdings waren bei der Güterzuglok der Betriebsdruck von 17 kg/cm^2 auf 18 kg/cm^2 angehoben, der Überhitzer vergrößert und besondere Aufmerksamkeit der Gestaltung weiter Dampfleitungen zugewandt worden. Das Bauschema der Reihe 5.1200 zeigt deutlich, wie de Caso von Chapelons Methode beeinflußt war. Als weitere Bauteile sind ACFI-Speisewasservorwärmer, Windleitbleche und mechanische Rostbeschicker an zehn Loks zu bemerken. Bei 90 km/h in der Ebene entwickelten sie mit 50 Prozent Hochdruck- und 60 Prozent Niederdruckfüllung am Zughaken 2200 PSe. Versuchsweise wurden mehr als 120 km/h mit einer Lok dieses Typs erreicht. Sie waren im täglichen Betrieb so gefragt, daß die SNCF zwischen 1939 und 1949 noch weitere 115 Stück beschaffte. Diese Nachbauten hatten ausnahmslos Stoker, Stahlfeuerbüchsen und Nicholson-Thermosyphone. Alle wurden in der Nordregion stationiert, und auf die Anforderung dieses Gebiets ging ihre Aufnahme in die Beschaffungspläne auch zurück.

Reihe 141 P

Die „Mikado"-Achsfolge erschien in Frankreich zum ersten Mal 1914 bei der PLM, die seitdem eine beachtliche Anzahl dieser Loks mit Vierzylinder-Verbundmaschine und Überhitzer in ihren Bestand aufgenommen hatte. Der Prototyp Nr. 1001 (später 141 A 1) wurde 1914 auf der Lyoner Messe gezeigt. Während des Ersten Weltkrieges baute auch die American Locomotive Company Maschinen dieser Art als Reihe 141 B für die PLM und die Nordbahn. Geringfügige Abweichungen wiesen die zwischen 1919 und 1934 gelieferten Serien 141 C und 141 D auf. Im Jahre 1937 wurde eine dieser Loks, die 141 C 623, in ähnlicher Weise wie die „Pazifiks" der Serie 231 G umgebaut. Die Dampfwege des Niederdruckteils wurden erweitert, das Kleeblattblasrohr durch eine Doppelblasrohranlage mit Kreuzstegen ersetzt. Eine etwas weniger umfangreiche Änderung nahm die Ostbahn an der dort benutzten 141 C 7 vor. Durch den Austausch von Schmidt-Elementen gegen Houlet-Elemente wurde die Überhitzung gesteigert, außerdem wurden Niederdruck-Kolbenschieber mit doppelter Ein- und Ausströmung angebaut. Die Zylinder blieben im Ursprungszustand.

Nach der Verstaatlichung begann die Südostregion 1940 mit der Modernisierung im großen Stil, wobei sie ähnliche Schieber und den Saugzug der 141 C 623 (jetzt 141 E 623) benutzte. Insgesamt wurden 344 Loks so verbessert, davon auch 23 Stück mit neuen Niederdruckzylindern wie bei Lok 141 E 623. Eine Maschine dieser Art, die 141 E 11, wurde auf dem

Prüfstand von Vitry untersucht und entwickelte bei 70 km/h am Radumfang 2050 PS, während eine Lok im Originalzustand nur 1870 PS abgab und dazu 9,3 Prozent mehr Wasser verbrauchte.

Noch bessere Ergebnisse kamen von der Maschine 141 C 7 mit gesteigerter Überhitzung, die 2400 PS abgab und 13,2 Prozent weniger Wasser benötigte als die Regelausführung, obwohl sie während der Tests noch mit einem Kleeblattblasrohr mit sechs Düsen bestückt war, welches das vorher angebaute Modell kaum übertraf. Diese Messungen erwiesen nochmals die Bedeutung der verbesserten Überhitzung, besonders im oberen Leistungsbereich, und bestätigten auch die mit den umgebauten PO-„Pazifiks“ gewonnenen Resultate. Man kam zu dem Schluß, daß zur vollen Ausnutzung der erweiterten Leitungsquerschnitte im Niederdruckteil die Überhitzung wirklich spürbar angehoben werden mußte.

1941 begann die SNCF mit der Beschaffung von 358 „Mikados“ für den Dienst mit Personen- und Güterzügen, wovon schließlich 318 gebaut wurden, denn die restlichen 40 Stück wurden zugunsten von 35 Loks mit der Achsfolge 2'D 1' gestrichen. Der Entwurf wurde wohl von der PLM-Reihe 141 C abgeleitet, doch Chapelon gestaltete sie im Detail nach den Grundsätzen, die sich bei seinen 2'C 1'-und 2'D-Loks als so erfolgreich erwiesen hatten. So wurden die Kesselabmessungen, das Laufwerk und ein Teil des Triebwerks beibehalten. Doch schon der Kesseldruck stieg von 16,0 kg/cm² auf 20,0 kg/cm², um aufgrund der nun möglichen Verkleinerung des Zylinderdurchmessers die Niederdruckzylinder innen zwischen die Rahmenwangen legen zu können. Gleichzeitig wurde die Kesselmitte um weitere 10 cm über die Schienenoberkante angehoben, so daß nun für bessere Dampfleitungen und für einen günstigen Anschluß der Blasrohranlage genügend Raum war. Von den ersten 50 Loks trug jeweils die Hälfte den verstellbaren doppelten PLM-Saugzug mit Stegen und den doppelten Kylchap. Die Vergleiche ergaben, daß letzterer mit wesentlich geringeren Unterhaltungskosten einen gleichmäßigeren Zug über das gesamte Rohrfeld erbrachte, so daß dieser auf allen weiteren Loks montiert wurde. Die Betriebsabteilung der Südostregion beantragte auch, daß die 25 bei ihr beheimateten Loks mit PLM-Saugzug die doppelte Kylchap-Anlage erhalten sollten, doch trotz der Vorbereitung entsprechender Zeichnungen wurde schließlich davon abgesehen.

Die Hochdruckzylinder waren mit leichten Kolbenschiebern bestückt, während für den Niederdruck Willoteaux-Schieber mit doppelter Ein- und Ausströmung vorgesehen wurden. Die Heusingersteuerungen auf jeder Seite bedienten jeweils Hoch- und Niederdruck mit den gleichen Füllungswerten. Stoker und ACFI-Vorwärmer vervollständigten die Kesselausrüstung.

Die neuen Maschinen hatten Blechrahmen wie die Reihe 141 C, allerdings mit von 28 mm auf 35 mm verstärkten Blechen und mit kräftigeren Querverstrebungen, besonders in Höhe der Treibachsen. Wie bei der Nordbahnreihe 5.1200 war der Rahmen um den Stahlguß-Zylinderblock herum ausgespart.
Das einfache führende Bisselgestell wurde durch die italienische Zara-Ausführung ersetzt, welche die Lauf- und die erste Kuppelachse umfaßte. Damit sollte auf den kurvigen Strecken des Zentralmassivs ein ruhigerer Lauf erreicht werden.

Diese mit 141 P bezeichneten Maschinen befriedigten vom ersten Tage an. Nicht nur ihre Leistungsfähigkeit wurde geschätzt, auch ihre Laufruhe bis zu 115 oder gar 125 km/h und der sparsame Kohlen- und Wasserverbrauch gewannen ihr viele Anhänger. Im Verlauf von Meßfahrten vor der Bremslokomotive gab die Lok 141 P 75 mit Kylchap-Auspuffanlage dauernd folgende Zughakenleistungen ab:

2145 PSe bei 40 km/h und 72 % Füllung
2970 PSe bei 60 km/h und 72 % Füllung
3330 PSe bei 80 km/h und 55 % Füllung
3223 PSe bei 100 km/h und 52 % Füllung

Damit war es im Dauerbetrieb mit 93,4 km/h möglich, bei unverändertem Druck und Wasserstand im Kessel bis zu 780 PSe je Quadratmeter Rostfläche zu erzeugen (Rostfläche = 4,28 m^2); ein Wert, der nur wenig unter der Ziffer 800 PSe/m^2 für die später beschriebene Type 242 A 1 lag. Dennoch darf man bei der Erwähnung dieser Zahlen aus dem täglichen Betrieb nicht vergessen, daß Heizer Marty während der früher erwähnten Fahrt mit der 2'D-Lok 4701 den unglaublichen Wert von 820 PSe/m^2 bei 100 km/h über längere Zeit hielt.

Mit ihren 1650-mm-Kuppelrädern, der hohen Leistung, Geschwindigkeit, Laufruhe, ausreichendem Reibungsgewicht und guter Wirtschaftlichkeit kann man die Reihe 141 P für den besten Entwurf einer Gemischtzuglokomotive für alle Betriebsarten halten, der je gebaut wurde. Selbst heute, dreißig Jahre später, stimmt die Feststellung nachdenklich, daß sie wohl fast jeden der dieselbespannten Züge auch noch bewältigen würde.

Reihe 151 TQ

Im Jahre 1928 hatte die Lokfabrik Corpet, Louvet & Cie. einige Zweizylinderloks für die Ceinture gebaut, die in der Hauptsache mit dem Ringverkehr um Paris zwischen den großen Eisenbahngesellschaften beschäftigt war. Die Loks besaßen Schmidt-Überhitzer, Kylchap-Saugzug und ACFI-Vorwärmer. Die SNCF bestellte 1941 weitere 30 Stück bei dem gleichen Hersteller, weil die Nordregion, inzwischen für die Gleise der alten Ceinture verantwortlich, sie dort benötigte. Bis auf kleinere Änderungen stimmten diese Loks der Reihe 151 TQ mit ihren Vorgängerinnen überein.

Reihe 050 TQ

Zwischen 1908 und 1914 hatte sich die Midi-Eisenbahn selbst 47 fünfachsige Lokomotiven der Reihe 5000 zur Beförderung der schwersten Güterzüge auf steileren Strecken gebaut. Sie wurden besonders auf der in nordsüdlicher Richtung durch das Zentralmassiv verlaufenden Strecke von Neussargues nach Béziers eingesetzt. Als Anlaß ihrer Entstehung kann die Ausstellung von Mailand 1907 betrachtet werden, wo eine preußische T 16 die Vorteile der vollkommenen Verwendung des Lokgewichts als Reibungsgewicht aufwies. Bis zu diesem Zeitpunkt waren die Züge auf der Strecke Neussargues–Béziers von den ersten 1'D-Loks in Frankreich, der Serie 4000 aus den Baujahren 1901 bis 1907, geschleppt worden. Sie besaßen vier Zylinder und den für damalige Verhältnisse recht hohen Kesseldruck von 15,0 kg/cm^2. Trotz ihrer relativ kräftigen Konstruktion machten diese Maschinen aufgrund ihrer heftigen Beanspruchung hohe Ausgaben für die Unterhaltung von Kessel und Laufwerk nötig.

Auf Wunsch der Midi organisierten die Preußischen Staatsbahnen und die deutsche Lokfabrik im Juni 1907 eine Reihe von Versuchen auf ähnlich steilen Strecken wie im Zentralmassiv. Mit den dort gewonnenen Ergebnissen bestimmte die Bahn die Abweichungen ihrer Reihe 5000 von der T 16. Neben einigen Änderungen im Detail fielen besonders die größere Rostfläche und vergrößerte Zylinder auf, womit die Midi-Lok die gleichen Züge wie die T 16 bei kleineren Füllungen ziehen sollte. Bei ihren Probefahrten stellten auch die neuen Loks der Midi sehr zufrieden; der Minderverbrauch gegenüber der Reihe 4000 betrug 8,0 Prozent Kohle und 15,7 Prozent Wasser. Sie übernahmen deshalb den gesamten Güterzugverkehr auf der Steigung Neussargues–Béziers bis zur Elektrifizierung im Jahre 1932. Bereits ab 1930 waren einige Maschinen mit dem Kylchap-Modell 1 K/1 C, verlängerter Rauchkammer und größerem Kamin ausgerüstet worden. Nach dem Zusammenschluß von PO und Midi kamen weitere hinzu, doch behielt eine Anzahl auch den ursprünglichen Saugzug.

Lange vorher, nämlich 1908, hatte die von diesen Maschinen beeindruckte PO-Verwaltung ihrerseits 25 Einheiten ähnlicher Konstruktion bestellt. Diese Reihe 5500 kam auf den steilen, von Westen in das Zentralmassiv eindringenden Schienensträngen und auf den wichtigeren Verschiebebahnhöfen zum Einsatz.

Sowohl die Loks der Midi als auch die der PO waren einfache Zweizylinder-Heißdampfloks mit 12 kg/cm² Kesseldruck. Die zweite und vierte Kuppelachse lagen fest, die anderen waren zwecks besseren Kurvenlaufs seitenverschieblich. Treibachse war die vierte Achse, so daß ausgesprochen lange Kolbenstangen vorgesehen werden mußten.

Die SNCF stellte 1948 die erste von 35 Loks mit der Achsfolge E in Dienst, die mit dem Modell der Midi fast identisch waren, aber mit erweiterten Vorräten und Kylchap-Blasrohr geliefert wurden. Ihre Typenbezeichnung war 050 TQ. Es handelte sich um den seltenen Vorgang, daß eine brauchbare Maschine über vierzig Jahre nach ihrer Entstehung in Preußen und bei der Midi nochmals aufgelegt wurde. Ihre Bestellung ging jedoch nicht etwa auf die Südostregion zurück, wo die PO-Loks als 050 TA und die Midi-Loks als 050 TB liefen, sondern auf eine Anforderung der Nordregion.

Kapitel 7: Die Baureihen 241 P und 141 R

Das letzte Kapitel beschäftigte sich ausschließlich mit Lokomotivtypen, die schon vor dem Kriege oder in den ersten Kriegsjahren entworfen worden waren, und die von der SNCF für die weitere Beschaffung ausgewählt worden waren. Sie reichten jedoch bei weitem nicht aus, um die Lücke von 2000 bis 3000 Maschinen zu füllen, von der Chapelon gesprochen hatte. Eine große Anzahl starker, zuverlässiger Mehrzwecklokomotiven war besonders dringend für die Zeit nötig, ehe wieder normale Betriebsverhältnisse eingekehrt sein würden.

Daneben befand die Südostregion, daß es ihr zur Beförderung der schweren Schnellzüge auf dem Abschnitt Laroche–Dijon an geeigneten Maschinen fehle, bis die Elektrifizierung von Paris nach Dijon abgeschlossen sei. Wenden wir uns zunächst dieser Frage zu.

Reihe 241 P

Die Südostregion gab als Wunsch 35 Lokomotiven der Achsfolge 2'D 1' an, die der 1931 entstandenen Maschine 241 C 1 nachempfunden werden sollten. Chapelon hielt diese Wahl für schlecht. Seine beiden Alternativvorschläge waren einmal die Reihe 240 P (Achsfolge 2'D), und zweitens sein 2'D 2'-Prototyp 242 A 1, der seine Leistungen und seine Wirtschaftlichkeit gerade unter Beweis zu stellen begann. Man darf nicht vergessen, daß die Überlegenheit der Lok 240.705 auf den PLM-Hauptstrecken im Vergleich zur Lok 241 C 1 dann zur Beschaffung der Serie 240 P geführt hatte. Die Leistungen der neuen 2'D-Lok vor einem 672-t-Zug im Fahrplan des „Côte d'Azur“ sind bereits in Kapitel 3 beschrieben. Vor dem gleichen Zug machte die 241 C 1 eine ziemlich schlechte Figur und fiel schließlich durch Heißlaufen der Hochdruck-Treibachslager aus. Der gleiche Vorfall hatte sich schon 1932 bei den Tests der

Nordbahn ereignet; diesmal fand er zwischen Laroche und Dijon in Anwesenheit des Direktors der Südostregion statt, kurz bevor man sich zum Bau der Reihe 241 P entschloß. Bei einer ganzen Serie von Vergleichsfahrten auf dem Abschnitt Laroche–Dijon verbrauchte die 2'D-Lok um 11 Prozent weniger Wasser als die 2'D 1'-Maschine, dies bei gleicher Arbeit in PSh. Dabei war die 240 P noch eine bessere Maschine als die Serie 240.700, wodurch die Entscheidung noch mysteriöser wird.

Die beste Lösung wäre trotz allem eine Reihe nach dem Muster der Vorauslok 242 A 1 gewesen, die wie die Einzelgängerin 241 C 1 noch nicht in Serie gegangen war. Der Direktor für Triebfahrzeug- und Wagenbau bei der SNCF entschied jedoch, daß wegen des dringenden Bedarfs an Loks das Ende der Versuchsfahrten mit der 242 A 1 nicht mehr abgewartet werden könne, besonders weil bei der Materialknappheit der ersten Nachkriegsjahre sonst die Fertigstellung verzögert würde. Das Argument ist schwer verständlich, denn es betraf die 241 C 1 gewiß in gleicher Weise. Wenn es sich tatsächlich um eine dringende Beschaffung handelte, wäre wohl der Weiterbau der Serie 240 P am einfachsten gewesen, deren Konstruktionspläne bereits vorhanden waren. Dennoch fiel die Entscheidung zugunsten der PLM-Lokomotive aus, wobei sich André Chapelon nun vor die Aufgabe gestellt sah, eine mittelmäßige in eine gute Maschine umzuwandeln, ohne daraus eine Neukonstruktion werden zu lassen.

Welche Verbesserungen notwendig waren, ergab sich ohne weiteres aus den Versuchsberichten der Nordbahn, die in Kapitel 2 beschrieben sind, aufgrund deren die damalige Verwaltung ohne Zögern der Chapelon-„Pazifik" den Vorzug vor der PLM-„Mountain" gegeben hatte.

Diese Achsanordnung war in Frankreich 1925 von der PLM und der Ostbahn eingeführt worden. Die Ostbahnlok hatte Kuppelräder von 1950 mm Durchmesser und war für den Schnellzugdienst geschaffen worden; die PLM-Maschine hingegen sollte mit ihren 1800-mm-Rädern dem Transport schwerer Züge auf der bekannten Strecke von Laroche nach Dijon dienen. Die Ostbahn fuhr eine Vierzylinder-Verbundlok nach du Bousquet und de Glehn, während der Prototyp der PLM, 241 A 1, nach deren eigenen Grundsätzen als Vierzylinder-Verbundlok ausgeführt war. Ihre Rauchkammertür war eigentümlich elliptisch geformt, um als Windleitvorrichtung zu wirken, erinnerte aber gleichzeitig an die alten Windschneiden-Loks der Gesellschaft.

Ab 1927 stellte die PLM 127 Lokomotiven nach Art der 241 A 1 in Betrieb; die letzte kam 1932. Später mußten Loks dieser Gattung einige Änderungen nach den Grundsätzen von Chapelon über sich ergehen lassen, um für den Dampf bessere Strömungsverhältnisse zu schaffen. Neue Niederdruckzylinder mit weiteren Kanälen sowie der doppelte PLM-Auspuff kamen zur Verwendung, außerdem wurden statt des Ellipsoids Windleitbleche üblicher Bauart angebracht. Hierauf wurden die Loks in die Reihe 241 D umgezeichnet. Daneben wurde ein Teil der Serie 241 A nur mit Niederdruckschiebern von der Ostbahn mit doppelter Ein- und Ausströmung versehen.

Die Lok 241 C 1, von der oben schon die Rede war, wurde 1931, vor der Fertigstellung der letzten 241 A, abgeliefert. Gewisse Erfahrungen im Betrieb mit dieser Type waren jedoch schon berücksichtigt: Der Treibraddurchmesser wurde auf 2000 mm vergrößert, der Kesseldruck von 16,0 kg/cm² auf 20,0 kg/cm² angehoben, auch wirkten die äußeren Niederdruckzylinder nun auf die zweite Kuppelachse statt der ersten, während der Antrieb der inneren Hochdruckzylinder von der zweiten auf die dritte Kuppelachse verschoben worden war.

Der Erfolg von Chapelons „Pazifiks" bei der PO war ein schwerer Schlag für die PLM, weil nämlich die Lok 241 C 1 vor der Bremslok im Dauerbetrieb nur 1840 PSe abgab, während

Bild 42 Die Dreizylinder-Verbundlokomotive 242 A 1 ist durch Umbau aus der vorstehenden Maschine entstanden. Das neue Modell besaß dreifachen Kylchap-Auspuff, Trick-Hochdruckschieber und Willoteaux-Niederdruckschieber mit doppelter Ein- und Ausströmung. Die Leistung gegenüber der alten 241.101 war verdoppelt und erreichte 4000 PS am Zughaken bei 70 bis 100 km/h. (Sud-Est)

Bild 43 André Chapelon neben seiner 242 A 1 vor ihrer Abfahrt aus den Werkstätten der Forges et Aciéries de la Marine et d'Homecourt in St. Chamond im Juni 1946. (Sammlung Chapelon)

Bild 44 Lokomotive 242 A 1 vor einem Zug von 742 t bei der Ausfahrt aus Lisieux während der Versuche bei der Westregion am 23. April 1947. (Schottli)

Bild 45 Nach der Ankunft mit einem Versuchszug aus Caen im Gare St. Lazare, Paris. (Sammlung Chapelon)

Bild 46 Foto aus dem Meßwagen, als die Lok 242 A 1 mit 118 km/h am Dorf Verrey vorbei die Steigung von Blaisy befuhr. Die größte Steigung beträgt 1:125. Der angezeigte Leistungswert von 3400 berücksichtigt weder Steigung noch Beschleunigung, die Maschine leistet also noch wesentlich mehr. (Dubruille)

Bild 47 Die PLM-Lokomotive 140 A 15, später 140 J 15, gehörte zu der Baureihe, an der Chapelon den bemerkenswerten Umbau einer Zweizylindermaschine mit einfacher Dampfdehnung durchführte, der in Kapitel 10 beschrieben ist. Da von der modernisierten 140 J 143 kein Bild aufgenommen wurde, zeigen wir stellvertretend diese Abbildung. (PLM)

Bild 48 Lokomotive 141 P 171 der SNCF. (Goston)

Bild 49 Maschine 141 P 125 im Depot Le Mans der Westregion. (Broncard)

Bild 50 Eine 141 P vor dem Expreß 12 Strasbourg–Paris im Jahre 1959 nahe Arzviller. Rechts der Rhein-Marne-Kanal. (Broncard)

Bild 51 Wieder eine 231 E der Westregion, hier vor dem „Flêche d'Or" am Kilometerstein 231 bei Etaples, gleichfalls 1959 aufgenommen. (Broncard)

die Maschinen von Chapelon wesentlich mehr leisteten. Deshalb wurde die Lok 241 C 1 umgehend abgeändert und mit doppeltem veränderlichem PLM-Auspuff mit „Petticoat" und Kreuzstegen ausgestattet, ferner mit Windleitblechen. Hierauf stellte sich ein gewisser Erfolg ein, denn die höchste Zylinderleistung stieg von 3200 PSi, gemessen mit Bremslokomotive, auf 3500 PSi. Im Jahre 1941 wurde ein Exemplar der Reihe 241 A nach dem Vorbild der abgeänderten 241 C 1 umgebaut, behielt jedoch den ursprünglichen Kesseldruck und wurde nun mit 241 E 27 bezeichnet. Darüber hinaus enthielt diese Maschine eine bei der PLM nicht übliche Anfahrvorrichtung, durch die der Abdampf der Hochdruckzylinder direkt in die Atmosphäre ausgestoßen werden konnte.

Die Baureihe 241 P wurde nun wie die Lok 241 C 1 von der Fabrik in Le Creusot in Zusammenarbeit mit der SNCF konstruiert und gefertigt. Chapelon verbesserte die dampfführenden Leitungen auf die gleiche Weise wie bei seinen „Pazifiks" und verordnete neue Zylinder mit weiteren Kanälen. Bei größter Füllung stand nun an der Einströmung zu Hoch- und Niederdruck jeweils 38 Prozent mehr, an der Ausströmung 25 beziehungsweise 18 Prozent mehr an Strömungsquerschnitt zur Verfügung.

Obwohl der Rahmen der 241 C 1 als zu leicht kritisiert worden war, reichte die Zeit für einen Neuentwurf nicht aus, so daß Wangen von 28 mm Dicke benutzt wurden. Um wenigstens eine gewisse Verstärkung zu erreichen, wurden in Höhe der Treibachslager Querversteifungen aus Stahlguß eingesetzt. Die beschränkte Achslast ließ weitere, von Chapelon verlangte Maßnahmen nicht zu; dies war der wesentliche Grund, weshalb er statt der Achsfolge 2'D 1' lieber die Bauweise 2'D 2' angewandt gesehen hätte.

Auf Wunsch des Generaldirektors der SNCF beschäftigte man sich eingehend mit dem Äußeren der Maschine, besonders mit den Formen der Rauchkammer, des Kamins, der Windleitbleche, des ACFI-Vorwärmers, des Führerhauses und dergleichen, so daß in vielem die Linie zu neuen Ehren kam, die Chapelons Team einige Jahre zuvor der Reihe 141 P verliehen hatte. Durch die ganzen Veränderungen war die neue Maschine 5,32 t schwerer als die 241 C 1.

Zwischen 1948 und 1952 wurde die Serie 241 P in Dienst gestellt. Wie oben bereits berichtet, wurden dafür 40 Einheiten der Serie 141 P gestrichen. Auf der Strecke, für die sie angefordert worden waren, kamen sie aber nie zum Einsatz, denn schon 1951 liefen Elloks von Paris nach Dijon, während bis zu diesem Zeitpunkt die Reihe 240 ihre Stellung hielt. Statt dessen wurden alle Loks der Reihe 214 P in Marseille stationiert, um schwere Schnellzüge – so auch den „Mistral" – von Lyon, 1952 vom Fahrdraht erreicht, nach Marseille zu befördern. Zwischen den Strecken Marseille und Nizza sah man sie nicht, denn dort wurden fals alle Züge mit ölgefeuerten 141 R bespannt. Als dann die Type 241 P mit der schnellen Elektrifizierung südlich von Lyon überflüssig wurde, hat man sie den Regionen Nord, Ost und West zugewiesen.

Die Maschinen sahen ausgesprochen eindrucksvoll aus und erbrachten manche zufriedenstellende Leistung. Einen vollen Erfolg kann man sie deshalb nicht nennen. Die Zeichner und Detailkonstrukteure waren durch die Vorbedingungen so sehr eingeschränkt, daß sie wohl eine gute, keineswegs jedoch eine überragende Baureihe entwickeln konnten. Von dem Entwurf der 241 C 1 erbte die Serie 241 P viele Schwächen, und trotz ihrer Rostfläche von 5,04 m² kam sie nie an die Fähigkeiten der 240 P mit nur 3,71 m² heran. Die Kessel der 241 P und von Chapelons 2'D 2'-Lok 242 A 1 waren sich recht ähnlich, doch dem Rahmen fehlte nach wie vor die rechte Stärke. Auch bestand bei der zweifach gekröpften Treibachse der 241 P eine gewisse Neigung zum Federn und Biegen, so daß die Achslager warmliefen. Die 242 A 1 hingegen war eine Dreizylinder-Verbundlok mit einer viel stärkeren, einfach gekröpften Achse für die innenliegende Hochdruck-Treibstange.

Dennoch nimmt die Reihe 241 P einen vornehmen Platz in der Eisenbahngeschichte ein, denn es waren die letzten großen französischen Vierzylinder-Verbundloks im fahrplanmäßigen Dienst. Als sie 1970 außer Dienst gestellt wurden, waren sie wohl die stärksten der noch verbliebenen Schnellzugloks in der Welt. Am 21. Mai 1970 waren im Depot Le Mans noch drei Exemplare vorhanden: 241 P 9, 241 P 16 und 241 P 17. Aus dem regulären Dienst waren sie bereits ausgeschieden; die 241 P 17 war für Ausstellungszwecke neu lackiert worden, während die anderen beiden Loks für Museen bestimmt waren. Ihre letzten Tage im aktiven Dienst hatten sie im Schnellzugdienst zwischen Le Mans und Nantes zugebracht, wo sie Züge von 700 bis 800 t mit 90 bis 100 km/h Durchschnittsgeschwindigkeit fahren konnten, ohne ihre Beschränkung auf 120 km/h zu überschreiten.

Reihe 141 R

Im November 1944 reiste eine französische Delegation in die Vereinigten Staaten, um die Lieferung einer großen Serie von Lokomotiven für die unmittelbarsten Bedürfnisse der Eisenbahn sofort nach der Befreiung Frankreichs festzulegen. Der Wunsch lautete auf eine kräftige Gemischtzuglokomotive, bei der angesichts der Verhältnisse in der Nachkriegszeit mehr Wert auf leichte Unterhaltung und einfachen Betrieb als auf besondere Wirtschaftlichkeit gelegt wurde. In den Köpfen der Delegationsmitglieder kreisten die Gedanken um eine zweizylindrige Version der erfolgreichen 141 P, die zur Beschleunigung von Entwurf und Herstellung in vielen Teilen amerikanischen Normen und der dortigen Praxis folgen sollte. Diese Verschmelzung französischer Ideen mit amerikanischer Übung war nicht neu, denn die PO hatte schon 1914 eine Zweizylinder-„Mikado" mit 30 Exemplaren geplant, aufgrund des Kriegsbeginns aber nur zwei fertiggestellt. Auch 1916 war eine Delegation zu Verhandlungen über den Bau von 150 Maschinen nach Amerika unterwegs gewesen, die sie nach Praxis des Lieferlandes konstruieren lassen wollte, aber dabei die Wünsche der PO durchaus im Auge behielt. Noch während des Krieges entstanden auch die ersten Pläne zu einer gemeinsamen „Pazifik" mit einstufiger Dampfdehnung für alle französischen Bahnen, die jedoch nicht in die Tat umgesetzt wurden. Allein die PO bestellte 1920 bei der American Locomotive Company 50 einfache „Pazifiks", die 1921 ausgeliefert wurden.

Man kann wohl sagen, daß ohne die besonderen Umstände des Krieges niemals eine so von den französischen Gepflogenheiten abweichende Maschine über die Gleise der SNCF gelaufen wäre. Ebenso sicher ist, daß sie auch nirgendwo sonst gefahren wäre, denn trotz der Entstehung nach amerikanischen Fertigungsverfahren und amerikanischer Detailkonstruktion hob sie sich von der dortigen Praxis noch stärker ab als von den Verhältnissen in Frankreich.

Aufgrund der Verhandlungen wurden Aufträge über 700 Stück 1'D 1'-Lokomotiven bei den amerikanischen Firmen Alco, Baldwin und Lima plaziert, weitere 640 Einheiten wurden später bestellt. Insgesamt wurden jedoch nur 1323 Lokomotiven in Dienst gestellt, weil ein Schiff mit 17 Maschinen an Bord während eines Sturms im Atlantik sank.

Gewisse Unterschiede bestanden zwischen den einzelnen Baulosen: Rahmen, Achslager, Radkörper, Feuerung (Kohle oder Öl), Auspuff und andere Teile wichen voneinander ab. Die Maschinen der Reihe 141 R wurden nach dem Bau in den Vereinigten Staaten und Kanada zwischen 1945 und 1947 nach Frankreich gebracht. Sie besaßen 1650-mm-Räder wie die Baureihe 141 P, aber der Kesseldruck war niedriger (15,5 kg/cm² statt 20,0 kg/cm²) und die Rostfläche größer (5,15 m² statt 4,28 m²). Eine Verbrennungskammer und zwei Nicholson-Thermosyphone waren Konstruktionsbestandteile, welche die 141 P nicht vorweisen konnte. Erst deren letzte Lieferung erhielt Syphone, um den Feuerschirm zu verstärken. Bei der Reihe 141 R erhielten die ersten 700 Einheiten den normalen amerikanischen Auspuff mit selbstreinigender Rauchkammer, Barrenrahmen und Timken-Rollenlager an den Bisselachsen. Ihre Ablieferung war im April 1946 abgeschlossen, während die 623 Loks der zweiten Vergabe nun durchgehend den Kylchap-Saugzug erhielten.

Diese Maschinen zeigten wesentlich mehr Variationen als die erste Serie, denn 604 Stück waren ölgefeuert, 400 Stück hatten Boxpokscheiben und Rollenlager nur an den Treibachsen, 223 Stück hingegen an sämtlichen Kuppelachsen, und schließlich wurde in 199 Stück zum ersten Mal für Europa der Monobloc-Stahlgußrahmen angewandt.

Sehr umfangreiche Messungen wurden sowohl auf dem Prüfstand Vitry wie auch auf der Strecke mit Bremslokomotiven unternommen, wobei einerseits die verschiedenen Varianten untereinander und diese wieder mit der Reihe 141 P verglichen wurden. Lok 141 R 469 aus der ersten Lieferung, also mit amerikanischem Saugzug, lieferte in der Beharrung am Zughaken folgende Leistungen:

2197 PSe bei 40 km/h und 60 % Füllung
2600 PSe bei 60 km/h und 55 % Füllung
2633 PSe bei 80 km/h und 45 % Füllung
2509 PSe bei 100 km/h und 40 % Füllung

Die Maschine 141 R 874 aus der zweiten Vergabe, nun mit Kylchap-Blasrohranlage, erbrachte statt dessen:

2269 PSe bei 40 km/h und 60 % Füllung
2737 PSe bei 60 km/h und 55 % Füllung
2929 PSe bei 80 km/h und 55 % Füllung
2700 PSe bei 100 km/h und 45 % Füllung

Neben der größeren Leistung war der 141 R 874 auch eine höhere Wirtschaftlichkeit zu eigen, denn sie unterbot die 141 R 469 bei Kohle und Wasser um jeweils 13 Prozent. Dennoch reichte auch die 2. Vergabe der 141 R nicht an die 141 P heran; sie war weder so kräftig noch so sparsam. Zum Vergleich folgen nun die dauernden Zughakenleistungen in PSe für die drei Muster mit den entsprechenden Geschwindigkeiten:

km/h	141 P	141 R (I)	141 R (II)
40	2142	2197	2269
60	2970	2600	2737
80	3330	2633	2928
100	3223	2509	2700

Am stärksten fällt die Überlegenheit der 141 P im oberen Geschwindigkeitsbereich auf. Schon im Jahre 1945 machte auch eine andere „Mikado"-Baureihe von sich reden. Die Westregion hatte ihre Maschinen nach den gleichen Grundsätzen wie die „Pazifiks" verbessern wollen und deshalb eine Konstruktion nach dem Vorbild der PO ausgearbeitet. Die einfache Zweizylinderlok 141 E 113 wurde zum Umbau ausgewählt. Die Änderungen am Dampfsystem umfaßten wieder weitere Dampfleitungen, geräumige Schieberkästen, modifizierte Zylinder mit um die Hälfte vergrößerten Einlaß- und um ein Fünftel vergrößerten Auslaßöffnungen, dann einen Houlet-Überhitzer statt des Schmidt-Modells zur Steigerung der Temperatur und einen Kylchap-Auspuff, schließlich kam auch noch ein verstärkter Rahmen hinzu. Auf Chapelons

Betreiben erhielten die Ausströmrohre einen allmählich abnehmenden Durchmesser, um die Kraft des Saugzugs – durch die weiten Leitungen angeregt – wieder so weit zu mindern, daß das Feuer ruhig auf dem Rost blieb. Die vergleichenden Fahrten zwischen dieser Lok und einer mit Kylchap-Blasrohr ausgestatteten, sonst aber unveränderten Schwestermaschine wurden vor Schnellzügen zwischen Paris und Caen abgehalten. Mit 608 t am Haken erklomm Lok 141 E 113 die Rampe von Bréval (1:143), aus Caen kommend, mit durchschnittlich 70 km/h, wobei sie mit 30 Prozent Füllung umgerechnet 1865 PSe entwickelte. Die normale 141 E 199 erreichte mit 641 t noch 64 km/h und leistete mit 50 Prozent Füllung entsprechend 1678 PSe. Durch ihr Arbeiten mit niedrigeren Füllungen errang die umgebaute Maschine Ersparnisse von 23 Prozent Wasser und 25 Prozent Kohle gegenüber der früheren Ausführung. In Vitry gab die 141 E 113 am Zughaken 2032 PSe ab, wofür eine 141 R der zweiten Vergabe 16,7 Prozent mehr Wasser benötigte. Dabei war die Reihe 141 E in diesem Vergleich durch ihren kleineren Kessel ziemlich im Nachteil, so daß Chapelon die Veränderungen an der Lok 141 E 113 probeweise auch an der 141 R 672 anwandte. In dieser Form verbrauchte diese Maschine vor sämtlichen Zugarten 15 Prozent weniger Wasser und Kohle je Zughaken-PS als die anderen 141 R. Dementsprechend veranlaßte Chapelon ähnliche Maßnahmen an 100 kohlegefeuerten und einigen ölgefeuerten 141 R. Dem Wunsch der Westregion, etwa 30 ihrer 1'D 1'-Loks nach dem Vorbild der 141 E 113 zu verbessern, kam die Verwaltung der SNCF nicht nach.

Im allgemeinen waren die Typen 141 P und 141 R weder auf den gleichen Strecken noch vor den gleichen Zugarten eingesetzt. Die Reihe 141 P verbrachte 85 Prozent ihres Dienstes vor D-Zügen und Durchgangs-Güterzügen, während die 141 R nur 25 Prozent ihrer Arbeit dort ableistete. Im Gegensatz zu den hervorragend laufenden 141 P bewegten sich die amerikanischen Maschinen sehr hart und heftig im Gleis, so daß ihre Höchstgeschwindigkeit auf 100 km/h beschränkt wurde. Ihr Einsatz erfolgte vor allen Güter- und Schnellzügen auf Hauptstrecken, deren Fahrpläne eine Überschreitung dieses Tempos nicht erforderten. Bis die 2'D 1'-Baureihe 241 P zur Verfügung stand, beförderten sie die schwersten Schnellzüge der Westregion zwischen Le Mans und Quimper, im Südosten von Vierzon nach Clermont-Ferrand und Lyon über die Bourbonnais-Linie. Entlang der Mittelmeerküste übernahmen sie vor der Elektrifizierung schließlich sämtliche Züge. In der letzten Zeit führten sie noch Schnellzüge von Amiens nach Calais und Boulogne, wenn die Dieselloks, Nachfolgerinnen der „Pazifiks", ausfielen.

Die umfangreiche Baureihe 141 R hat der SNCF wertvolle Dienste geleistet. Besonders in den letzten Tagen der Dampftraktion, als die Unterhaltung zu wünschen übrig ließ und die wilde Besetzung der Maschinen überhand nahm, sorgte ihre Zuverlässigkeit dafür, daß sie bis zur Ablösung durch Diesel und Strom vor allen Zugarten zu finden waren. In den schwierigen Zeiten unmittelbar nach Kriegsende leistete die Reihe 141 R ein Drittel aller Zugkilometer und sogar 49 Prozent der gesamten Brutto-Tonnenkilometer. Ihnen wird auch die Auszeichnung zukommen, die letzte Dampflok im planmäßigen Betrieb Frankreichs zu stellen. Ihr thermischer Wirkungsgrad war niedrig, aber weil ihre Unterhaltungskosten gleichfalls gering, dafür aber die Einsatzziffern immer hoch waren, blieben die Gesamtkosten so lange gleichfalls niedrig, wie sie vor schweren Zügen liefen.

Kapitel 8: Die Kriegslokomotiven und die Typen 232 R, S, U und 141 TC

Neben den Lokomotiven, deren Besprechung die beiden vorangegangenen Kapitel vorbehalten waren, liefen nach dem Kriege bei den französischen Staatsbahnen auch zahlreiche Maschinen fremder Konstruktion, die von den beiden Seiten für militärische Zwecke gebaut worden waren. Sie können auch nur als vorübergehende Erweiterung des speziellen Lokomotivparks betrachtet werden, denn sie entsprachen in keiner Beziehung den Vereinheitlichungsgedanken. Es handelte sich zunächst um mehrere 1'E-Typen deutschen Ursprungs, deren Baureihenbezeichnungen 44,50 und 52 in Frankreich durch 150 X, 150 Z und 150 Y ersetzt worden waren.

Die Reihe 44 erschien 1926. Von dieser Dreizylinderlok mit einstufiger Dampfdehnung, die den Einheitstyp für schweren Güterzugdienst bildete, wurden bis 1944 rund 1755 Einheiten gebaut. Während der Besatzung wurden französische Firmen zum Bau von 238 Stück veranlaßt, doch verzögerten sie den Ablieferungsprozeß so stark, daß nach der Befreiung Frankreichs noch 226 Loks in den Werkhallen standen. Diese wurden von der SNCF übernommen und in den Regionen Nord und Ost zum Transport schwerer Ganzzüge verwandt. Im Jahre 1956, als die Elektrifizierung dies ermöglichte, wurden 90 Einheiten in die Türkei verkauft. Bei Versuchen auf dem Prüfstand von Vitry gab eine Lok der BR 44 mit 45 Prozent Füllung 2500 PS an den Radreifen und 2950 PS in den Zylindern bei 60 km/h ab.

Die Baureihe 50 entstand 1938 als leichte 1'E-Güterzuglok; ihre mittlere Achslast betrug nur 15 t statt der 19,8 t bei der BR 44. Bis 1944 wurden etwa 3146 Stück gebaut. Es handelte sich wohl um eine große Anzahl, doch sie wurde von den rund 6292 Lokomotiven der Baureihe 52 leicht übertroffen. Hierbei handelte es sich um eine kriegsmäßig vereinfachte Version der BR 50, also gleichfalls um eine Zweizylinder-1'E mit 15 t Achslast, aber so konstruiert, daß die Bauzeit und der Materialbedarf erheblich abnahmen. Ihr Bau begann 1942 und dauerte bis 1949 an. Eine große Anzahl wurde sowohl in Frankreich wie auch in anderen besetzten Ländern hergestellt.

Ebenfalls ausländischer Herkunft waren zwei Typen mit der Bezeichnung 140 U und 140 W. Die Reihe 140 W enthielt die britischen Zweizylinder-„Austerity"-Loks nach dem Entwurf von R.A. Riddles, von denen insgesamt 935 Stück – nämlich 545 Loks bei der North British Locomotive Company und 390 bei der Vulcan Foundry – gebaut worden waren. Die erste Lok dieses Baumusters war dem Ministry of Supply am 16. Januar 1943 übergeben worden. Zur Erleichterung der Fabrikation hatten sie einfache, gerade Kessel und eine runde Feuerbüchsdecke; außerdem war Stahlguß bis auf die Radsterne durch Gußeisen ersetzt worden, um das bessere Metall zu sparen. Der Wert für den Kesseldruck lag bei 15,8 kg/cm^2, die Rostfläche betrug 2,65 m^2 und der Treibraddurchmesser 1435 mm. Durch den einfachen Entwurf der „Austerity"-Loks war ihre Produktionsrate ausgesprochen hoch, sie erreichte schließlich sieben Einheiten je Woche. Bei Kriegsende liefen 373 auf den Gleisen der SNCF.

Mit der Bezeichnung 140 U wurden in Amerika gebaute „French-Front"-Zweizylinderloks belegt. Es handelte sich um einen Entwurf, der „Austerity" nach dortigen Maßstäben verwirklichte, und dessen Häßlichkeit nur schwer übertroffen werden kann. Die SNCF erwarb 578 Stück, davon 116 mit Ölfeuerung (35 im Osten, 81 in der Südostregion). Eine der kohlegefeuerten Maschinen kam auch nach Vitry, doch erst nach Abänderung der Saugzugeinrichtung konnten von ihr normale Leistungen erwartet werden.

Neben diesen Güterzug-Schlepptendermaschinen war noch ein gewisser Bestand an Tenderloks neu hinzugekommen, der hauptsächlich auf zwei Typen entfiel: deutsche E-Kuppler, in Frankreich gebaut, sowie in Amerika hergestellte C-Kuppler.

Man entschloß sich, die deutschen 1'E-Loks noch für einige Zeit beizubehalten, weil sie den Betriebsbedürfnissen recht weit entgegenkamen, während die britischen und amerikanischen 1'D-Maschinen bei größeren Reparaturen ausgeschieden werden sollten.

Außerdem mußte man sich noch darüber klarwerden, welche älteren französischen Triebfahrzeuge man möglicherweise noch umbauen oder verbessern konnte, soweit dies in dem genannten Erneuerungsprogramm verwirklicht werden sollte. Die Pläne sahen vor, weitere Maschinen mit verbesserten Dampfleitungen, neuen Auspuffsystemen, Speisewasservorwärmung und Speisewasseraufbereitung auszustatten. Zu letzterem Zweck besaß man das TIA-Verfahren (Traitement Intégral Armand, nach dem Erfinder Armand), mit dem der „Entkalker" in das Speisewasser eingebracht wurde. Armand hatte seine Studien 1940/41 begonnen, indem er seine Forschungen auf die physikalisch-chemischen Wirkungen von Tannin auf eine sodahaltige Umgebung sowie auf Kesselstein bei den dort üblichen Temperaturen konzentrierte. Die besondere Bedeutung dieser Ausrüstung bestand darin, daß die Kesselreparaturen stets den größten Anteil an den Unterhaltungskosten einer Lok stellen, und daß die Einführung von Speisewasseraufbereitung in Amerika diese Kosten um 50 bis 65 Prozent gesenkt hatten.

Folgende Umbauvorhaben kamen zum Tragen: Bei der Südostregion wurden 234 Stück 1'D 1'-Loks der Reihe 141 C nach dem in Kapitel 6 vorgestellten Muster in die Serie 141 E umgewandelt. Von den noch im Ursprungszustand vorhandenen PLM-„Pazifiks" wurden 190 Stück in die Serie 231 G und 27 Einheiten in die Serie 231 H umgestaltet, wobei der Überhitzer 5P4 der Superheater Company zur Anwendung kam. In der Serie 241 A waren 47 Loks als Typ 241 D und ein Stück als Typ 241 E neu in den Verkehr gebracht, außerdem acht Einheiten der alten Baureihe 2600 nach den gleichen Prinzipien modernisiert worden.

Im Südwesten, bei der früheren PO-Midi, gehörte für einige Zeit der Einbau von Houlet-Überhitzern, Willoteaux-Schiebern und Kylchap-Auspuffanlagen zur täglichen Praxis. Besonders bemerkenswert war hier der Umstand, daß der Houlet-Überhitzer zunächst nur an zehn „Pazifiks" der Reihe 3500 angewandt worden war, ehe er auf alle umgebauten Maschinen gelangte.

Bei der Westregion waren die Konstruktionsarbeiten für eine großzügige Überholung der alten Naßdampf-Vierzylinder-Verbundserie 231.011, jetzt 231 B, abgeschlossen, die Ventilsteuerungen für die Niederdruckzylinder, Langhub-Kolbenschieber im Hochdruckteil, Houlet-Überhitzer und doppelten Kylchap umfaßten, doch wurde dieses Vorhaben aufgrund einer Änderung des Austauschprogramms gestrichen.

Im Norden erhielten alle Güterzugloks der Reihe 5.1200 mechanische Rostbeschicker, die Hoch- und Niederdruckzylinder einiger älterer Maschinen in der Reihe 5.001 wurden ausgetauscht, und die 1'D-Loks der Serie 4061 bekamen ACFI-Vorwärmer.

In der Ostregion kamen die gleichen Vorwärmer bei den schweren Güterzugmaschinen 150 E von 1926 zur Anwendung. Die 48 „Mountains" nach dem Ostbahnentwurf, die inzwischen von der Westregion nach Osten abgegeben worden waren, wurden auf die gleiche Art umgebaut wie die früher der Ostbahn gehörenden Maschinen (vgl. Kapitel 4). Einige dieser Maschinen erhielten Kohlenvorschubeinrichtungen nach dem Vorbild der PO-Baureihe 240.700.

Zwei der hervorragenden 240 P wurden durch den Einbau von Alco-Drehgestellen mit

SKF-Rollenlagern aufgewertet. Diese Alco-Gestelle rückten an die Stelle der bisherigen Alsacien-Laufgestelle, auf denen nicht genügend Platz für die SKF-Lager zur Verfügung stand, die künftig auf allen SNCF-Maschinen benutzt werden sollten.

Die letzte von acht 2'C 2'-Lokomotiven nach einem Entwurf de Casos für die Nordbahn wurde erst 1949 fertiggestellt. Es handelte sich um ganz besondere Maschinen: Etwa im Jahr 1933, als Chapelons „Pazifiks" den Großteil des Schnellzuglokparks der Nordbahn bildeten, beschäftigte sich die Gesellschaft nach alter Sitte bereits mit der Entwicklung fortschrittlicherer Maschinen. Die vorbereitenden Untersuchungen erwiesen nach Meinung der Nordbahn die Notwendigkeit einer größeren Rostfläche, um das Leistungsprogramm ihrer neuen Maschine zu erfüllen. Nun hatte diese Bahn stets eine schmale Feuerbüchse vorgezogen, selbst wenn sie – wie bei der Serie 5.1200 – eine kleinere Rostfläche ergab, weil damit das Feuer leichter zu bedienen war. Mit dieser schmalen Feuerbüchse war jedoch die von den neuen Maschinen verlangte Rostfläche nicht zu erreichen, so daß die Nordbahn-Ingenieure die Hauptdaten eines Kessels mit weiterer Rostfläche zusammenstellten, der zu zwei neuen Lokomotivtypen passen sollte – einer 2'C 2' für Schnellfahrzüge und einer 2'D 1' für schwere D-Züge.

Dieses letztere Projekt wurde nach näherer Betrachtung zu den Akten gelegt, aber das OCEM, dessen Konstruktionsabteilung de Caso inzwischen vorstand, wurde mit der Entwicklung einer 2'C 2'-Maschine beauftragt, die 200-t-Züge mit etwa 170 km/h fahren konnte.

Der Plan wurde nochmals überarbeitet. Man wollte die Gelegenheit benutzen, einmal sowohl eine Lok mit einstufiger Dampfdehnung als auch eine Verbundlok, beide unter Verwendung von Chapelons Technik, miteinander zu vergleichen. Hierfür waren jedoch etwas weniger anspruchsvolle Schnellzugloks besser geeignet. Die verlangte Höchstgeschwindigkeit wurde deshalb auf 160 km/h herabgesetzt, der Achsdruck auf 22 t gesteigert. Der Belpaire-Stehkessel ergab als Kompromiß eine erweiterte schmale Feuerbüchse, deren Rostfläche 3000 mm lang und 1730 mm breit war.

De Casos Skizzen wurden angenommen, und die Société Alsacienne erhielt einen Zuschlag auf acht 2'C 2'-Schnellzugloks, von denen vier als Vierzylinder-Verbundloks und vier als einstufige Dreizylindermaschinen auszuführen waren. Zwischen Januar und April 1940 kamen drei Loks mit einfacher Dampfdehnung, Reihe 232 R, zur Ablieferung. In der zweiten Jahreshälfte, als der Bereich der Nordregion sich schon unter deutscher Besatzung befand, wurden die vier Verbundloks, Reihe 232 S, abgenommen. Die Division des Études de Locomotives à Vapeur (Forschungs- und Versuchsabteilung der SNCF) schlug den Ankauf der unvollendeten achten Lokomotive vor, um sie auf ähnliche Weise wie in Großbritannien und in Deutschland probehalber mit Turbinenantrieb fertigzustellen. Da dieser Anregung nicht gefolgt wurde, beantragte de Caso, bei der Firma Corpet-Louvet eine Vierzylinder-Verbundlok daraus entstehen zu lassen. Diesem Vorschlag entsprechend, wurde die Lok 232 U 1 schließlich 1949 ausgeliefert.

Die wichtigsten Merkmale der Baureihen 232 R und S waren:

a) der große Kessel mit Verbrennungskammer, 20,0 kg/cm² Druck und 5,17 m² Rostfläche.
b) große Zylinder mit weiten Dampfleitungen nebst Ventilsteuerung mit rotierenden Nocken.
c) starke Barrenrahmen, großzügig bemessene Treibachslager, Rollenlager an allen Laufachsen.
d) mechanischer Rostbeschicker.

Beide Typen waren mit Schmidt-Überhitzern ausgerüstet, während die 232 U einen Houlet-

Überhitzer erhielt. Nachdem dieser auf den vorangegangenen Seiten immer wieder erwähnt worden ist, wollen wir unsere Aufmerksamkeit kurz seiner Beschreibung zuwenden.

Im Schmidt-Überhitzer, auf dem die meisten anderen Ausführungen beruhten, wurde Naßdampf vom Sammelkasten in der Rauchkammer durch eine Anzahl kleiner Rohre geleitet, die sich in den Rauchrohren des Kessels befanden. Die kleineren Rohre, Elemente genannt, liefen nach rückwärts auf die Feuerbüchse zu, kehrten dann jedoch um und leiteten den nun überhitzten Dampf in den Sammelkasten zurück. Im Schmidt-Überhitzer legte jedes Element seine Strecke doppelt zurück, in dem fast ebenso verbreiteten Robinson-Überhitzer hingegen nur einmal. Der Überhitzer nach Duchatel und Mestre enthielt ein völlig anderes Element. In der ersten Ausführung, DM 4 genannt, wurde der Naßdampf durch vier flache Röhren auf die Feuerbüchse zugeleitet, die sich am Umkehrende in eine weitere Röhre vereinigten. Das folgende Modell DM 3 besaß nur noch drei der kleinen Rohre, die einen geringeren Strömungswiderstand für die Gase und damit einen besseren Wirkungsgrad entwickelten. Der Houlet-Überhitzer schließlich wurde zuerst von der Ostbahn erprobt und dann von André Chapelon für seine sämtlichen Umbau-„Pazifiks“ verwandt. Sein Kennzeichen war die Verwendung konzentrischer Röhren, die am Umkehrende vor der Feuerbüchsrohrwand miteinander vereinigt waren. Der Naßdampf strömte durch das äußere Rohr und kehrte überhitzt durch das innere zurück. Als Vorteile dieses Systems waren der hohe thermische Wirkungsgrad sowie der geringe Strömungswiderstand bekannt.

Bei der Baureihe 232 R wirkten alle drei Zylinder auf die mittlere Kuppelachse, bei den Verbundmaschinen hingegen wirkten die inneren Hochdruckzylinder auf die erste und die Niederdruckzylinder auf die zweite Kuppelachse. Verglichen mit diesen beiden Typen, hatte de Caso bei der 232 U 1 einige Änderungen durchgesetzt. Statt der Dabeg-Ventilsteuerung, deren Erfolg ausgeblieben war, besaß sie Kolbenschieber mit langem Hub, besonders bei kleinen Füllungen. Ihren Antrieb besorgten Heusingersteuerungen gemeinsam für die beiden Zylinder einer Maschinenseite. Zum Anfahren wurde selbsttätig Frischdampf in alle vier Zylinder geleitet, bis die Füllung unter 55 Prozent zurückgenommen wurde. Ebenso konnte Frischdampf den Niederdruckzylindern bei 90 Prozent ihres Hubs beigegeben werden, um die nötige Anfahrzugkraft zum Start eines 600-t-Zuges auf einer Steigung von 1:125 zu entwickeln. Sie besaß bereits SKF-Rollenlager an allen Achsen.

Alle acht Maschinen waren stromlinienverkleidet. Am besten sah hiervon die 232 U 1 aus, die am sparsamsten damit ausgestattet war. Außer den Windleitblechen neben dem Kessel befanden sich zu beiden Seiten des Doppelschornsteins Fächer, um Rauch und Dampf anzuheben.

Alle drei Varianten waren sehr kräftige Maschinen, die beachtliche Leistungen vollbrachten. Doch teilweise aufgrund der Dabeg-Ventilsteuerung war der Brennstoffverbrauch der Verbund-Baureihe 232 S höher als bei den „Pazifiks“ der Nordbahn. Bei Versuchen zwischen Paris und Lille erzielte eine PO-„Pazifik“ Kohlenersparnisse von 10 Prozent je PSeh gegenüber der 232 S, die ihrerseits der einstufigen 232 R um 12 Prozent überlegen war. Die Lokomotiven der Reihe 232 S wurden deshalb bald mit der gleichen Lentz-Ventilsteuerung mit hin- und hergehenden Nocken ausgestattet, die Chapelon für die 2'D-Umbauten der PO ausgewählt hatte. Die dürftigen Ergebnisse mit der Dabeg-Steuerung sowie die Überlegenheit des Verbundverfahrens auch bei diesen Loks führten schließlich zum Bau der letzten Maschine als Vierzylinder-Verbundlokomotive mit Kolbenschiebern und Heusingersteuerung.

Im Betrieb beeindruckten die Maschinen, besonders die Verbundloks, nicht schlecht. Am 24. Oktober 1941 war die 232 S 3 mit der Beförderung eines 710-t-Zuges von Paris nach Dijon

Bild 52 Die erste 2'D 1'-Schnellzuglokomotive der Reihe 241 P der Französischen Staatsbahnen. (SNCF)

Bild 53 Lokomotive 241 P 22 vor einem Schnellzug Paris–Marseille bei der Durchfahrt von Rully. (Ransome-Wallis)

Bild 54 Die „Superpazifik" Nord 231 C 73 aus der alten Baureihe 3.1251 bei der Einfahrt vor einem Bootszug von Calais in Paris-Nordbahnhof. (Ransome-Wallis)

Bild 55 Güterzuglokomotive 150 P 106 durchfährt Serqueux vor einem Zug von Amiens nach Rouen. (Ransome-Wallis)

Bild 56 Nordbahn-Tenderlokomotive 141 TC 18 vor einem der Wendezüge im Gare du Nord. (Ransome-Wallis)

Bild 57 Eine der in Amerika gebauten kohlegefeuerten Dampflokomotiven der Reihe 141 R: Maschine 141 R 476 im Jahre 1947 in Calais. (Ransome-Wallis)

beauftragt. Nach einem Zwischenhalt in Les Laumes erreichte sie 7 km nach der Anfahrt auf der Steigung 100 km/h binnen 7 Minuten 30 Sekunden. Nach 12 Minuten, oder 15,1 km nach dem Start, erreichte das Tempo 118 km/h. Die größte Zughakenleistung betrug hier 3100 PS, entsprechend 3500 PS bei Beharrung in der Ebene. Bei der Nordregion brachte es die 232 S 4 am 20. September 1954 auf umgerechnet 3400 PSe, als sie die Rampe von Survilliers mit 585 t Last befuhr.

Die 232 U 1 wurde zwischen Paris und Lille kurz nach ihrer Indienststellung untersucht. Am 8. Mai 1950 durchfuhr sie die Strecke hin und zurück mit 567 t Anhängelast nach einem beschleunigten Fahrplan. Zwischenhalte in Arras und Douai sowie mehrere Geschwindigkeitsbeschränkungen kamen hinzu, doch das durchschnittliche Tempo nach deren Abzug lag dennoch bei 114,3 km/h. Zwei Tage später bewältigte die gleiche Maschine mit 615 t am Haken eine Steigung von 1:120 mit durchschnittlich 120,7 km/h, wobei sie 2820 PS am Zughaken – entsprechend 3265 PS in der Ebene – abgab.

Trotzdem kamen diese Maschinen kaum der Reihe 240 P gleich; der 2'D 2'-Prototype 242 A 1 waren sie sogar merklich unterlegen, obwohl diese den gleichen Kesseldruck und eine mit 5,0 m^2 statt 5,17 m^2 kleinere Rostfläche aufwies.

Obwohl sie nicht in die Liste der SNCF zur weiteren Beschaffung aufgenommen worden waren, müssen hier noch andere Lokomotiven von de Caso erwähnt werden, denn sie waren die letzten wirklich französischen Loks im planmäßigen Dienst, so daß ihr Abschied von den Strecken um Paris Ende 1970 von Chapelon ernsthaft bedauert wurde. Es handelte sich um die 1'D 1'-Tenderloks der Reihe 4.1200, später 141 TC, 1931 für die Nordbahn entwickelt, und die stärksten Maschinen ihrer Art. Ihr Kessel war ein abgeändertes Modell von den „Pazifiks" der hervorragenden Reihe 3.1200, den Chapelon auch für seine 2'D-Loks ausgesucht hatte, aber in diesem Fall waren die Rostfläche auf 3,10 m^2 verringert und das Rohrbündel leicht verlängert worden. Besonders gut gelungen waren die dampfführenden Leitungen, und ein leichtes Erkennungsmerkmal waren die Cossart-Ventilsteuerungen. Ihr Rahmen war sehr robust und ungewöhnlich steif; er bestand aus 35 mm dicken Platten, war stark verstrebt und längsversteift. Die Achslast betrug runde 21,5 t. Die Höchstgeschwindigkeit von 105 km/h muß angesichts des Kuppelraddurchmessers von 1550 mm als hoch bezeichnet werden. Am 26. Juli 1932 zog eine Lokomotive dieser Bauart einen Zug von 482 t innerhalb von 30 Minuten über die 50 km von Paris nach Creil, von der Abfahrt bis zum Stillstand gerechnet. Auf der Strecke lag ein Anstieg 1:200 von 9 km Länge, der bei 10 Prozent Füllung mit dauerhaften 110 km/h bewältigt wurde. Chantilly wurde mit 113 km/h durchfahren. Bei dieser Fahrt müssen 1900 bis 2000 PSe erzielt worden sein. Zum Betrieb mit Wendezügen waren die Lokomotiven mit Aubert-Fernsteuergeräten und automatischer Kupplung bestückt.

Im Jahre 1970 bedienten die Loks der Reihe 141 TC den Personenverkehr aus dem Gare du Nord ebenso zuverlässig wie in den 38 Jahren zuvor. Die Vorortzüge bestanden aus fünf der neuesten Ganzstahlwagen, die Maschinen standen stets mit dem Kamin stadtauswärts vor dem Zug. Sobald sie den Zug zurück nach Paris schoben, Vorräte voraus, bediente der Lokführer aus der Kabine im vordersten Waggon die Füllung. Daneben konnte er innerhalb gewisser Grenzen den Regler verstellen, dessen weitere Bedienung dem Heizer übertragen war, um Schleudern zu vermeiden. In den letzten Jahren war ihr Einsatz auf die Vorortstrecke nach Valmondois beschränkt. Als auch die Elektrifizierung dieser Linie vollendet war, war am 12. Dezember 1970 das Ende der Dampftraktion im Gare du Nord gekommen.

Kapitel 9: Die beste aller Dampflokomotiven

Im Jahre 1932 ersuchte die Staatsbahn das Office Central d'Études de Matériel um die Konstruktion einer 2'D 1'-Schnellzuglokomotive. Daraufhin stellte das OCEM die Pläne für eine Dreizylindermaschine mit einfacher Dampfdehnung zusammen, die die gleichen Expansionsverhältnisse wie die ausgesprochen wirtschaftlichen „Pazifiks" von Chapelon aufweisen sollte. Die Lok wurde von der Fabrik Fives-Lille 1932 gebaut und mit großem Aufwand der Öffentlichkeit vorgestellt. Im Gare St. Lazare wurde sie zur Besichtigung durch Eisenbahner und den Mann von der Straße aufgestellt, und auch ein Besuch der Brüsseler Ausstellung von 1935 durfte nicht fehlen. Der Kesseldruck betrug 20,0 kg/cm², hinzu kamen eine Renaud-Ventilsteuerung, Kuppelräder von 1950 mm Durchmesser, eine runde Feuerbüchsdecke, ein breiter Rost von 5,0 m² Flächeninhalt sowie ein Stoker, der die effektive Rostfläche wieder auf 4,4 m² reduzierte. Ursprünglich war auch ein Kleeblattblasrohr angebracht, das später aber durch ein Kylchap-Blasrohr mit sechs Feldern ersetzt wurde.

Diese Maschine, Betriebsnummer 241.101, war vielleicht die schlechteste Investition, die von der Etat auf dem Gebiet der Dampftraktion jemals unternommen worden war, und gewiß keine Reklame für die Fähigkeiten des OCEM. Sie gab nicht die erwarteten Expansionswerte ab, wohl durch allerhand Strahlungsverluste, der Hochleistungsbereich war durch die engen Querschnitte der Renaud-Ventile beschränkt, und der schlechte Lauf schließlich machte die Abteilungen Oberbau und Betrieb unzufrieden. Unter großer Verlegenheit wurde die Maschine bald aus dem Verkehr gezogen und still irgendwo abgestellt, so daß man Nachfragen bezüglich ihres Verbleibs höflich umgehen konnte. Zu guter Letzt wurden ihre Zylinder durch einen Unfall beschädigt, so daß die Westregion bei der Abteilung Chapelons um Rat fragte. Dieser ergriff die Gelegenheit, einen Vorschlag zum Umbau in eine Dreizylinder-Verbundlok einzureichen, um alle Möglichkeiten der an sich respektablen Maschine auszuschöpfen. Die Direktion für Fahrzeuge und Betrieb stimmte dem Antrag jedoch nicht zu, so daß Chapelon mit der Verwirklichung warten mußte, bis sie als Prototyp für die geplante Familie der Dreizylinder-Verbundloks der SNCF mit den Achsfolgen 2'D 2', 2'C 2', 1'E 2' und 1'D 2' gerechtfertigt werden konnte. Die offizielle Genehmigung hierzu traf jedoch zu spät ein, um vor Beginn des Krieges noch in die Tat umgesetzt werden zu können. Erst 1942 erlaubten es die Umstände wieder, mit den Arbeiten zu beginnen.

Chapelons Genie als Lokomotivkonstrukteur ist nirgends eindrucksvoller als in diesem Umbau zutage getreten; selbst die Verwandlung des Aschenbrödels in eine Prinzessin läßt sich kaum gleichsetzen mit dem Übergang dieser armseligen Maschine in die hervorragendste Lokomotive, die jemals gefahren wurde.

Die Rahmenwangen der 241.101 waren nur 35 mm dick; ein Wert, der für Chapelon angesichts der künftig von der Maschine zu erwartenden Leistung als viel zu niedrig gelten mußte. Die notwendigen Verstärkungen würden aber die Achslast sofort über den zugelassenen Wert von 21 t ansteigen machen, so daß er sich entschloß, die nachlaufende Bisselachse durch ein Drehgestell zu ersetzen und somit die Achsfolge von 2'D 1' in 2'D 2' zu ändern. An sich hätte Chapelon sich ein Monobloc-Chassis gewünscht, wie er es für die SNCF-Loks der Zukunft im Auge hatte, doch war diese Lösung undurchführbar. Er entschloß sich deshalb, die Rahmenwangen durch stählerne Querverbindungen in passenden Abständen zu verstärken und ließ sie in Längsrichtung durch das Aufschweißen von Blechen zur Verbindung der beiden Seiten versteifen. Obwohl nicht ideal, erfüllte die Anordnung ihren Zweck und gab die benötigte zusätzliche Festigkeit.

Von besonderer Bedeutung mußte das Verbundsystem sein. Alle bisherigen Verbundloks von Chapelon waren Vierzylindermaschinen gewesen, doch erforderten zwei Innenzylinder stets auch die zweifache Kröpfung der zugehörigen Treibachse. Diese Einschnitte vermindern die Festigkeit der Achse, führen zu einer Neigung zum Federn, die den Sitz der Lager beeinträchtigen. Chapelon benutzte deshalb nur drei Zylinder, jedoch in Verbundwirkung nach Smith-Sauvage mit einem innenliegenden Hochdruckzylinder und den beiden Niederdruckzylindern außen. Dadurch konnte die Dicke der Kurbeln von 104 mm bei der 240 P auf 180 mm angehoben werden. Die Kurbeln der beiden Außenzylinder waren um 90° gegeneinander versetzt, der Innenzylinder um 135° gegen diese verdreht. Der Hochdruckteil wirkte auf die erste, der Niederdruckteil auf die zweite Kuppelachse. Das Volumenverhältnis HD:ND betrug 1:2,71. Alle drei Zylinder waren in einer Querebene zwischen den Drehgestellachsen angebracht. Der Trick-Schieber mit doppelter Einströmung für Hochdruck und die Willoteaux-Schieber mit doppelter Ein- und Ausströmung für Niederdruck wurden von drei voneinander unabhängigen Heusingersteuerungen angetrieben, so daß die Füllungen jeweils verschieden eingestellt werden konnten. Diese Anordnung wurde nur für diesen Prototyp gewählt, um die richtigen Füllungswerte zum gleichmäßigen Arbeiten von Hoch- und Niederdruckzylindern experimentell festzustellen. Sobald diese ermittelt waren, konnten ähnliche Maschinen wieder abgeleitete Steuerungen erhalten.

Bei einer Lokomotive von Chapelon war es selbstverständlich, daß der Dampfkreislauf besonderer Beachtung gewürdigt wurde. Bei dem großen Kessel hätte der doppelte Kylchap-Saugzug noch nicht den erforderlichen Schornsteinquerschnitt erbracht, so daß die Lok mit dreifachem Kylchap-Blasrohr und Kamin bestückt wurde. Der Kesseldruck wurde auf 20,0 kg/cm² festgesetzt, ein Houlet-Überhitzer eingebaut und zwei Nicholson-Wasserkammern montiert.

Jetzt mußte die problematische Laufruhe der Maschine behandelt werden, besonders der Einlauf in scharfe Gleisbogen. Diese Schwierigkeit betraf nicht nur die Lok 241.101, denn andere Maschinen mit langem festem Radstand wiesen bei der Einfahrt in enge Kurven die gleichen Schwächen auf, so daß es bei höheren Geschwindigkeiten auch zu Gleisverdrückungen gekommen war, die man auf unzureichende Führungseigenschaften des Drehgestells zurückführte. Chapelon versah die neue Lokomotive deshalb mit demselben Alco-Drehgestell, das bereits mit zwei Maschinen der Reihe 240 P zur Probe lief.

Dank dieser Maßnahme lief die Maschine bei allen Versuchsgeschwindigkeiten bis hin zu 150 km/h ganz ausgezeichnet. Bei einer Anzahl von Strecken wurde der Zustand des Oberbaus nach den Probefahrten untersucht, gab aber nie zu Beanstandungen Anlaß. Auch das Durchfahren engster Gleisbögen in den Betriebswerken bereitete keinerlei Probleme.

Bei ihrer Fertigstellung wog die Lokomotive 148 t, verglichen mit 128 t vor dem Umbau. Der Leistungszuwachs war verhältnismäßig viel größer, denn während die Lok in der Originalausführung nur 2800 PS in den Zylindern entwickeln konnte, gab sie nach ihrer Umwandlung nun 5500 PS ab.

Unter der Betriebsnummer 242 A 1 wurde André Chapelons Meisterstück in den Werkstätten von St. Chamond der Forges et Aciéries de la Marine et d'Homecourt am 18. Mai 1946 fertiggestellt. Bei der Betrachtung aller von dieser Maschine gelieferten Ergebnisse wird der Entschluß zum Bau der Reihe 241 P noch weniger verständlich, denn die 242 A 1 war Chapelons nächster Schnellzuglok-Entwurf nach der 240 P, und die 241 P war der 242 A 1 in der Leistung ebenso unterlegen wie der 141 P und de Casos 2'C 2'-Typen.

Bezüglich der Leistungen auf der Strecke sollte man vielleicht nochmals betonen, daß außerordentlichen Geschwindigkeiten im Gefälle und vor leichten Zügen häufig zu viel Aufmerksamkeit zuteil wird, obwohl diese Bedingungen nur relativ geringe Zugkräfte von der Lokomotive verlangen. Wesentlich wichtiger und viel besser als Zeugnis über die Qualitäten einer Maschine geeignet sind jedoch die Werte von Fahrten vor schwersten Zügen oder auf Steigungen, denn es ist viel schwieriger, hohe Geschwindigkeiten mit großen Füllungen zu erreichen und zu halten, weil mit dem hohen Dampfverbrauch mehr Drosselverluste einhergehen. Nach diesen Maßstäben wurden bisher die Fähigkeiten der Chapelon-Dampfloks beschrieben, und nach den gleichen Grundsätzen können auch die Vorzüge der 242 A 1 aufgezeigt werden.

Bei Versuchen auf dem Prüfstand Vitry wie auch vor Bremslokomotiven war es mit der 242 A 1 zum ersten Mal in Europa möglich, dauerhaft – also bei unverändertem Druck und Wasserstand im Kessel – 4000 PSe am Zughaken zu halten. Das entsprach 800 PS je Quadratmeter Rostfläche und mehr als 5000 PSi in den Zylindern. Diese Werte wurden sowohl bei 80 km/h (Hochdruckfüllung 80 Prozent, Niederdruckfüllung 50 Prozent) als auch bei 100 km/h (Hochdruck 70 Prozent, Niederdruck 45 Prozent Füllung) gemessen. Bei 120 km/h mit Füllungseinstellungen von 60 und 40 Prozent leistete sie noch 3800 PSe.

Gleichermaßen zufrieden konnte man mit den Verbrauchsziffern sein. Bei Wasser betrug der Wirtschaftlichkeitsrekord 5,926 kg/PSeh bei 60 km/h und 2800 PSe. Bei 80 km/h und 3500 PSe ergaben sich 5,936 kg/PSeh, bei der Leistungsspitze von 4000 PSe und 100 km/h nur 6,364 kg/PSeh. An Kohle verbrannte die Lok 0,820 kg/PSeh bei 60 km/h und 2200 PSe Leistung. Wurden 2600 PSe bei 80 km/h erzeugt, benötigte sie 0,907 kg/PSeh; weiterhin bei 120 km/h und 2700 PSe nur 1,187 kg/PSeh. An der 4000-PSe-Marke wurden bei 80 km/h Geschwindigkeit 1,133 kg/PSeh, bei 100 km/h schließlich 1,187 kg/PSeh Kohle verbraucht. Die Dampfleistung des Kessels betrug 23,7 t/h, woraus sich mehr als 1000 PSi je Quadratmeter Rostfläche errechnen. Mit diesen Zahlen erwies sich die Dreizylinder-Verbundlok als ebenso wirtschaftlich, wenn nicht als besser, als die günstigsten französischen Vierzylinder-Verbundmaschinen.

Vom ersten Tag ihres Betriebseinsatzes an bewies die 242 A 1, daß mit der Dreizylinder-Verbundanordnung Leistungen von 4000 bis 4200 PS am Zughaken unschwer zu erreichen waren. Die gute Dampfentwicklung bei allen Geschwindigkeiten zeigte ferner, daß die neue Frage der Aufteilung des Dampfstrahls auf drei Düsen für den Dreifach-Kylchap gelöst war. Außerdem war die Lok in der Lage, in ihrem Hochdruckzylinder allein 2000 bis 2500 PS zu entwickeln, so daß Chapelons Voraussage, die für die Zukunft geplanten Maschinen könnten die geforderten 6000 PSi mit drei Zylindern erbringen, sich zu bewahrheiten begann.

Im Juni 1946 kam die 242 A 1 in den Zugdienst auf der steigungsreichen Strecke St. Germain des Fossées-Roanne, dann südlich nach St. Etienne, nordöstlich ins Rhônetal, und endlich nördlich nach Lyon. Es war wohl angemessen, daß der erste größere Versuch mit dieser bemerkenswerten Lok ganz in der Nähe der Gegend abgehalten wurde, in der André Chapelon seine Kindheit verbracht und seine Liebe zur Dampflokomotive entdeckt hatte. Züge von 600 bis 650 t wurden mit erheblichen Fahrzeitgewinnen über die Linie befördert. Ein Beispiel: Am 20. Juni wurden vor 16 D-Zug-Wagen (664 t) zwischen St. Germain des Fossées und Lyon 47 Minuten 20 Sekunden eingespart. Dabei wurden mehrfach Zughakenleistungen von 3000 bis 3500 PS aufgezeichnet, entsprechend 3500 bis 4000 PS im Beharrungszustand auf der Ebene; die Spitzen lagen noch darüber.

Ganz im Gegenteil zu verbreiteten Vorbehalten gegenüber Dreizylinder-Verbundmaschinen zeigte die Lok keine Neigung zum Schleudern. So wurde etwa die Anfahrt aus dem Bahnhof St. Chamond, in einer Steigung 1:71 gelegen, immer glatt und ohne fremde Hilfe vollbracht. Die Anfahrzugkraft am Tenderzughaken betrug oft 25 t und erreichte damit den höchsten möglichen Wert des Reibungskoeffizienten, nämlich ein Drittel des Reibungsgewichts bei trockenen Schienen.

Ebenso beeindruckend verlief ein Lauf am 18. Juli 1946. Vor einem 621-t-Zug wurden bei 80 km/h bereits 5 km außerhalb von St. Germain auf der Steigung 1:130 am Zughaken 3400 PS entwickelt, der Gipfelpunkt am Kilometerstein 368 nach einer Rampe 1:125 wurde mit 100 km/h und 3500 PSe Leistung befahren. Das entsprach 3950 PS und 4100 PS in der Ebene. Nach einem Zwischenhalt in Roanne und der Durchfahrt des etwa 3 km entfernten Bahnhofs Coteau mit 73 km/h nahm das Tempo auf der anschließenden Steigung von 1:83,3 beständig zu: St. Cyr de Favières, 9,5 km hinter Roanne, wurde mit 85 km/h passiert, während der Zug weiter beschleunigte. Die nun folgende, 11,5 km lange Rampe von St. Just sur Loire nach St. Etienne (1:83,3) wurde mit 85 km/h angegangen, wobei 2400 PSe geleistet wurden, und mit konstanter Geschwindigkeit bewältigt. In Villars, 8 km von St. Just entfernt, war das Tempo noch 83,6 km/h, die Leistung nun 3200 PSe. La Terrasse, weitere 3 km hinter Villars, konnte mit 82 km/h bei 2950 PSe durchfahren werden, bevor am Kreuzungspunkt Etivaliere – wo die Linie nach Le Puy in Chapelons Heimat abzweigte – eine Begrenzung auf 70 km/h folgte. Während der ganzen Fahrt konnte der Kesselwasserstand bequem auf seiner Marke gehalten werden.

Ende Juli 1946 wurde die 242 A 1 zur Beförderung schwererer Schnellzüge auf die Hauptstrecke Paris– Dijon der alten PLM überführt. Am 24. Juli waren 16 Wagen, gleich 702 t, zu bewältigen; auch dies ein bemerkenswerter Lauf. Am Kilometerstein 84, nur 8 km außerhalb Montereaus, mitten in einer Steigung von 1:100, leistete die Lokomotive 3200 PS bei 120 km/h. In Tonerre, am Kilometerstein 195, stieg bei gleichem Tempo auf leichter Steigung (1:909) der Wert auf 3300 PSe. Auf der Rampe von Blaisy, wo schon die Maschine 240 P 5 ihre unvergeßliche Vorstellung ausgeführt hatte, wurde die durchschnittliche Steigung von 1:188 (maximal 1:125) auf den letzten 4 km vor dem Gipfel mit 111 km/h durchfahren. Die dabei erreichte Leistung von 3440 PSe entsprach etwa 4125 PS im Beharrungszustand auf der Ebene. Legt man den gleichen inneren Widerstand wie bei den umgebauten „Pazifiks" der PO zugrunde, dann müßten bei dieser Gelegenheit rund 5155 PSi entwickelt worden sein.

Die Maschine 242 A 1 wurde natürlich der Westregion zugeteilt und von dieser 1947 mit großer Ausdauer zwischen Paris und Caen untersucht. Es handelte sich um eine recht schwierige Route mit Anstiegen von 1:100 und 1:125, für welche die alte 241.101 ja ursprünglich bestellt worden war. Nun zeigte sich die 2'D 2'-Lok sofort in der Lage, mehr als den Verkehr zu bewältigen, den die 2'D 1'-Maschine nicht mehr hatte meistern können. Auf den zahlreichen Fahrten wurden Fahrzeitgewinne von nicht weniger als 40 Minuten gemacht. Mit einem von Paris fahrenden Zug von 658 t wurde die Rampe bei Bréval (1:111) mit 40 km/h begonnen und mit 92,5 km/h verlassen; die hier festgestellte Leistung von 3100 PSe kam fast 3800 PSe in der Ebene gleich. In derselben Richtung kam die Lok mit 775 t hinter dem Tender am 22. April auf der Rampe zwischen La Bonneville und Romilly (1:167) dauernd auf 3000 bis 3400 PS. Die 13-km-Steigung von Bernay nach St. Mards wurde mit Fahrgeschwindigkeiten von 80 bis 85 km/h und Leistungen von 3300 bis 3500 PSe bezwungen. Vor dem Gegenzug vollbrachte die 242 A 1 am 23. April auf der Rampe von Lesieux eine besonders respektable Leistung. Die Steigung beginnt etwa 4 km hinter Lesieux und erstreckt sich über eine Länge von 13 km; die Neigung beträgt 1:125. Obwohl an diesem Tag ein frischer Seitenwind mit 40 km/h auf den Zug einwirkte, wurde die Last mit verblüffender Leichtigkeit bewältigt. Bereits am Fuß der

Rampe, bis zu dem die Strecke um 1:370 ansteigt, wurden 10 t Zugkraft bei 88 km/h entwickelt. Auf der Steigung selbst wuchs das Tempo von 90,4 km/h auf 95,6 km/h und nahm weiterhin zu. Die gemessene Leistung lag zwischen 3500 und 3750 PSe, wobei letzter Wert, bei 90,4 km/h abgegeben, 4300 PSe in der Ebene entspricht. Im weiteren Verlauf dieser Fahrt wurde die Geschwindigkeit, völlig ungeachtet der verschiedenen Steigungen, zwischen 100 und 110 km/h gehalten. Das bedeutet, daß auch die Steigung bei Bréval – um 1:143 geneigt – mit 100 bis 106 km/h überwunden wurde. Die am Zughaken festgestellten Leistungen betrugen hier 3000 bis 3600 PSe; der Höchstwert kam 4100 PS in der Ebene gleich.

Im Oktober 1948 kehrte die Lok 242 A 1 zu neuerlichen Versuchen auf die Hauptstrecke Paris – Lyon zurück. Im Verlauf dieser Untersuchung wurden zahlreiche Indikator-Diagramme aufgenommen, deren Erwähnung hier lohnt. Sie bestätigten die große Leistungsfähigkeit der Maschinenanlage und deren durchdachte Aufteilung auf die drei einzelnen Zylinder, die gleichmäßig jeweils ein Drittel der Arbeit verrichteten. Hierfür zwei Beispiele:

a) Füllung Hochdruck 75 %, Niederdruck 50 %, Geschwindigkeit 100 km/h, Kesseldruck 20,4 kg/cm², Druck im Verbinder 10,2 kg/cm².

Leistung des HD-Zylinders	1870 PS
Leistung der ND-Zylinder	3550 PS
Gesamtleistung	5420 PS
Leistung je ND-Zylinder	1775 PS

b) Füllung Hochdruck 60 %, Niederdruck 40 %, Geschwindigkeit 120 km/h, Kesseldruck 20,4 kg/cm², Druck im Verbinder 9,7 kg/cm².

Leistung des HD-Zylinders	1920 PS
Leistung der ND-Zylinder	3580 PS
Gesamtleistung	5500 PS
Leistung je ND-Zylinder	1790 PS

Natürlich war die 242 A 1 die stärkste Schnellzuglokomotive nach Chapelons Entwürfen. Dabei fiel im Vergleich zu wesentlich größeren amerikanischen Loks aber auf, daß bei seiner Technik die Leistung keine direkte Funktion der Hauptabmessungen mehr war. Beispielsweise war eine von ihm gebaute „Pazifik“ stärker als eine viel größere „Mountain“, und seine 2'D-Lok mit schmalem Rost von 3,71 m² übertraf leicht jede gewöhnliche 2'D 1' mit 5,0 m² Rostfläche. Am 21. Oktober 1948 mußte die 242 A 1 vor 16 Wagen mit 748 t in Plombières, 5 km nördlich von Dijon, wegen Gleisarbeiten abbremsen. Auf der nun beginnenden Steigung von 1:125 nach Blaisy beschleunigte die Maschine jedoch wieder auf 111 km/h. Die Leistung am Zughaken stieg rasch auf 2500 PS an, erreichte dann dauernd 3400 PS und berührte kurz die Marke von 3600 PS. Zwischen den Kilometersteinen 301 und 292,8 (am Eingang zum Tunnel von Blaisy) betrug die Durchschnittsgeschwindigkeit 93,4 km/h, die Zugkraft 9580 kg und die Leistung 3305 PSe, entsprechend 3553 PS in der Ebene. Auf dem Kilometer vor dem Tunnel wurden als Höchstleistung 4250 PS am Zughaken, 9085 kg Zugkraft und 101,4 km/h als Tempo gemessen. Ganz ähnliche Werte wurden auch vor vier weiteren Zügen festgestellt, deren Lasten bis 861 t reichten.

Eine Woche zuvor, am 14. Oktober 1948, waren vor einem südwärts fahrenden Zug auf der Steigung 1:143 zwischen Laroche und Brienon nach 7 Minuten 31 Sekunden oder 7,3 km bereits 110 km/h erzielt worden; die Last war 861 t gewesen. 2915 PSe Zughakenleistung kamen 3215 PS auf ebener Strecke gleich. Ab Les Laumes bis zum Kilometer 284 war die Zugkraft bei 105 km/h im Schnitt 7275 kg, die Leistung 3060 PSe, entsprechend 3440 PSe auf 1:00. Auf dem letzten Stück dieser Fahrt, zwischen den Kilometern 279 bis 284, betrug die Zugkraft gar 8660 kg, die Leistung 3500 PSe beziehungsweise 3958 PSe bei durchschnittlich 105,2 km/h. Der Spitzenwert auf diesem Lauf lautete 3600 PS bei 105,6 km/h und ist 4280 PSe in der Beharrung gleichzusetzen. Bei vier weiteren Gelegenheiten wurden Ergebnisse der gleichen Größenordnung gewonnen: Noch im Monat Oktober kam eine Fahrt zustande, bei der 16 Wagen (743 t) mit 101 km/h, der dort zulässigen Höchstgeschwindigkeit, durch Les Laumes gebracht wurden. In Thénissay, weitere 14,5 km auf der Steigung von Blaisy voran, betrug das Tempo 120,7 km/h. Nochmals 14 km später, am Kilometerstein 285, wurden immer noch 112,7 km/h gehalten. Läßt man eine heftige Bremsung auf 30 km/h kurz vor Blaisy außer acht, kommt für die 31,5 km lange Strecke von Les Laumes bis zum Scheitelpunkt eine Fahrzeit von 16 Minuten 20 Sekunden heraus. Auf den maßgeblichen 28,3 km Fahrweg war die Zugkraft 7750 kg, die Leistung 3175 PSe, deren entsprechender Wert in der Ebene 3510 PSe gelautet hätte. In diesem Durchschnittswert waren auf der Steigung 1:125 zwischen den Kilometersteinen 281 und 285 Zugkräfte von 8167 kg und Leistungen von 3480 PS gleich 4030 PSe – auf ebener Strecke – bei 115 km/h enthalten. Der Höchstwert, am Kilometer 283 aufgenommen, lautete: 8302 kg Zugkraft bei 116,4 km/h, Leistung 3750 PSe beziehungsweise 4130 PSe.

Im Winter 1949/50 bewältigte die Lokomotive 242 A 1 Probefahrten bei der Nordregion. Von Anfang Dezember bis Januar lief sie im Regelzugdienst, allerdings vor besonders heraufgesetzten Anhängelasten von 700 bis 850 t. Da zum Beheizen dieser zusätzlichen Wagen auch mehr Dampf verbraucht wurde, waren die Anforderungen an die Maschine wesentlich höher als bei Messungen in den Sommermonaten.

Vor 693 t fuhr die Maschine von Paris nach Lille, Zwischenhalte abgerechnet, in 2 Stunden und 20 Minuten; das Durchschnittstempo war 107,8 km/h. Für die ersten 114 km wurde eine Stunde Fahrzeit benötigt, Arras (193 km) wurde nach 102 Minuten erreicht. Ohne die Verluste durch Langsamfahrstellen hätten 96 Minuten ausgereicht. Am Fuß der Steigung nach Gannes, 1:250 geneigt, wurde der Kilometerstein 80 mit 124,7 km/h passiert. Am Gipfelpunkt, 6,5 km entfernt, lief der Zug immer noch mit 121,8 km/h.

Am 19. Dezember durchfuhr Chapelons Meisterstück vor einem 692-t-Zug nach Calais die Strecke vom Gare du Nord bis nach Creil (50 km) vom Start bis zum Stand in 28 Minuten 53 Sekunden. Auf der 16 km langen Steigung von Survilliers (1:200) nahm das Tempo von 112,6 km/h auf 122,3 km/h zu. Im Mittel wurden bei 119,5 km/h Leistungen erbracht, die – auf die Ebene bezogen – 3610 PSe bedeuteten. Kurz darauf brauchte die Lok in der Gegenrichtung vor einem schwereren Zug von 780 t ab Creil bis Paris 31 Minuten. Der Scheitelpunkt von Survilliers, auch auf dieser Seite 1:200 geneigt, war nach 22,5 km Fahrstrecke und 14 Minuten 16 Sekunden erreicht. Zwischen den im Anstieg gelegenen Kilometersteinen 43 und 27 war die Reisegeschwindigkeit 113 km/h, die Gesamtleistung während dieser 16 km lag bei 3820 PSe.

832 t waren am 22. Dezember von Calais Maritime nach Paris zu befördern. Die Rampe bei Gannes, rund 12 km lang, wurde mit 120 km/h befahren. Die Zugkraft wurde mit 6750 kg, die Leistung mit umgerechnet 3228 PSe ermittelt.

Die schwerste Fahrt folgte am 28. Dezember 1949, als ein Zug von Jeumont nach Paris mit 854 t angekuppelt wurde. Der Fahrplan sah Zwischenhalte in Creil und Chantilly vor. Diese Station befindet sich im unteren Drittel der Steigung von Survilliers. Die Zughakenleistung am Kilometerstein 43, als Chantilly 3,5 km hinter der Lok lag, bedeutete 4290 PSe in der Beharrung und auf der Ebene. An dieser Stelle lief der Zug bereits wieder mit 98 km/h! Auf dem kurzen ebenen Abschnitt an der Paßhöhe waren 106,5 km/h erreicht, die Leistung betrug nun 4100 PSe. Im Verlauf dieser Meßfahrten wurden Tenderhaken-Zugkräfte von 27 t ohne Schleudern aufgezeichnet. Der wichtigste Punkt dieser auf den Probefahrten erhaltenen Meßdaten, die unter so verschiedenen Bedingungen gewonnen worden waren, war die Tatsache, daß sie von einer Lok mit 20,0 kg/cm² Kesseldruck, 400° C Überhitzung und einem Rost von knapp 5 m² sowie mit Kuppelachslasten nicht über 21 t stammten. Keine der Hauptabmessungen übertraf wesentlich die bisher allgemein angewandten Maße, so daß der Weiterentwicklung in dieser Richtung noch alle Wege offenstanden. Auch künftige thermische und thermodynamische Fortschritte hätten zusätzliche Verbesserungen erbringen müssen. Es war offensichtlich, daß noch lange nicht alle Möglichkeiten der Konstruktion einer klassischen Dampflokomotive ausgeschöpft waren, wie sie Stephenson, Hackworth und Seguin einst erfunden hatten. Die Dampflok konnte sowohl in bezug auf Leistung als auch in bezug auf Geschwindigkeit mit jedem anderen Triebfahrzeug mithalten, das war nun erwiesen. Dieser Vergleich wurde in den fünfziger Jahren aufgestellt, er müßte heute neben der Verbesserung der modernen Traktionsmittel auch die mögliche Weiterentwicklung der Dampflok nach der Art von Chapelon berücksichtigen.

Am 12. September 1952 wurde für eine südamerikanische Delegation von Eisenbahnexperten, die Frankreich besuchten, eine Demonstrationsfahrt angesetzt. Der Zug hinter der Lok 242 A 1 umfaßte 20 Schnellzugwagen von zusammen 810 t. Für die 211 km lange Strecke von Paris nach Le Mans wurde die Fahrzeit des schnellsten elektrischen Zuges angesetzt, dessen Gewicht aber 640 t nie überstieg. Die Chapelon-Maschine unterbot diesen Plan um 6 Minuten, benötigte insgesamt nur 1 Stunde 49 Minuten und lieferte eine Reisegeschwindigkeit von 116,1 km/h. Diese Leistung wird fast unglaublich, wenn man erfährt, daß darin noch ein Halt von 10 Minuten zum Wassernehmen in Chartres Platz fand.

Auf diese Fahrt folgte eine eher amüsante Episode aus dem Lokomotivbau. Damals waren nämlich gerade die französischen Elektroingenieure damit beschäftigt, eine Lokomotive für die in Umstellung befindliche Strecke Paris–Lyon zu konstruieren. Der erste Entwurf zeigte einen Typ, der etwas stärker als die auf den alten Strecken der PO erfolgreich eingesetzte 2'D 2' werden sollte. Sobald aber die Daten der Demonstrationsfahrt weiteren Kreisen bekannt geworden waren, wurde die Konstruktion öfters hastig abgeändert, so daß die verbesserte spätere Baureihe 2D2.9101 mit einer um 1000 PS auf 4900 PS erhöhten Leistung in den Betrieb kam.

Ein weiteres Ergebnis der Vorführung war, daß die brasilianischen Mitglieder der Delegation, die ursprünglich 100 diesel-elektrische Lokomotiven hatten bestellen wollen, statt dessen eine Order über Dampflokomotiven aufgaben. Außerdem unternahm Chapelon zwei Reisen nach Südamerika, über die später noch berichtet wird, und als deren Ergebnis der gelungene Umbau von 2'D-Lokomotiven bei der argentinischen General Roca Eisenbahn zu nennen ist.

Kapitel 10: Weniger Lokomotiven

Soweit man damals sehen konnte, mußte das in den vorstehenden Kapiteln beschriebene Lokomotivprogramm den Anforderungen der ersten Nachkriegszeit genügen. Man erinnerte sich jedoch noch lebhaft der Transportkrise in der Folge des Ersten Weltkriegs und fürchtete, daß eine Unterschätzung der Verkehrszunahme wieder das gleiche Ergebnis haben könnte. In diesem Falle müßte die Industrie schnellstens eine erhebliche Stückzahl von Maschinen ausstoßen können. Vorsorglich sollten deshalb Lokomotiven entwickelt werden, deren Bau mit geringem Aufwand an Arbeitszeit und Material – das in jenen Jahren immer noch sehr knapp war – unternommen werden konnte. Wegen der weiterhin unzureichenden Betriebs- und Unterhaltungsbedingungen bei der Bahn mußten sie außerdem so einfach wie möglich sein, gleichzeitig aber die wichtigsten Bauteile enthalten, um sie zuverlässig und sparsam zu machen. Schließlich sollten die verschiedenen Typen eine Höchstzahl von gemeinsamen Teilen, also Rädern, Kuppelstangen, Achsen und dergleichen, aufweisen. Ihre Kessel sollten hohe schmale Feuerbüchsen erhalten, deren Wirkungsgrad und Zuverlässigkeit mit der Reihe 240 P unter Beweis gestellt worden war. Der Kesseldruck von 16,0 kg/cm² und die Überhitzertemperatur von 350° C sollten relativ hohe Leistungsfähigkeit und niedrige Reparaturkosten miteinander verbinden.

Da es sich aber keineswegs um Hochleistungsmaschinen handeln sollte, war der Forderung nach Einfachheit am besten durch ein Zweizylindertriebwerk, Langhub-Kolbenschieber, weite Dampfräume und die gleiche Sauganlage nachzukommen, die auch die umgebaute Lok 141 E 113 der Westregion erhalten hatte. Um den Beginn des Zuckens hinauszuschieben, sollten die Treib- und Kuppelachsen mit automatischen Franklin-Keilen ausgerüstet werden. Der Treibraddurchmesser von 1675 mm sollte Einsatz vor allen Zuggattungen bis 110 km/h erlauben. Drei Modelle sollten vorbereitet werden: Eine 1'E, eine 1'D und eine 1'C. Ein Blick auf Chapelons Skizzen zeigt, daß sie alle eine bestimmte Familienähnlichkeit aufweisen sollten. Bis auf ihre Länge und die Achsanordnung stimmten sie äußerlich vollkommen miteinander überein. Die Achslast der 1'E war auf 17 t begrenzt, so daß sie auf den meisten SNCF-Strekken laufen, mit 85 t Reibungsgewicht aber auch Güterzüge und schwere Schnellzüge über steigungsreiche Nebenstrecken bringen konnte.

Ein Blick nach England zeigt in den Entwürfen von R. A. Riddles für die British Railways eine abweichende Konzeption. Zwar hatten auch seine 1'E-Loks zwei Zylinder und 17 t Achslast, doch weil Riddles befürchtete, die Bahn werde mit recht dürftiger Kohle versorgt, hatte er sich für eine weite Feuerbüchse von großer Verdampfungswilligkeit entschieden. Außerdem besaß seine Lok einen Treibraddurchmesser von nur 1524 mm, der sie aber nicht an Fahrten von 145 km/h vor Schnellzügen hinderte. Diese Fähigkeit war ein weiteres Ergebnis der Chapelon-Bauweise, der sich Riddles bei seinen sämtlichen Konstruktionen verpflichtet fühlte.

Chapelons 1'D-Maschine sollte die vielen noch vorhandenen Drei- und Vierkuppler ersetzen, die durch zu geringe Leistungsfähigkeit oder durch hohe Unterhaltungskosten unwirtschaftlich geworden waren, selbst wenn sie technisch noch nicht veraltet waren. Ein Beispiel dieser Gruppe waren die 170 Einheiten der Reihe 140 J, zwischen 1923 und 1925 für die PLM gebaut, die von dem ersten Austauschprogramm noch nicht betroffen worden waren.

Die 1'C-Type sollte ältere Lokomotiven dieser Bauart verdrängen, die den modernen Anforderungen nicht mehr genügten. Aus dem gleichen Grund hatten auch die Belgischen Staatsbahnen gerade eine neue 1'C in Dienst gestellt. Die Unzulänglichkeit der alten französischen Dreikuppler-Güterloks hatte sich bei Versuchen deutlich herausgestellt. Beteiligt waren eine Westbahn C-Lok von 1867 sowie ein 1'C-Umbau der Ostbahn, der sich auf die C-Maschinen der Bourbonnais von 1859 bis 1884 gründete und neben der Laufachse auch einen Überhitzer erhalten hatte. Wie zu erwarten, bot die zweite Lok auf Nebenstrecken viel bessere Leistungen und beträchtliche Ersparnisse an Wasser und Kohle. Die durchschnittliche Zughakenleistung der Westbahn-030 C 795 schwankte zwischen 80 und 200 PSe, während die 130 B 433 von 190 bis 400 PSe erbrachte und 30 Prozent Betriebsstoffe einsparte.

Unglücklicherweise wurde keine der drei neuen Typen jemals gebaut. An der Beschreibung der nächsten Maschine können wir erkennen, welch außergewöhnliche Loks mit einstufiger Dampfdehnung sonst wohl entstanden wären.

Gerade wurde die Baureihe 140 J der PLM erwähnt. Der Umbau einer dieser Loks im Jahre 1953 war André Chapelons letzte größere Arbeit für die SNCF, die nochmals eine Fülle neuer Erkenntnisse erbrachte.

Das Modell 140 J war 1923 vom OCEM für die PLM konstruiert worden. Obwohl sie wegen ihrer begrenzten Achslast vor gewöhnlichen Güterzügen im gesamten Streckennetz zu sehen waren, handelte es sich um einen recht armseligen Entwurf, der zu mancherlei Schwierigkeiten Anlaß gegeben hatte.

Chapelons unmittelbares Ziel war, die Streckenbrände, welche die Maschine in großer Zahl verursachte, einzudämmen. Aufgrund des sehr engen Kamins war der Saugzug so stark, daß er das Feuer durch die Rohre zog und unverbrannte Kohleteilchen weit ausschleuderte. Wegen der erheblichen Feuerschäden mußte die Höchstleistung der Maschine begrenzt werden, worauf natürlich Spitzengeschwindigkeiten und Anhängelast absanken. Chapelon begann mit einer Erweiterung des Schornsteins und mit dem Ersatz des Kleeblattblasrohrs der PLM durch Kreuzstege an der Blasrohrmündung, die er gleichzeitig tiefer legte. Außerdem ersetzte er die Schieberbüchsen durch eine Ausführung mit sich allmählich verengenden Auslaßöffnungen wie bei der 141 E 113, um den Auspuff zu drosseln.

Diese Maßnahmen verbesserten die Lage etwas. Wohl wurde das Feuer nicht mehr so stark angefacht, so daß man die Maschine wieder stärker beanspruchen konnte, doch der Ausstoß glühender Teile war noch nicht hinreichend eingedämmt. Um nun die großen Kohlestücke, die mit hoher Geschwindigkeit durch die Rohre gezogen wurden, vor der weiteren Beförderung mit dem Auspuff zu bewahren, wurde in der Rauchkammer eine Prallplatte aus Metall angebracht. Sobald die Teile gegen diese stießen, wurden sie in so kleine Stücke zerbrochen, daß sie kaum noch einen Brand verursachen konnten. Tatsächlich war das Problem damit behoben, die Lokomotive konnte sicher mit voller Leistung betrieben werden, die Feuerbehandlung war erleichtert, und auch die Dampflieferung stellte zufrieden.

Dennoch konnte man mit der Saugzuganlage noch einiges mehr machen. Zuerst wurde ein Kylälä-Schirm zwischen dem Blasrohr und dem Kamin angebracht, dann der Steg gegen die keilförmigen Blasrohreinsätze der klassischen Kylchap-Anlage ausgetauscht, die sich besser für das Kylälä-Teil eigneten. Das Ergebnis war eine höchst beeindruckende Verbesserung des Saugzugs, das wieder, wie schon oft seit den Versuchen mit der „Pazifik“ Nr. 4597 der PO 28 Jahre zuvor, bestätigte, daß der Kylälä-Schirm die Gase ganz ausgezeichnet mischte. Er war es also durchaus wert gewesen, daß man ihn als Teil des Kylchap-Systems beibehalten hatte.

Hierauf wurden einige Schritte unternommen, um die Dampfzuleitung zu verbessern. Die Kanäle wurden – während man ihre Linienführung und ihren zunehmenden Querschnitt beibehielt – ganz allgemein erweitert. Die größte Füllung wurde von 86 auf 76,2 Prozent herabgesetzt, ferner die Charakteristik der Steuerung geändert. Als die Lokomotive zum ersten Mal mit diesen Neuerungen sich auf eine Probefahrt begab, rief sie unter den Ingenieuren Bestürzung und Ratlosigkeit hervor: Die Leistung war abgefallen, der Verbrauch je PSh hatte zugenommen, und die Auspuffschläge waren härter als je zuvor. Des Rätsels Lösung ergab sich nach einer Inspektion der Schieber. Das Ausbesserungswerk hatte die Schieberbüchsen verkehrt herum montiert, so daß Einlaß- und Auslaßöffnungen nun miteinander vertauscht waren. Damit war die schwache Leistung einwandfrei erklärt, zugleich aber ein neuer Beweis für den schädlichen Einfluß von Einströmdrosselung auf den Wirkungsgrad einer Lok geliefert. Die Bedeutung enger werdender Auslaßöffnungen zur Abschwächung des Auspuffstoßes war damit wirkungsvoll unterstrichen. Nachdem also der Einbaufehler in Ordnung gebracht worden war, lieferte die Lok – verglichen mit einer 140 J in der Originalausführung – Brennstoffersparnisse von 10 Prozent bei geringeren und 20 Prozent bei höheren Fahrgeschwindigkeiten.

Daneben erwiesen die Versuche aufs neue die Wichtigkeit eines wirklich massiven, steifen Rahmens. An der Lok wurde beobachtet, daß bei jeder Radumdrehung der Kessel gegenüber dem Chassis eine Bewegung von einigen Zentimetern machte, die zum Bruch von Leitungen und Kesselstützen führte. Auch bei anderen Maschinen dieser Baureihe war eine solche Torsion, eine solche Verzerrung des Rahmens, aufgefallen. Chapelon begann seine Nachforschungen mit einem groben Modell der Lok, und nach mühevollem Durcharbeiten fand er heraus, daß die Bewegungen – abhängig von der Kurbelstellung – in verschiedenen Richtungen stattfanden und sich auf Überbeanspruchungen des Fahrgestells zurückführen ließen, wodurch sich die oberen und unteren Teile des Blechrahmens in bezug auf die Kuppelachsen unterschiedlich bogen. Diese Ungleichheiten mußten erst neutralisiert werden, ehe man die anderen schwachen Stellen verstärken konnte.

Nachdem die Lok 140 J 153 derart durchgehend überholt und auch noch mit automatischen Franklin-Keilen gegen das bei Zweizylinderloks übliche Rütteln der Achslager ausgerüstet worden war, konnte sie mit ihren Kuppelrädern von 1650 mm immerhin 110 km/h erreichen. Ursprünglich war ihr Tempo auf 85 km/h begrenzt gewesen, bei dem schon recht üble Schwingungen aufgetreten waren.

Besonders vorteilhaft schnitt die so modernisierte Lok im Vergleich zur Reihe 141 R ab. Bei gewöhnlichen Geschwindigkeiten, bei sorgfältig verwogenem Brennstoff und Aufzeichnung der Leistung im Meßwagen zeigte sich die 140 J 153 in der Lage, den gleichen Dienst wie eine 141 R zu tun, dabei aber noch 30 Prozent Kohle je PSeh zu sparen. Dabei war die zum Test herangezogene 141 R handgefeuert, besaß also nicht den weniger wirtschaftlichen Stoker. Außerdem war ihr Rost mit 5,15 m^2 größer als bei der 140 J mit 2,81 m^2.

Man kann die Bedeutung dieser Ergebnisse, den Triumph, den sie für Chapelon bedeutet haben, kaum gerecht einschätzen. Eine Lokomotive, zu Anfang der zwanziger Jahre gebaut und selbst damals den Ansprüchen schon kaum genügend, wurde in einen Typ umgewandelt, der bei nur 71 t Dienstgewicht die gleiche Arbeit, noch dazu billiger, leisten konnte, die eine 115,5 t schwere und zwanzig Jahre jüngere Maschine erbrachte. Dadurch wurde erneut Chapelons These unterstrichen, daß die konventionelle Dampflok noch die Möglichkeiten zu einer großen Zukunft in sich trug. Unglücklicherweise war zu der Zeit, als dieser einmalige Umbau gelang, die Einstellung des Dampfbetriebs bei der SNCF schon beschlossene Sache, und Chapelon befand sich auf der Schwelle zum Ruhestand.

Kapitel 11: Dampflokomotiven auf dem Reißbrett

In seiner Rede vor der Association kam Chapelon nach der Beschreibung der geplanten Zweizylinderloks zunächst auf die Vorteile zu sprechen, welche Strom und Diesel gegenüber dem Dampfbetrieb aufweisen können. Die weitere Entwicklung in Frankreich läßt es jedoch geraten erscheinen, hier zunächst seine Pläne für einen modernen Dampflokpark darzustellen, um die Entscheidung der SNCF für die moderneren Traktionsarten vor dem richtigen Hintergrund betrachten zu können. Es ist selbstverständlich, daß Chapelon nach dem überwältigenden Erfolg seiner Umbauten schon lange Zeit vor dem Zweiten Weltkrieg ganz klare Vorstellungen davon hatte, wie künftige, von Grund auf neue Dampflokomotiven zu gestalten wären. Im Jahre 1936 stellte er die ersten Empfehlungen zusammen, nach denen neue Maschinen für die PO-Midi gebaut werden sollten. Damals war die Elektrifizierung der PO-Hauptstrecken von Paris über Orléans nach Bordeaux und auch nach Brive vollendet oder zumindest beschlossen, während die Midi von Bordeaux bis an die spanische Grenze sowie auf weiteren Abschnitten ihres Netzes bereits elektrisch fahren konnte. Obwohl auch nach dem Zusammenschluß der beiden Gesellschaften der größte Teil des Betriebs weiterhin mit Dampf bestritten wurde, standen einem großzügigen Neubau entsprechender Loks erhebliche Hindernisse im Wege. Schließlich darf auch nicht vergessen werden, daß gerade die Weigerung der PO, vor der Elektrifizierung noch neue Schnellzugloks zu kaufen, zu Chapelons bahnbrechenden Umbauten geführt hatte. Dennoch war deutlich, daß viele Strecken wohl noch einige Zeit ohne Fahrdraht bleiben würden, so daß Chapelon den Ersatz zahlreichen älterer Lokomotiven einmal aus wirtschaftlichen Gründen für nötig hielt, ihn aber auch deshalb wünschte, um gleich schwere und gleich schnelle Züge wie mit Elloks fahren zu können. Damals befand sich die Dieselzugförderung ja noch außer Konkurrenz.

Chapelons Entwürfe unterstellten, daß die Achslasten bei allen Hauptstrecken bis auf 22 t, bei den Routen für den schwersten und schnellsten Verkehr sogar auf 29 t angehoben werden könnten. Das würde zwar beträchtliche Kosten am vorhandenen Oberbau und an den Kunstbauten erfordern, aber er glaubte, daß sie sich in der Zukunft mit Sicherheit auszahlen würden. Die Bedeutung höherer Achslasten war in Amerika sichtbar, wo zum Beispiel sechsfach gekuppelte Loks mit Gewichten ausgeführt werden konnten, die in Europa einen Achtkuppler erfordert hätten.

Nach Chapelons Vorstellungen sollten die verschiedenen Bauarten eine Anzahl gemeinsamer Kennzeichen besitzen. Die Modelle mittlerer Stärke sollten als Vierzylinder-Verbundloks, die Hochleistungsmaschinen aber in Sechszylinderverbund mit zwei Hochdruck- und vier Niederdruckzylindern ausgeführt werden, wie er sie gerade für die Lok 160 A 1 zeichnete. Die Lentz-Ventilsteuerungen mit hin- und hergehenden Nocken würden von Heusingergestängen angetrieben werden. Als Überhitzer war die Bauart Houlet vorgesehen, der Kesseldruck sollte je nach Betriebszweck und Ausführung zwischen 20,0 und 22,0 kg/cm² betragen. Zur Wasserversorgung waren Vorwärmer mit Kolbenpumpen sowie einfache Injektoren eingeplant. Der Stehkessel nach Belpaire sollte mit rechteckiger Rostfläche und Nicholson-Thermosyphon ausgerüstet werden; auch die Unterteilung der Langkesseltrommel durch eine mittlere Rohrwand kennen wir bereits. Überflüssig zu sagen, daß alle Maschinen den doppelten Kylchap-Saugzug tragen sollten.

Im Jahre 1936 dachte Chapelon, daß zur Bewältigung des Verkehrs, den die vorhandenen Typen nicht mehr bezwingen konnten, sechs Baureihen entwickelt werden sollten. Zwei verschiedene schwere Schnellzugloks würden benötigt, nämlich eine 2'D 2' für die gewöhnlichen Züge sowie eine 2'C 2' für die Spitzenreiter der Bahn – jeweils mit 6000 PSi ausgestattet. Für leichte Fernschnellzüge sollte daneben eine 2'C-Lok von 3600 PSi vorgehalten werden. Die schwersten Güterzüge sollten mit einer 1'E 2'-Maschine von 6000 PSi bespannt werden. Zur Beförderung von schnellen, langen Vorortzügen hätte eine 1'E 1'-Tenderlok mit 4500 PSi zu dienen. Schließlich war mit der Achsfolge 2'C 1' noch eine Tenderlok mit Gepäckabteil („Fourgon") und 2000 PSi Leistung für Leichtschnellzüge auf Nebenstrecken entworfen worden. Die Abbildungen dieser Lokomotiven, von dem Maler E. A. Schefer entworfen, zeigen auf den Kesseln das gleiche Emblem der PO-Midi, das auch auf der stromlinienverkleideten

Chapelon-Pazifik 231.726 angebracht war. Die beiden schweren Schnellzugloks waren einerseits im Entwurf eng miteinander verwandt, wiesen aber auch bemerkenswerte Unterschiede auf. Beide besaßen den gleichen Kessel mit 22,0 kg/cm² Druck, doppelten Kylchap, auch der Rost von 7,0 m² Fläche war gleich, und beide konnten entweder mit Kohle – unter Verwendung eines Stokers – oder mit Öl gefeuert werden. Alle vier Niederdruckzylinder der 2'D 2' hatten die gleichen Abmessungen, aber bei der 2'C 2' stimmten die Maße im Hochdruck- und im ersten Niederdruck-Zylinderpaar überein, während die zweite Niederdruckstufe wie bei der 160 A 1 weiter ausgeführt war. Bei beiden Typen wirkten die Hochdruckzylinder auf die dritte Kuppelachse, die inneren Niederdruckzylinder auf die führende Kuppelachse, und die äußeren auf den zweiten Kuppelradsatz. Bei der größeren Lok war es möglich, die Füllungen entweder auf ein bestimmtes Verhältnis zueinander einzustellen, oder sie in Hoch- und Niederdruck unabhängig voneinander zu bedienen. Demgegenüber wurde an dem Dreikuppler das klassische Verfahren nach du Bousquet und de Glehn angewandt. Ein weiterer Unterschied fand sich bei den Treibrädern, deren Durchmesser 2000 mm bei der 2'D 2' und 2100 mm bei der 2'C 2' betrug. Die erstgenannte Type sollte einen Blechrahmen, die zweite einen Barrenrahmen nach amerikanischem Muster erhalten. Die Stromlinienverkleidung sollte sich einmal an die 231.726, dann wiederum an amerikanische Praxis („Badewannenform") anlehnen. Die Gesamtgewichte waren sich wieder fast gleich, nämlich 160 t und 161 t, ebenso die Reibungsgewichte mit 88 t und 87 t, woraus sich für die 2'C 2'-Lok Achslasten von 29 t errechneten.

Die Gewichte amerikanischer 2'C 2'-Maschinen lagen in der gleichen Größenordnung wie bei Chapelons Vorschlag. Als zwei Beispiele stromlinienverkleideter „Hudsons" können die Klassen J 1 der New York Central von 1932 und die J 5 der New York-New Haven von 1937 gelten, bei denen die Dienst- und Reibungsgewichte 160 t und 85 t beziehungsweise 166 t und 89 t lauteten. In den Vereinigten Staaten war die Achsfolge 2'C 2' sehr populär. Zum ersten Mal hatte die American Locomotive Company sie 1927 für die New York Central gebaut, und bis 1948 wurde sie immer wieder als schnelle D-Zug-Lok von vielen Bahnen bestellt. Man war in Amerika der Auffassung, daß diese Bauart im Vergleich zur „Pazifik" mit ähnlichen Abmessungen einen um 12,5 Prozent höheren Dampfdruck, 13 Prozent mehr Heizfläche, 20 Prozent mehr Rostfläche und 28 Prozent mehr Feuerraum ermöglichen würde. Dabei waren all diese Maschinen natürlich zweizylindrig und mit einfacher Dampfdehnung ausgestattet, darüber hinaus fehlten ihnen Dampfleitungen und Saugzuganlagen, wie sie Chapelon verwendete. Damit stand fest, daß die geplante französische Lok einen großen Fortschritt gegenüber den Maschinen jenseits des Atlantiks bedeuten mußte.

Hingegen wollte Chapelon den amerikanischen 2'D 2'-Loks nicht nacheifern. Sein eigenes Projekt besaß nur deshalb vier Kuppelachsen, um den Achsdruck niedriger zu halten, während man in den USA diese Bauart eingeführt hatte, um noch stärkere und schwerere Maschinen bauen zu können. Die im Jahre 1935 entstandenen „Niagaras" für die Chesapeake & Ohio und für die North Pacific Railroads verfügten über Reibungsgewichte von 124 t und 127 t mit Achslasten von 31 t und 32 t. Man muß zugeben, daß der amerikanische Lokomotivkonstrukteur durch das weite Lichtraumprofil und die enormen Achslasten meistens ein leichteres Arbeiten hatte.

Die 2'C-Lok sollte sehr leichten Zügen mit hohen Reisegeschwindigkeiten vorgespannt werden. Für diesen Zweck würde vielleicht sogar eine „Atlantik" ausgereicht haben, doch die dritte Kuppelachse sollte die Anfahrten erleichtern. Somit ist die Lok leicht als verkleinerte Chapelon-2'D mit Belpairekessel, schmalem Rost von 3,51 m² Fläche, mit Houlet-Überhitzer,

22,0 kg/cm² Kesseldruck sowie mit großer Rauchkammer und doppeltem Kylchap-Saugzug zu erkennen. In der Vierzylinder-Verbundmaschine nach du Bousquet und de Glehn wirkten die äußeren Hochdruckzylinder auf die mittlere, die inneren Niederdruckzylinder auf die führende Kuppelachse. Der Raddurchmesser war mit 2200 mm sehr groß. Wie die beiden großen Schnellzugloks, konnte auch diese Maschine entweder mit Öl oder mit Kohle durch einen Stoker befeuert werden. Sowohl wegen der Werbung als auch wegen der möglichen Höchstgeschwindigkeit sollte auch diese Lok nach dem Vorbild der 231.726 mit Stromschale verkleidet werden. Die Züge dieser 2'C-Lokomotive sollten – je nach Strecke und Dienstplan – von 200 t bis 400 t wiegen; je schwieriger die Route, um so leichter die Anhängelast. Als Reisegeschwindigkeit waren 120 bis 130 km/h vorgesehen, die Dauergeschwindigkeit war mit 150 km/h und das Spitzentempo mit 200 km/h angesetzt. Vor dem 400-t-Zug sollten in der Ebene 180 km/h, auf einer Steigung von 1:200 noch 140 km/h gefahren werden, mit 200 t am Haken sogar 200 km/h und 175 km/h. Diese Zahlen beziehen sich allerdings auf eine Wagengarnitur, die gleich der Lok stromlinienverkleidet sein sollte. Diese 2'C mußte immerhin auch 22 t Achsdruck besitzen, so daß bis zur Aufnahme entsprechender Fahrten noch umfassende Oberbauverstärkungen vorgenommen werden mußten. Daneben wurden weitere Schwierigkeiten nicht erwartet, denn die Maschine sollte nach den gleichen Methoden gebaut werden, die schon Chapelons problemlose „Pazifiks" und seine 2'D-Loks zum Erfolg gemacht hatten.

Die 1'E 2'-Güterzuglok sollte im Kessel mit den Schnellzugloks der Achsfolgen 2'D 2' und 2'C 2' identisch sein, aber eine stärkere Überhitzung bekommen. Die Treibräder sollten den für diesen Betriebsbereich beachtlichen Durchmesser von 1750 mm erhalten. In der Ebene würde sie 9000 t mit 48 km/h und 2400 t mit 112 km/h schleppen können. Auf Rampen sollte sie mit 48 km/h reichlich 2850 t über 1:200, noch 1600 t über 1:1 und 750 t über 1:50 bringen. Bei 112 km/h würde sie 1000 t auf einer Steigung von 1:200 befördern, ebenso 900 t auf 1:100 und 400 t auf 1:50 mit 90 km/h. Die Lokomotive war aufgrund ihrer großen Räder somit für lange Personenzüge, Eilgüterzüge und schwere Rohstoffzüge gleichermaßen gut geeignet. Dabei wurde dieser Durchmesser selbst bei langsamen, gewichtigen Zügen nicht mehr als Nachteil angesehen, denn die Erfahrung lehrte, daß eine solche Vergrößerung den Laufwiderstand verminderte. Den Antrieb besorgten die innenliegenden Hochdruckzylinder auf die vierte, die inneren Niederdruckzylinder auf die zweite und die äußeren Niederdruckzylinder auf die dritte Kuppelachse. Als Rahmen war eine amerikanische Barrenkonstruktion ausgewählt worden. Das Gesamtgewicht war mit 162 t angenommen worden, auch wieder eine Ähnlichkeit mit den Schnellzugloks; das Reibungsgewicht lag bei 110 t. In der äußeren Erscheinung hätte diese Maschine der Lokomotive 160 A 1 geähnelt.

Das wichtigste Kennzeichen der 1'E 1'-Vierzylinderverbund-Vorortlok sollte ihre gewaltige Beschleunigung sein, die für schwere Personenzüge so wichtig war, besonders wenn es um den Wettbewerb mit der elektrischen Traktion ging. Nach Chapelons Plänen sollte seine Maschine auf der Ebene mit 300 t Last binnen zwei Minuten 120 km/h erreichen, ebenso das gleiche Tempo mit 600 t in vier Minuten. Von dem Gesamtgewicht von 142 t sollten 110 t auf die fünf Kuppelachsen entfallen, deren Raddurchmesser mit 1750 mm ausgewählt worden war. Der Kessel hätte entweder manuell oder mechanisch mit Kohle oder genausogut mit Öl beschickt werden können. Die Rostfläche von 4,5 m² war trapezförmig angelegt, wie es bereits von den 1907 gebauten PO-„Pazifiks" her bekannt ist. Die inneren Hochdruckzylinder sollten auf den dritten Kuppelradsatz wirken, das äußere Niederdruckpaar auf die Achse davor, also genau entgegen dem normalen System von du Bousquet und de Glehn.

Die 2'C 1'-Fourgon-Lokomotive war eine geniale Idee, um die Zuggewichte zu verringern und auch noch den Lokheizer einzusparen. Mit wenigen Ausnahmen, wenn nämlich ein Personenwagen schon ein Packabteil enthielt, besaßen alle französischen Züge einen besonderen Packwagen, den Fourgon, der zumeist nächst der Lokomotive einrangiert wurde. Weil aber dieser Fourgon bei leichten Zügen einen hohen Anteil des Gesamtgewichts für sich beanspruchte, entwickelte die Etat schon 1885 die Idee, ihn mit dem Tender der Lok zu verbinden. Die PO griff diesen Gedanken 1928 wieder auf und beschloß, zwei ältere Loks versuchsweise so auszuführen. Hierzu wurden Maschinen der Baureihe 265, einem 1'C 1'-Entwurf von Victor Forquenot aus dem Jahre 1876, ausgewählt. Zwei Fahrzeuge, Betriebsnummern 366 und 382, wurden in den Werkstätten von Perigueux mit neuen Kesseln, Kleeblattblasrohren und Wasserkästen beiderseits der Kessel versehen. Der zweiachsige Tender wurde dergestalt umgebaut, daß das erste Drittel seiner Länge von dem Kohlenbunker und der Rest von einem Packabteil eingenommen wurde. Das Experiment wurde später jedoch nicht wiederholt; wahrscheinlich fand man es einfacher und billiger, die Personenwagen entsprechend auszurüsten. Als sehr angenehm wurde hingegen empfunden, daß die seitlichen Wassertanks das Reibungsgewicht erhöhten, solange sie gefüllt waren.

Chapelon sah sich gerade bei der PO um, als diese Lokomotiven umgebaut wurden, und der Versuch machte ihm Mut, die 2'C 1'-Fourgon-Lok zu entwerfen. Bei seiner Maschine sollte aber der Hauptrahmen die komplette Einheit tragen, also auch das Packabteil hinter dem Kohlenkasten. Das Ziel des Vorhabens war es, bei den Zügen Gewicht und Länge vornehmlich in den Betriebsbereichen einzusparen, in denen sie von Diesel- und Benzintriebwagen besonders hart bedrängt wurden. Gegenüber diesen würde Chapelons Lok jedoch den Vorteil aufgewiesen haben, daß sie durch einfaches Anhängen von mehr Wagen leicht auf stärkeren Verkehr eingestellt werden konnte. Mit Achslasten von nur 16 t hätte diese Lokomotive auf allen Strecken der PO-Midi betrieben werden können; sie war damit nicht nur auf ihre Sonderaufgaben beschränkt, sondern auch vor anderen leichten Zügen einsetzbar. Um auch die schärferen Kurven der Nebenstrecken zwanglos befahren zu können, sollte die zweite Kuppelachse etwas Seitenspiel erhalten. Durch Ölfeuerung sollte es möglich werden, den Führerstand nur mit einem Mann zu besetzen, weil der Zugführer im Packabteil den Zug auch anhalten könnte, falls der Lokführer ausfallen sollte. Als Kesseldruck war 20,0 kg/cm² vorgesehen, außerdem waren ein Houlet-Überhitzer, einfacher Kylchap-Saugzug, Abdampfinjektor und ein Rost von 2,0 m² Fläche geplant. Alle vier Zylinder sollten sich außerhalb des Rahmens befinden, und zwar paarweise nebeneinander. Innen, direkt am Rahmen, sollten die auf die führende Kuppelachse wirkenden Niederdruckzylinder sitzen, außerhalb die Hochdruckzylinder mit Antrieb auf die zweite Kuppelachse. Eine Ventilsteuerung war vorgesehen.

Die folgende errechnete Tabelle soll einige Anhängelasten und Geschwindigkeiten auf typischen Steigungen vermitteln, um die Leistungsfähigkeit und die universellen Einsatzmöglichkeiten der Maschine zu demonstrieren:

Geschwindigkeit	Anhängelast [t]				
[km/h]	1 : ∞	1 : 200	1 : 100	1 : 66	1 : 40
60			410	275	155
80		450	275	182	92
100	600	310	190	122	
120	430	220	135		

Dieses Projekt war bei der Bildung der SNCF bereits so weit fortgeschritten, daß ihm die Seriennummer 231.1001 zugeteilt werden konnte. Ein Rückschluß auf mögliche Baustückzahlen ist dadurch jedoch nicht möglich.

Die Umorganisation der ganzen französischen Eisenbahnen bereitete all diesen Plänen der PO-Midi ein Ende, aber Chapelon nahm die Skizzen mit zur SNCF und hatte 1939 bereits wieder damit begonnen, sie nun auf das gesamte verstaatlichte Bahnsystem zu beziehen. Im Jahr des Kriegsbeginns waren Pläne, in den Vereinigten Staaten eine Baureihe von Loks zu bestellen, die in Bauart und Leistung der 141 P entsprechen, aber amerikanische Einzelheiten aufweisen sollte, bereits sehr weit gediehen; sie führten später in anderer Form zur Type 141 R. Mittlerweile hatte Chapelon selbst die Zeichnungen zu einer 1'D 2'-Lok mit 6,0 m^2 Rostfläche, 1750 mm Treibraddurchmesser und Stahlgußrahmen fertiggestellt. Doch statt der Sechszylindermaschine, die er ursprünglich bei den Großprojekten von 1936 vorgesehen hatte, entschied er sich aus den schon beschriebenen Gründen nun für eine Dreizylinder-Verbundausführung. Bevor aber alle Entwicklungsarbeiten abgeschlossen waren, fiel die Entscheidung zum Umbau einer älteren Maschine in die Lok 242 A 1. Ganz allgemein sollte die 1'D 2' aus der Baureihe 141 P abgeleitet werden.

Diese 1'D 2' war aber nur Chapelons erster Neuentwurf; daneben war er mit mehreren anderen beschäftigt, die in vielem an seine Modellreihe von 1936 erinnern. Im Jahre 1945 waren seine Gedanken so weit gereift, daß sie nicht nur den sofortigen Bedarf, sondern auch die Ansprüche der ferneren Zukunft zu befriedigen versprachen.

Eine Lokomotive wurde für die Beförderung derjenigen beschleunigten Luxuszüge benötigt, die weiterhin mit Dampf bespannt werden sollten, etwa auf den Strecken von Paris nach Straßburg oder nach Marseille. Für diese Art von Dienst hatte Chapelon einst die 2'C-Lok vorgeschlagen, und sein neues Projekt war dieser recht ähnlich. Wieder handelte es sich um eine verkleidete vierzylindrige Verbundlok nach du Bousquet und de Glehn, diesmal jedoch mit fest aufeinander eingestellten Füllungen für Hoch- und Niederdruck statt der früher unabhängigen Betätigung. Die Erfahrung mit den umgebauten „Pazifiks" der PO hatte gezeigt, daß bei angemessenen schädlichen Räumen und bei weiten Dampfwegen gleiche Hoch- und Niederdruckfüllungen ohne Schwierigkeiten angewandt werden konnten. Hierauf war schon der vereinfachte Mechanismus auf der Reihe 141 P entstanden, bei dem das Verhältnis zwischen den beiden Füllungen stets gleich blieb. Die neue Lok sollte ferner Ventilsteuerungen und Treibraddurchmesser von 2200 mm erhalten, um die 200-Stundenkilometer-Marke noch zu überschreiten.

Für den Verkehr auf weniger wichtigen Routen wurde das Projekt der Fourgon-Lok beibehalten, allerdings nun mit der Achsfolge 2'C 2' statt 2'C 1', weil die Betriebsabteilung damit nun längere Strecken als ursprünglich vorgesehen befahren wollte, weshalb zur Unterstützung der vermehrten Vorräte eine weitere Laufachse notwendig wurde. Mit der Herstellung dieses Typs war tatsächlich schon begonnen worden, aber die Anhänger der Dieseltraktion konnten die Verwaltung in letzter Minute davon überzeugen, daß erst mit dem Dieselbetrieb das goldene Zeitalter für Nebenstrecken anbrechen würde, so daß ein weiterer faszinierender Gedanke im Dampflokbau nicht mehr in die Tat umgesetzt werden konnte.

Die beiden bisher beschriebenen Entwürfe waren für recht spezielle Anforderungen aufgestellt. Für den allgemeineren Einsatz vor dem Gros der Züge hatte Chapelon eine Familie sehr starker Maschinen geplant. Auf der Grundlage seiner Erfahrungen aus der Vergangenheit schätzte er, daß die Lokomotiven in den Zylindern mindestens 6000 PS entwickeln mußten, wenn sie in der nächsten Periode von 1950 bis 1970 alle Dienste sicher erfüllen sollten.

Bild 58 Ostbahn-„Pazifik“ 231 C 402 verläßt Mulhouse an der Spitze des Rapide 41 nach Paris; 1953 aufgenommen. Die Wagengarnitur gehört zur gummibereiften Bauart Chausson. (Broncard)

Bild 59 Lokomotive 231 C 411 vier Jahre später vor dem gleichen Zug bei Chaumont, nun mit normalem Wagenpark. (Hartmann)

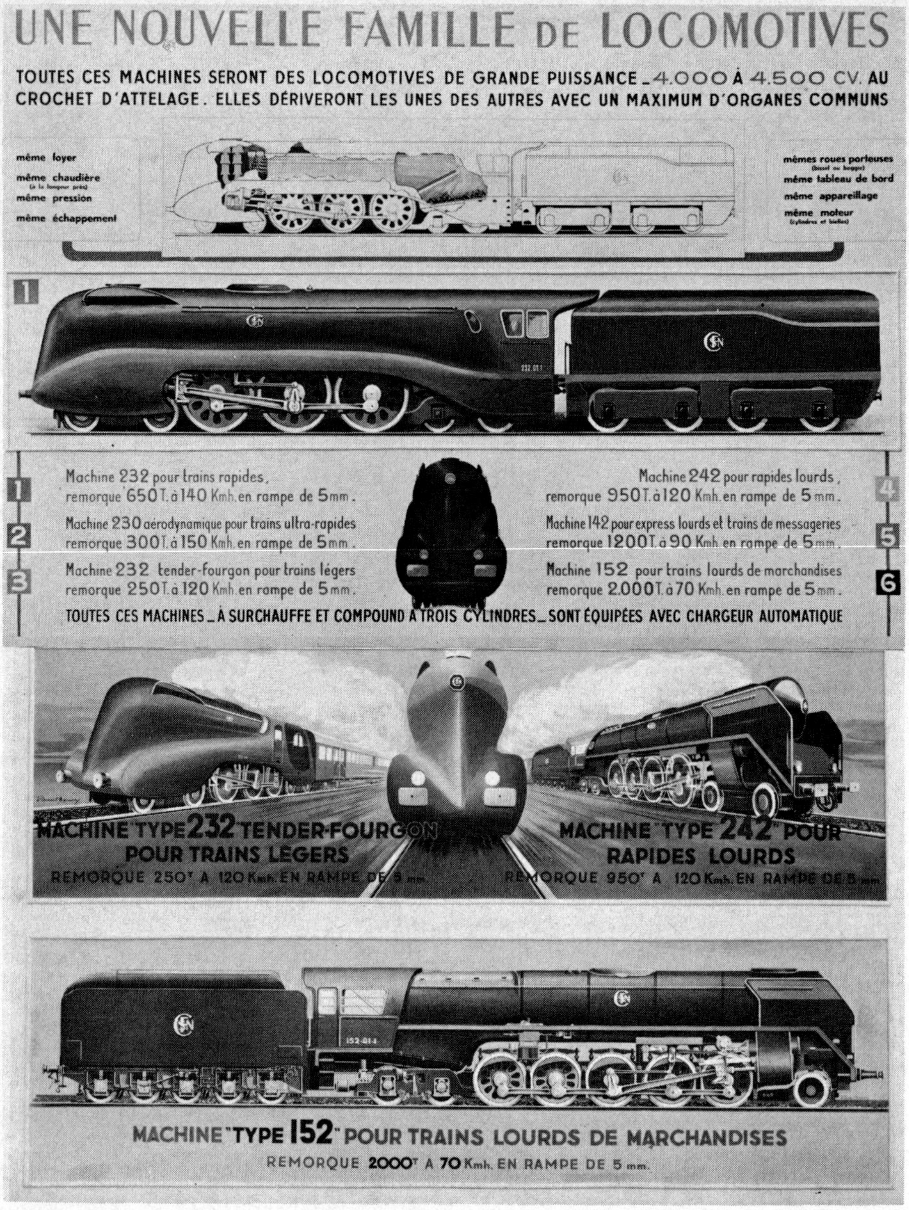

Bild 60 Eine Präsentation der Typenfamilie, die Chapelon 1945 für die SNCF entwickelt hatte. Die vier größten Maschinen sollten 6000 PS in den Zylindern und 4900 PS am Zughaken entwickeln. (Martial)

Bild 61 Die 2'D 2'-Schmalspurlokomotive, nach einem Entwurf Chapelons von GELSA für Brasilien gebaut, verläßt das Werk Nantes der Société des Batignolles. (Sammlung Chapelon)

Diese Prognose war ausgesprochen exakt, wie man an der weiteren Geschichte des Triebfahrzeugbaus sehen kann. Um nun sowohl den Bau wie auch später den Betrieb möglichst wirtschaftlich unternehmen zu können, waren alle Teile weitgehend vereinheitlicht, die Maschinen waren auf leichte Unterhaltung und Ausbesserung angelegt, wie auch bei Festlegung der Hauptabmessungen und Gewichte als wichtigster Faktor galt, daß optimal ausnutzbare Fahrzeuge entstehen sollten.

In den Jahren vor 1945 hatten besonders die Amerikaner auf diesen Gebieten bemerkenswerte Erfolge erzielt. Aus diesem Grunde hatte Chapelon in seine Konstruktionen all jene dort üblichen Elemente aufgenommen, welche die Bau- und Unterhaltungskosten senkten, die aber andererseits die thermodynamische Überlegenheit und damit die niedrigen Betriebskosten der französischen Loks nicht beeinträchtigen durften, denn schließlich sollten seine Maschinen trotz geringerer Achslasten und trotz des kleineren Profils hohe Leistungen abgeben.

Chapelon stellte deshalb nur einen Grundtyp auf, dessen Varianten für die verschiedenen Einsätze vor Schnellzügen, Personenzügen und Güterzügen ausgebildet werden konnten. Zu

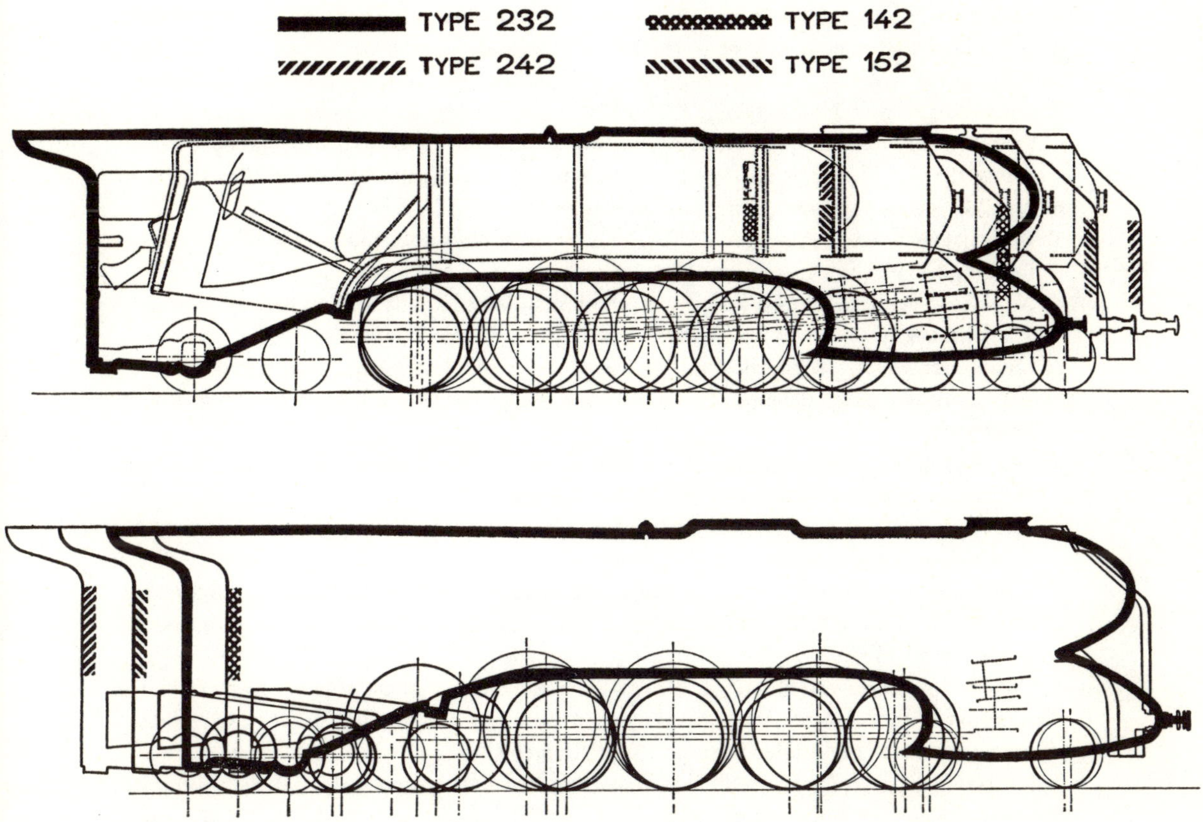

Diese Skizzen lassen erkennen, wie weitgehend die großen projektierten SNCF-Lokomotiven vereinheitlicht waren. Nur die Rahmen, die Räder, die Kuppelstangen, die Rohrwände und die Formgebung wichen voneinander ab.

(Sud-Est)

dieser Familie gehörten vier Modelle: Eine 2'D 2' für den schweren Expreßzugdienst, eine 2'C 2' mit Stromschale für schnelle Hauptstreckenverbindungen, eine 1'D 2'-Gemischtzuglok und eine 1'E 2'-Güterzugmaschine. Alle sollten den gleichen Kessel, höchstens in der Länge abgestuft, den dreifachen Kylchap-Saugzug, die gleiche Zylinderanordnung mit übereinstimmenden Steuerungen, ferner identische Radsätze und Achslager, Drehgestelle und Laufachsen besitzen. Die Grobausrüstung, nämlich etwa Vorwärmer, Luftpumpen, Injektoren, Hebel und Ventile, war genormt. Beim Betreten des Führerstands war für den Betrachter kaum zu erkennen, auf welchem der einzelnen Baumuster er sich gerade befand.

Im Vergleich zu der Typenreihe von 1936 handelte es sich nun nicht mehr um Sechszylinder-Verbundloks, sondern um dreizylindrige Verbundmaschinen. Jüngere Ermittlungen hatten gezeigt, daß auch die Dreizylinderlok bei 22,0 kg/cm² Kesseldruck genügend Leistung je Zylinder erbrachte, ohne daß man Verluste durch zu kleine Niederdruckvolumen befürchten mußte. Daneben zählte als besonderer Vorteil, daß man jetzt bei den vier Varianten die gleichen Steuerungen verwenden konnte.

Es fällt auf, daß im Vergleich zu der früheren Liste der PO-Midi die schwere Vorort-Tenderlok fehlt. Angesichts der möglichen Elektrifizierung vieler Strecken in der Umgebung von Paris sowie der ausgezeichneten Nordbahn-1'D 1' und der gerade für die Ceinture bestellten 1'E 1'-Loks wurden jedoch keine weiteren Tendermaschinen dieser Größe mehr benötigt. Demgegenüber war die 1'D 2'-Gemischtzuglokomotive neu hinzugekommen, so daß der Treibraddurchmesser der Güterlok 1'E 2' auf 1650 mm herabgesetzt werden konnte.

Nach der allgemeinen Entscheidung, Teile und Passungen zu standardisieren, wurden nun im einzelnen die Elemente festgelegt, die sich für wartungsarme Maschinen des täglichen Betriebs als geeignet erwiesen hatten. Dabei ging es um:

a) Rollenlager an den Achsen, um die Schmierung zu vereinfachen und um Heißläufer zu vermeiden, die zu zahlreichen Störungen geführt hatten;
b) Monobloc-Stahlgußrahmen statt der geschraubten Bauweise, die sich im Betrieb leicht verschoben und nur unter hohen Kosten wieder justiert werden konnten;
c) Querverschiebliche Radsätze zum leichteren Lauf durch Weichen und scharfe Kurven statt der bisher üblichen Spurkranzschwächung, die zu vorzeitigem Radreifenverschleiß geführt hatte;
d) Automatische Achslagerstellkeile zur Beschränkung des Längsspiels der Lager in den Führungen, um Erschütterungen der Lok zu bekämpfen;
e) Räder mit vergrößerten Speichen und dickeren Reifen, um die Reibungsverhältnisse und die Lebensdauer zu verbessern.

Neben diesen Maßnahmen sollte die Heraufsetzung der Achslast von 20 t auf 23 t es ganz allgemein erlauben, die besonders beanspruchten Teile zu vergrößern und sie damit widerstandsfähiger zu gestalten.

Alle vier Lokomotiven sollten eine Rostfläche von 6,0 m² erhalten, also weniger als bei den Planungen für die PO-Midi. Ihr Kesseldruck von 22,0 kg/cm² und die Überhitzung von 425° würden ein sehr leistungsfähiges und wirtschaftliches System ergeben. Als erstaunliche Gemeinsamkeit der vier Typen ergab sich weiterhin, daß sich aufgrund der gleichen Zylinder, Steuerungen und Dampfleitungen auch die Zugkräfte bei den verschiedenen Geschwindigkeiten ganz unabhängig von der Radgröße stark ähnelten. Die größere Zugkraft der kleinrädrigen Lok wurde durch ihren größeren Eigenwiderstand teilweise aufgezehrt und umgekehrt. Deshalb wurde als wichtigster Gesichtspunkt bei der Wahl des Raddurchmessers nun berücksichtigt, welche maximale Drehzahl man ihm mit Rücksicht auf die Beanspruchbarkeit und mögliches Zucken noch zumuten konnte. So konnte etwa die 2'D 2'-Lok mit 2100 mm Durchmesser und 23 t Achslast auf einer Steigung von 1:200 noch 700 t mit 120 km/h schleppen; ihre Höchstgeschwindigkeit war mit 140 km/h angenommen. Bei der 2'C 2', die mit Rädern von 2200 mm Durchmesser und Achslasten zwischen 23 t und 25 t gebaut werden sollte, waren auf der gleichen Rampe 650 t bei 140 km/h und als Spitzentempo 200 km/h angenommen. Durch die Aufgabe der Achslast von 29 t in der Perspektive der PO-Midi wurde diese Maschine also wieder eine kleinere Lokomotive. Die 1'D 2', mit 1750-mm-Rädern und 20 t bis 23 t Achsdruck ausgestattet, sollte – wieder auf 1:200 – mit 1200 t am Haken 90 km/h fahren und maximal 110 km/h erreichen. Die Güterzuglok schließlich, deren entsprechende Werte 1650 mm und 20 t lauteten, hatte 2000 t mit 70 km/h über den Anstieg zu bringen. Sie sollte höchstens 110 km/h erzielen.

Die erste 1'E 2'-Maschine war tatsächlich schon bestellt worden, ihre Zylinder wurden in St. Chamond gegossen, als das gesamte Projekt abgebrochen werden mußte. Dieser Vorfall ereignete sich im Jahre 1946, als die SNCF wegen des Mangels an Kohle von der Regierung angewiesen wurde, ihren Bedarf herabzusetzen, um die Anforderungen der Stahlindustrie zur Kokserzeugung zu decken. Demzufolge unterbrach die SNCF alle Lieferungsverträge über neue Dampflokomotiven, obwohl gerade Chapelons schwere Lokomotiven durch ihre Stokerfeuerung in der Lage waren, solche Kohle zu verbrennen, die für die Stahlwerke völlig unbrauchbar war und über die Frankreich immer reichlich verfügte. Gleichzeitig wurden die Pläne zur Elektrifizierung der Hauptstrecken ausgedehnt und beschleunigt. Es liegt nahe anzunehmen, daß diese vorübergehende Kohlenknappheit von einigen Männern in leitenden Positionen nur als Ausrede verwandt wurde, um Chapelons Vorhaben zu verhindern, der Dampftraktion völlig neue Impulse zu vermitteln, und um Zweifeln an der Berechtigung der Hauptstreckenelektrifizierung und besonders an der Verdieselung von weniger wichtigen Linien zu begegnen. Diese Einstellung der Arbeiten kam die SNCF teuer zu stehen, denn sie hatte an jene Firmen, die bereits mit der Herstellung der 2'C 2'-Fourgon-Lok und der 1'E 2' begonnen hatten, hohe Abstandszahlungen zu leisten.

Diese Entscheidung war ein schwerer Schlag für André Chapelon, der zum gleichen Augenblick, als seine große Lok 242 A 1 ihr triumphierendes Debüt auf Frankreichs Gleisen gab, das Ende seines alten Traumes erkennen mußte, jemals eine Flotte solcher Dampflokomotiven bauen zu können, die es in Leistung und Wirtschaftlichkeit mit jeder anderen Traktionsart hätten aufnehmen können.

Kapitel 12: Elektro- und Dieseltraktion

Die Elektrifizierung der Hauptstrecken bei den französischen Eisenbahnen wurde erst in der Zeit nach dem Ersten Weltkrieg aufgenommen.

Zwar waren schon einige Strecken früher auf elektrischen Betrieb umgestellt worden, sie hatten jedoch nur geringe Länge. 1899 war die zum größten Teil unterirdisch angelegte, 4 km lange Verbindungsstrecke der PO zwischen den Bahnhöfen Austerlitz und Orsay in Paris mit einer 650-Volt-Stromschiene ausgerüstet worden. Im Jahre 1904 wurde diese dritte Schiene bis Juvisy, 1921 bis Brétigny verlängert. Um 1910 zog die PO die Elektrifizierung ihrer Strecke zwischen Paris und Orléans in Betracht, die mit dichtem, schwerem Verkehr belegt war. Da aber unsicher war, ob sich die Maßnahme auch rentieren würde, ließ man den Plan wieder fallen.

Auf Anregung der französischen Regierung hatte die Midi-Eisenbahn einige Strecken in der Pyrenäen-Region elektrifiziert: In den Jahren 1907 und 1908 erhielt die Gesellschaft eine Anzahl von Konzessionen für Strecken in oder durch die Pyrenäen mit der Auflage, diese Routen elektrisch zu betreiben. Unter der Anweisung, sie mit Stromschiene auszurüsten, hatte man eine Meterspurlinie von Villefranche Vernet les Bains nach Bourg Madame errichtet. Sie wurde 1911 eröffnet, die Betriebsspannung betrug 850 Volt. 1928 kam eine Verlängerung nach Tour de Carel hinzu.

Um das beste System der Elektrifizierung sowie geeignete Bahnstromanlagen und Lokomotiven zu ermitteln, baute die Midi 1910 eine Versuchsstrecke, die mit Einphasen-Wechselstrom von 12000 Volt und 16¹/₂ Hertz versorgt wurde. Die Ergebnisse stellten zufrieden, das System wurde angenommen, und bis 1914 war die 20 km lange Strecke von Lourdes nach Pierrefitte nach diesem Muster elektrifiziert. Zu Anfang des Krieges wurden in dieser Gegend noch weitere Linien damit ausgestattet, die jedoch mangels elektrischer Triebfahrzeuge noch teilweise mit Dampflokomotiven befahren werden mußten. Die weitere Umstellung auf die elektrische Traktion kam durch den Kriegsbeginn zum Stillstand.

Während des Krieges trat dann ein neuer Umstand in den Vordergrund, der schließlich die Elektrifizierung der französischen Bahnen sogar beschleunigte. Die Kohlengruben im Norden waren teilweise schwer beschädigt, teilweise in der Hand des Feindes. Wegen der deutschen Unterseeboote im Kanal war der Import von Kohle aus Großbritannien und anderen Ländern nur beschränkt möglich. Die Zechen im Süden und im Zentralmassiv schließlich konnten die Nachfrage kaum abfangen, da sich nur ein kleiner Teil ihrer Kohle für den Eisenbahnbetrieb eignete. Um diese Schwierigkeiten in der Zukunft zu umgehen, verabschiedete die Regierung noch während des Krieges ein umfangreiches Programm zur teilweisen Elektrifizierung der PO-, Midi- und PLM-Eisenbahnen. Da in deren Gebieten reichliche Reserven an Wasserenergie bestanden, konnte man den Kohlenbedarf der Gesellschaften erheblich vermindern. Im Bereich der Etat sowie der Nord- und Ostbahnen waren die Aussichten auf Wasserkraftwerke weniger günstig, doch standen hier vor allem strategische Bedenken einer Traktionsumstellung im Wege, da man die Unterbrechung der Leitungen zu Kriegszeiten befürchtete. Die drei anderen Gesellschaften hingegen handelten sofort und entsandten noch 1917 eine Kommission in die Vereinigten Staaten.

Wir vergessen leicht, wie jung der Gedanke der Hauptstreckenelektrifizierung noch ist. Erst gegen Ende des Ersten Weltkrieges waren die Eisenbahnen in der Schweiz nach mehr als zehnjähriger Arbeit zu einem großen Teil umgestellt. Zwar waren elektrische Lokomotiven schon viel früher durch den Simplontunnel gefahren, nämlich ab 1906, und die Lötschbergbahn war vom Augenblick ihrer Eröffnung im Jahre 1910 an mit Einphasen-Wechselstrom betrieben worden, doch das erste weiträumige Elektrifizierungsvorhaben der Welt wurde in Amerika in die Tat umgesetzt. 1916 hatte die Chicago, Milwaukee, St. Paul & Pacific Railroad ein Netz von 1000 km Strecke mit Gleichstrom von 3000 Volt Spannung fertiggestellt. Sie betrieb 1'Bo'Do'+Do'Bo'1'-Schnellzugloks mit 3180/4020 PS sowie Güterzugmaschinen der Achsfolge 2'Bo'Bo' + Bo'Bo'2' mit 3000/3440 PS und war deshalb das bevorzugte Ziel der Beobachter. Besonders attraktiv wurde sie außerdem durch die ungewöhnliche Schwierigkeit der Trassierung, welche durch die Rocky Mountains und das Bitter Root Gebirge führte, und durch die unbarmherzigen Wetterbedingungen im Winter. Die Schnellzugmaschinen waren für die Beförderung von 1000-t-Zügen entworfen, die sie auf Steigungen von 1:50 mit 40 km/h schleppen sollten. Ihre Größe und ihr imponierender Anblick hinterließen einen tiefen Eindruck.

Als Ergebnis ihrer Besichtigungen bildete sich die französische Kommission die Meinung, für ihre Gesellschaften in der Heimat sei das vorgefundene System mit der Gleichstrom-Oberleitung genau das Richtige; nur die Spannung wollte man auf 1500 V herabsetzen. Der Bericht wurde von der Regierung angenommen, die nun vorbereitende Studien anstellen ließ und bald darauf ein großes Elektrifizierungsprogramm proklamierte. Insgesamt 8500 km in den Netzen der PO, Midi und PLM sollten überspannt und mit Strom aus den Kraftwerken in den Alpen, dem Zentralmassiv und den Pyrenäen beliefert werden. Bei der PO-Bahn war beabsichtigt, zunächst die steigungsreiche Route von Chateauroux bis zum Anschluß an die Midi in Montauban und später alle östlich davon abzweigenden, in das Zentralmassiv eindringenden Strecken umzurüsten. Als man das Vorhaben aber in allen Einzelheiten durchging, stellte man fest, daß sich die steilen Abschnitte wohl technisch besonders für den elektrischen Betrieb anboten, wirtschaftlich aber wegen des recht leichten Verkehrs keine besondere Ausbeute gestatteten. Nur bei schwerem Hauptstreckenverkehr würde sich das eingesetzte Kapital rasch amortisieren.

1923 wurde von der Paris-Orléans-Bahn der Plan zur Elektrifizierung der 205 km langen Strecke zwischen Paris und Vierzon abgeschlossen. Die Ausführung dauerte drei Jahre, doch auch nach der offiziellen Eröffnung am 22. Dezember 1926 wurden bis zum Sommer 1927 noch manche Züge von Dampfloks befördert. Als Chapelon bei der PO eintrat, war die Verwaltung gerade mit der Traktionsumstellung beschäftigt. Dieses Vorhaben und die beabsichtigte Erweiterung des elektrifizierten Bereichs hinderten die Gesellschaft daran, neue Dampflokomotiven zu beschaffen.

Als der Abschnitt Paris–Vierzon eröffnet wurde, verfügte die PO über 200 elektrische B'B'-Mehrzwecklokomotiven für 90 km/h Höchstgeschwindigkeit, ferner über fünf Prototypen von Schnellzugmaschinen, die aus Ungarn, der Schweiz und aus Nordamerika geliefert worden waren. Dieser Bestand war zur Bewältigung des Dienstes vor den Express-Zügen viel zu klein, so daß in der Ferienzeit und zu Feiertagen noch Dampflokomotiven zum Einsatz kamen. Die beiden ungarischen Schnellzugloks besaßen die Achsanordnung 2'D 2' und waren in Budapest bei Ganz & Co entstanden. Sie waren im Betrieb eine große Enttäuschung und hielten den traurigen Rekord, alle hundert Kilometer wegen Fehlern im elektrischen wie im mechanischen Teil auszufallen. Andererseits handelte es sich um kräftige Fahrzeuge, die gut liefen. Von der amerikanischen General Electric, bei der die gesamte Ausrüstung für die Chicago, Milwaukee, St. Paul & Pacific Railroad hergestellt worden war, besaß die PO eine 2'C+C 2'-Maschine, die aus zwei kurzgekuppelten Halblokomotiven bestand. Sie war sehr unzuverlässig und mußte 1929 umgebaut werden. Die Schweizer Firmen Brown Boveri und Winterthur hatten gemeinsam zwei Loks der Achsfolge 2'Do 2' geliefert, die sich am besten bewährten und die anderen Prototypen bei weitem überragten.

Unter den B'B'-Mehrzwecklokomotiven bestanden vier verschiedene Bauarten, die aber über gemeinsame Merkmale verfügten. In der Ebene zogen sie Personenzüge von 650 t mit 65 km/h und 1100-t-Güterzüge noch mit 40 km/h. Bei Doppeltraktion wurden sie noch mit einem Zug von 80 Waggons, also 2000 t, fertig. Die Maschinen waren nicht schlecht, dennoch für die Schnellzüge zu langsam und für den Güterzugdienst zu schwach. Die PO-Gesellschaft hatte demnach schon ziemlich viel Strecke elektrifiziert, ohne eigentlich angemessene Lokomotiven zur Beförderung ihrer Züge zu besitzen.

In den Jahren 1933 bis 1936 schaffte die PO weitere 35 Schnellzugloks an. Sie sollten sowohl zur Bespannung dieser Dienste wie auch zum Einsatz auf den inzwischen umgestellten Abschnitten zwischen Vierzon und Brive sowie zwischen Orléans und Tours dienen. Diese neuen Elloks gehörten zum gleichen Typ wie die erfolgreichen Muster von Brown Boveri und Winterthur; sie entstanden bei einer Firmengruppe unter Beteiligung von Fives-Lille, Electro-Mécanique und Brown Boveri. Ihre Bezeichnung lautete E.500. Durch die Dauerleistung von 3200 PS und die Stundenleistung von 3700 PS galten sie als starke Maschinen, dennoch lag ihre Hakenzugkraft unter jener von Chapelons 2'D-Maschinen. Tatsächlich waren sie vor schweren Zügen schwächer, als die Bahnverwaltung es sich wünschte, denn sie besaßen keine Reserven, wenn die Spannung im Fahrdraht aus mancherlei Gründen sank. Zwischen Vierzon und Brive fiel sie mitunter auf nur 1000 V statt der 1500 V, für die die Loks ausgelegt waren. Hinzu kam, daß die Treibachsen nicht miteinander gekuppelt waren, so daß die Maschinen auf verschmutzten Gleisen zum Schleudern neigten. Die Gesellschaft bestellte deshalb vier Vorauslokomotiven eines neuen 2'Do 2'-Musters mit 400 PS Mehrleistung und Schleuderschutzeinrichtung. Die Betriebsnummern E.701 und E.702 baute die Gruppe Oerlikon-Batignolles, E.703 kam von Alsthom und E.704 von Schneider. Die einzelnen Lieferungen unterschieden sich in den Details voneinander. Sie stellten insofern zufrieden, als sie zuverlässig waren und weniger schleuderten als die Reihe E.500. Bei hohen Geschwindigkeiten war ihre Zugkraft allerdings auch kaum größer, der Wirkungsgrad aber etwas geringer als bei den älteren Maschinen. Bei den Personalen waren sie deshalb weniger beliebt, weil sie ziemlich hart gefedert waren und im Laufverhalten hinter dem Typ E.500 zurückstanden. Im Bogen lief die erste Treibachse so scharf an, daß eine Geschwindigkeitsbegrenzung auf 100 km/h und die Suche nach Abhilfe nötig wurden. Die gleichen Schwierigkeiten traten dann auch bei der ganzen Serie auf, die als E.705 bis E.720 und als 5302 bis 5306 eingereiht wurden. Die letzten fünf Maschinen wurden erst Anfang der vierziger Jahre beschafft; drei davon sollen nach Deutschland transportiert worden sein, wo sie jedoch später aufgefunden und zurückgeholt wurden.

Die Midi verfügte über zehn 2'C 2'-Schnellzugloks von 1850 PS in der Baureihe 3101. Die ersten beiden Lokomotiven dieses Typs wurden 1923 in Dienst gestellt, der Rest folgte 1927 und 1928. Auch sie waren – innerhalb der durch ihre Leistung gesetzten Grenzen – ein guter Wurf, hatten nur kleinere Mängel, waren aber einfach zu schwach. 1932 folgten ihnen 24 Stück 2'Do 2'-Lokomotiven der 3900-PS-Baureihe 4800. Diese waren nun mit der für ihre Aufgaben notwendigen Leistung ausgestattet, galten auch als zuverlässig, besaßen jedoch gleichfalls den harten Lauf wie die ähnlichen PO-Loks, so daß auch hier eine Begrenzung auf 100 km/h erforderlich war.

Vor Personen- und Güterzügen ließ die Midi B'B'-Maschinen laufen, deren allgemeiner Aufbau an das Modell der PO erinnerte. Sie waren jedoch in zwei Leistungsgruppen zu jeweils zwei Baureihen eingeteilt: Man unterscheidet den Mehrzwecktyp 4500 vom Güterzugtyp 4000, jeweils mit 1050 PS, sowie die Modelle 4600 für Personenzüge und 4100/4200 für Güterzüge, jeweils mit 1580 PS.

Die beste Schnellzug-Elektrolokomotive der vereinigten PO-Midi war zweifellos die Reihe E.500 der alten Gesellschaft. Aufgrund ihres anstandslosen Betriebs wurde sie als Grundlage für die Entwürfe ausgewählt, nach denen die neuen Maschinen für die Elektrifizierung der Strecke Paris–Lyon beschafft werden sollten. Von diesem Projekt wissen wir bereits, daß es in aller Eile überarbeitet und in der Leistung verstärkt wurde, nachdem die Dampflok 242 A 1 ihre überwältigenden Probefahrten unternommen hatte.

Bei der Diskussion über die elektrische Traktion im allgemeinen bezog Chapelon den Standpunkt, daß für Frankreich, das nur etwa zwei Drittel der dort verbrauchten Brennstoffe selbst erzeugte, die Verwendung der „weißen Kohle" besonders wichtig sei. Er stellte jedoch fest, daß von dem Jahresverbrauch in Höhe von 36 Millionen Tonnen Kohle die Hälfte auf die Privathaushalte und verschiedene Industriezweige entfiel, und war der Meinung, hier sei der Ersatz der Kohle durch Elektrizität von größerem Nutzen. Damit ginge nicht nur der Verbrauch zurück, sondern auch der Gewinn an Komfort und Hygiene sei beträchtlich. Im Vergleich hierzu nahmen die 11 Millionen Tonnen Kohle, die von der Eisenbahn 1945 benötigt wurden, nur einen zweitrangigen Platz ein. Von der importierten Kohle erhielt die Bahn nur ein Siebtel, nämlich 3,5 Millionen Tonnen. Die Einfuhren bestanden zum größten Teil aus Anthrazit für den Hausbrand, der weiterhin im Ausland bezogen werden mußte, ob die Bahnstrecken nun elektrifiziert waren oder nicht. Außerdem wurden die 3,5 Millionen Tonnen Importkohle der Eisenbahn vorwiegend zur Verbesserung der Feuerung auf den schweren Schnellzuglokomotiven herangezogen, wofür man sie bald nicht mehr benötigen würde, denn die mechanische Rostbeschickung wurde immer häufiger verwendet. Sie verbrauchte aber eine vollkommen andere Kohlensorte, die auch von den französischen Zechen geliefert werden konnte.

Bei Ermittlung der Kohleneinsparungen durch die Elektrifizierung waren die Berechnungen allzu oft auf dem Leistungsvermögen von relativ alten Dampflokomotiven aufgebaut, statt von Werten auszugehen, die mit modernem Material erzielt werden konnten. So wurde etwa angenommen, der Verbrauch einer Kilowattstunde auf der Ellok entspräche etwa 2 bis 3 Kilogramm Kohlenverbrauch auf der Dampflok, die durchschnittlich nur 8000 km im Schnellzugdienst und 4000 km im Güterzugdienst monatlich zurücklegen könne. 1946 konnte man aber mit neuzeitlichen Dampflokomotiven nachweisen, daß 1 kWh nur 1 kg Kohle auf dem Tender der Dampflok entsprach und daß die monatlichen Laufleistungen im Durchschnitt 20000 km vor Schnell- und 10000 km vor Güterzügen betrugen.

Die Dieseltraktion auf Hauptstrecken ist noch wesentlich jünger als der elektrische Betrieb. Erst zu Anfang der dreißiger Jahre waren Diesel-Rangierloks in größerer Stückzahl eingeführt worden. In Deutschland und in den Vereinigten Staaten fuhren Dieseltriebwagen – oft mit Beiwagen oder in Doppeltraktion – im Schnellverkehr. Der erste erfolgreiche Lauf einer Hauptstrecken-Diesellokomotive war jedoch erst 1935 in Amerika gelungen, als die Electro-Motive Division von General Motors zwei Maschinen lieferte, die zusammen 3600 PS abgaben. Der Hersteller hielt diesen Wert für angemessen, um mit der Zylinderleistung der meisten großen amerikanischen Schnellzugloks gleichzuziehen. Seine Behauptung wurde jedoch in dem Augenblick zweifelhaft, in dem man eine neuzeitliche Dampflok zum Vergleich heranzog. Im ersten Enthusiasmus, als diese Dieselmaschinen ihre Bewährungsprobe auf einer Langstreckenfahrt bestanden hatten, errechnete Electro-Motive voller Stolz, sie könnten einen schweren Zug für 40 bis 60 Prozent der Kosten des Dampfbetriebs befördern. Eine 2'D-Lok von Chapelon konnte das auch, auf lange Sicht – Kapitalkosten und Abschreibung einbezogen – sogar noch billiger. Eine Überlegenheit des Diesels, die wohl auch den Leistungsvergleich beeinflußt hatte, bestand vornehmlich in der hohen Anfahrzugkraft der Maschine. Erst mit steigender Geschwindigkeit fiel die Zugkraft unter die Werte einer Dampflok mit gleicher Leistung zurück.

In der Folge dieser Langstreckenfahrt wurden bei Electro-Motive zahlreiche Diesellokomotiven zur Bespannung von Langstrecken-Schnellzügen in den USA gekauft, doch erst 1939 kam sie mit einer Güterzuglok auf den Markt, die für Amerikas Züge stark genug war. Die Firma stellte eine lange, aus vier Einheiten bestehende Maschine vor, die 5400 PS entwickelte – weniger als Chapelons geplante 1'E 2'. Dennoch begann die Diesellok rasch, die Schienen aller nichtelektrifizierten Bahnen der Welt zu erobern. Das Verkaufsgeschick ihrer Verfechter sicherte ihr eine Verbreitung, die noch manchen Eisenbahnhistoriker in der Zukunft in Erstaunen versetzen wird.

In seiner Ansprache von 1945 hatte Chapelon betont, daß dieses neue Traktionsmittel ausschließlich von importierten Brennstoffen abhängig sei; Brennstoffe zudem, die bereits als rar galten und die aufgrund des großen und weiter wachsenden Verbrauchs immer seltener werden mußten. Ein technischer Vergleich zwischen Dampf- und Dieselloks ergab, wie bereits beschrieben, daß die unbestreitbar hohe Anfahrzugkraft der letzteren bei größerem Tempo bald nachließ. Ralph P. Johnston, Chefingenieur der Baldwin Locomotive Works, wo Maschinen beider Traktionsarten gebaut wurden, verglich in seinem Buch „The Steam Locomotive" die Fähigkeiten einer Dampf- und einer Diesellok von jeweils 3600 PSe miteinander. Mit 640 t Anhängelast brauchte die Dampflok 4,9 Minuten und 5,8 km, um 130 km/h zu erreichen, während die Dieselmaschine erst nach 5,5 Minuten und 7,5 km Strecke das gleiche Tempo erreicht hatte. Diese gab ihre größte Zughakenleistung mit 3400 PSe noch unter 35 km/h ab, während die Dampflok den Höchstwert von 3800 PSe bei 80 km/h lieferte. Chapelon zitierte auch einen Aufsatz aus der Zeitschrift „Railway Age", in dem die 2'BB 2'-Lok der Pennsylvania Railroad einer dreiteiligen dieselelektrischen Lokomotive von 5400 PS gegenübergestellt wurde. Die große Lok der Pennsy geht zurück auf einen Vorschlag, den Baldwin 1932 der Baltimore & Ohio Railroad über einen Typ gemacht hatte, der in einem Steifrahmen hintereinander zwei Gruppen von Kuppelachsen mit jeweils eigenen Außenzylindern aufweisen sollte. 1935 machte Baldwin den gleichen Entwurf der Florida East Coast, 1936 der New York–New Haven, doch alle lehnten das Projekt wegen des zu großen festen Radstandes ab. George H. Emerson, Chefingenieur der Baltimore & Ohio, überwand die Schwierigkeiten schließlich, indem er die Zylinder der zweiten Gruppe hinten unter der Feuerbüchse anbrachte. Diese Lösung brachte jedoch andere Probleme mit sich, die erst durch Verwendung von Monoblocrahmen bewältigt werden konnten. Die Maschine wurde als 2'BB 2' von den Werkstätten der Baltimore & Ohio gebaut, am 3. Juni 1937 in Dienst gestellt und in gebührender Weise „George H. Emerson" genannt. Am 31. Oktober 1938 fuhr Chapelon selbst auf dem Führerstand dieser Lokomotive zwischen Washington und Baltimore, wobei vor 9 Waggons (810 t) eine Geschwindigkeit von 132,8 km/h erreicht wurde. Trotz des guten Eindrucks bei allen Versuchsfahrten kam es nicht zu weiteren Beschaffungen.

Im Jahre 1937 nahm die Pennsylvania die gleiche Idee auf, als sie nach dem besten Weg zum Bau sehr starker Triebfahrzeuge suchte. Sie entschied sich für die Achsfolge 3'BB 3' und setzte die Zylinder jeweils vor die Kuppelachsen. Die Lokomotive, als Nr. 6001 der Baureihe S 1 während der Jahre 1938 und 1939 in Juanita erbaut, wurde auf der New Yorker Weltausstellung von 1939/40 gezeigt. Sie war für die Beförderung von 1080 t mit 160 km/h ausgelegt, man rechnete mit 4500 PSe am Zughaken und 6000 PSi in den Zylindern. Bei Meßfahrten zog diese Maschine einen Schnellzug von 1342 t mit 162 km/h, dann durchmaß sie eine Strecke von 225 km mit durchschnittlich 96,5 km/h vor einem 3175-t-Zug aus 65 Güterwagen.

In der Betriebspraxis stellten sich die Kessel- und Zylinderabmessungen als zu groß heraus, besonders im Verhältnis zum Reibungsgewicht von 127,8 t, das sich tatsächlich schlechter ausnutzen ließ als in einer Lok mit vier normalen Kuppelachsen, da jede der beiden Gruppen für sich allein schleudern konnte. Daneben schränkten das Gesamtgewicht von 482 t sowie die Achslast von 32 t die Einsatzmöglichkeiten stark ein, so daß das Muster letzten Endes abgestellt wurde.

Dennoch führte der Bau dieser 3'BB 3'-Lok zur Entstehung von 52 Stück 2'BB 2'-Dampflokomotiven, von denen Baldwin 27 Einheiten in den Jahren 1941 und 1946 lieferte, weitere 25 Maschinen kamen 1946 aus eigenen Werkstätten der Gesellschaft. Diese Lokomotiven des Typs T 1 waren von der gleichen allgemeinen Anordnung wie der Vorläufer, waren aber in allen Teilen leichter ausgeführt und konstruktiv verbessert. Die Rostfläche war von 12,3 m^2 auf 8,5 m^2 verkleinert, der Treibraddurchmesser von 2133 mm auf 2032 mm vermindert, und statt der Kolbenschieber hatte man Franklin-Ventilsteuerungen mit hin- und hergehenden Nocken eingebaut. Wie bei der Pennsylvania üblich, besaß die neue Lok wieder den Belpaire-Kessel und eine Verbrennungskammer. Zunächst erprobte man einen Doppelkamin, später zwei Schlote von größerem Durchmesser, schließlich einen ovalen Schornstein in den Maßen der ersten Ausführung. Zwischen den einzelnen Modellen wurden keine wesentlichen Unterschiede festgestellt, so daß die letztgenannte Konstruktion als die einfachste Bauart beibehalten wurde.

Nach 200000 km Laufleistung im Betrieb kam die Maschine Nr. 6110 auf den Prüfstand von Altoona. Dort entwickelte sie bei 160 km/h in den Zylindern 6755 PSi und 5930 PS am Radreifen. Bei Vergleichsmessungen mit einer dreiteiligen dieselelektrischen Lok von 5400 PS erbrachte die 2'BB 2' bei 128,7 km/h eine Zugkraft von 13600 kg, die Diesellok hingegen 8980 kg, jeweils entsprechend 6500 PSe und 4350 PSe. Während dieser Fahrten schleppte die Dampflok in der Nähe von Fort Wayne einen 16-Wagen-Zug von 880 t mit einer Reisegeschwindigkeit von 164,9 km/h über eine Distanz von 11,2 km. Später kamen diese Maschinen vor schweren Schnellzügen auf der Strecke zwischen Fort Wayne und Chicago zum Einsatz. Sie besaß eine durchschnittliche Steigung von 1:3330 und wurde planmäßig mit 165 km/h befahren.

Was die Unterhaltungskosten anlangte, hielt Ralph P. Johnston die Frage immer noch für unentschieden. Sie sollten bei den beiden Lokomotivarten etwa gleich hoch liegen, doch wenn man alle Aufwendungen zusammenzog, die zur Beförderung von 450-t-Zügen mit 160 km/h nötig waren, würden bei 965 km Tagesleistung die Kosten pro Kilometer 1,21 Dollar bei Dampftraktion und 1,55 Dollar bei Dieselzugförderung betragen.

1946 wurden auch bei der New York Central Railroad vergleichende Meßfahrten zwischen Dampf und Diesel unternommen, deren Resultate Paul W. Kiefer in seinem 1947 erschienenen Buch „A Practical Evaluation of Railroad Locomotive Power“ veröffentlichte. Nach seinen Darlegungen erreichten die Dampfloks die Diesellok-Werte für betriebliche Verfügbarkeit und monatliche Laufleistung zu 90 Prozent. Man war also, wie Chapelon immer wieder betonte, weit von dem oft genannten Verhältnis entfernt, daß eine Dieselmaschine drei bis vier Dampflokomotiven ersetzen könne, denn diese Zahlen bezogen sich auf modernste Dieselloks und Dampflokomotiven ältester Herkunft. Die nun festgestellten Betriebskosten bestätigten die von Johnston ermittelten Angaben: Bei gleichem Einsatz betrugen die jährlichen Ausgaben pro Meile für eine 2'D 2' von 6000 PS etwa 1,22 $, für eine zweiteilige 4000-PS-Diesellok, 1,11 $, für die dreiteilige 6000-PS-Garnitur 1,48 $ und schließlich 1,15 $ für eine Elektrolok von 5000 PS Dauerleistung. In dem letzten Wert sind allerdings die Kosten für die Instandhaltung der Oberleitung und der Unterwerke nicht berücksichtigt.

Die Dampflokomotiven, die man zu diesen Vergleichen herangezogen hatte, gehörten zur 2'D 2'-Baureihe „Niagara“, die erst 1945 neu herausgekommen war. Sie waren gemeinsam von Ingenieuren der New York Central und der American Locomotive Company konstruiert und dann in deren Werk gebaut worden. Mit 9,47 m^2 Rostfläche leisteten sie bei 99,7 km/h am Haken über längere Dauer 5050 PSe. So ausgezeichnet das Leistungsvermögen dieser Zweizylinderloks mit einfacher Dampfdehnung auch war, Chapelon mußte dazu anmerken, daß die Dreizylinder-Verbundlok 242 A 1 der SNCF mit 5,0 m² Rostfläche, Hochüberhitzung, Dampfleitungen von weitem Querschnitt und Dreifach-Kylchap-Saugzuganlage bei der gleichen Geschwindigkeit dauernd immerhin 4000 PSe abgab. Die Leistung je Quadratmeter Rostfläche lag also für die 242 A 1 um 50 Prozent über der „Niagara". Wären nun die grundsätzlichen Konstruktionsmerkmale der französischen Lok bei der „Niagara" angewandt worden, dann wäre sie gewiß zu 7500 PSe Dauerleistung in der Lage gewesen, so daß man fünf 2000-PS-Diesel hätte auffahren müssen, um ihr gleichzukommen.

Wenn man ähnliche Versuche in Frankreich ausgeführt hätte, wäre der Kostenunterschied noch stärker zugunsten der Dampflokomotive ausgefallen, denn Einkauf und Unterhaltung des Diesels waren dort noch teurer. Selbst in den USA stellte sich heraus, daß der Vorsprung der Dampflok hier viel zu niedrig angesetzt war, denn die langfristigen Erfahrungen der Pennsylvania zeigten, daß die Ausbesserungskosten bei den Dieselmaschinen doppelt so schnell anwuchsen und das wirtschaftliche Leben dieser Triebfahrzeuge erheblich abkürzten.

Daß der Erfolg der Dieseltraktion nicht allein von den Vorzügen der Lokomotive selbst abhing, war eine kostspielige Erfahrung, die viele Bahnverwaltungen auf der ganzen Erde nach und nach machten. Vielmehr gehörten auch gute Betriebs- und Unterhaltungswerkstätten sowie gründlich ausgebildetes Personal auf allen Ebenen dazu. Wo es an diesen Voraussetzungen fehlte, waren bis zu 40 Prozent aller vorhandenen Dieselmaschinen außer Betrieb, weil Ersatzteile fehlten oder größere Reparaturen anstanden. Ein ordentlicher Dienst mit so komplizierten Fahrzeugen wie der Diesellok ist undenkbar ohne eine perfekte Instandhaltung, die nur von spezialisierten Technikern in großen, gut ausgestatteten Werkstätten mit hohen Qualitätsansprüchen bewältigt werden kann. Chapelon erklärte immer wieder, daß diese Gedanken zur einfachen Dampflokomotive führen müßten, die nur von regelmäßigen Untersuchungen ihres allgemeinen Zustands, der peinlich genauen Durchführung ihrer relativ einfachen Betriebspflege und Reparaturen sowie von der Ausbildung der Fahrpersonale abhängig sei.

Schließlich beschäftigte Chapelon noch das häufig geäußerte Argument, die Dampflok sei durch ihren geringen Gesamtwirkungsgrad den anderen Traktionsarten unterlegen, und erwähnte die allgemein genannten Werte von 6 Prozent für die Dampflokomotive, 22 Prozent für den Diesel und 17 Prozent für die Ellok. Nach seiner Meinung wurden diese Unterschiede zumeist durch die unterschiedlichen Preise für die einzelnen Energieträger völlig unwichtig, denn diese verhielten sich zu den Wirkungsgraden umgekehrt proportional, so daß im Endeffekt die Kosten pro PSeh bei allen drei Systemen etwa gleich sind. Im Lichte dieser Schätzungen scheint es, daß in allen Fällen, wo nicht ganz besondere Umstände eine andere Traktionsart begünstigen, mit der Aufgabe des Dampfbetriebes eine Menge Geld verschwendet wurde. Kaum eine, vielleicht gar keine Bahnverwaltung kann heute, im Zeitalter der Diesellokomotive, von sich sagen, ihre Lage sei besser als in den Tagen der Dampftraktion.

Kapitel 13: Brasilien und Argentinien

Im Jahre 1948 besuchte André Chapelon auf Einladung von O. V. S. Bulleid die Werkstätten der alten Southern Railways in dem südenglischen Seebad Brighton, wo gerade dessen ausgefallene symmetrische Tenderlok der „Leader"-Klasse im Bau war. Diese Maschine mit der Achsanordnung C'C' lief auf zwei dreiachsigen Drehgestellen, und zwei getrennte Gruppen von drei Zylindern mit einstufiger Dampfdehnung wirkten jeweils auf die mittlere Achse. Die Dampfverteilung wurde von einer Manschette besorgt, die jeden Zylinder umgab und je eine Reihe von Einlaß- und Auslaßöffnungen besaß. Auf besonderen Führungen wurde sie auf und ab bewegt. Die Verbindung und Steuerung innerhalb jeder Zylindergruppe war in einem Gehäuse zusammengefaßt, worin durch Ölbad und Ölnebel alle Teile geschmiert wurden. Die Steuerung wurde – wie bei Bulleids „Pazifiks" – von Ketten angetrieben, und Ketten verbanden auch die drei Achsen in jedem Drehgestell miteinander. An jedem Ende der Lokomotive war ein Führerstand mit allen Bedienungseinrichtungen und Instrumenten angebracht; in einer mittleren Kabine arbeitete der Heizer.

Chapelon bewunderte die Details der Konstruktion, besonders den Antrieb und die weiten Dampfleitungen. Er war aber der Meinung, daß hier auf einer einzigen Maschine zu viele neue Erfindungen untergebracht worden waren. Dennoch bedauerte er es sehr, daß nicht mehr Zeit zur Überwindung der Kinderkrankheiten zur Verfügung stand, um die Lokomotive doch noch in einen betriebsfähigen Zustand zu bringen. R. A. Riddles, Maschinenchef der neugegründeten British Railways, hatte aber schon entschieden, daß die unbestimmten Zukunftsaussichten der verwickelten Maschine weitere Ausgaben nicht rechtfertigten.

1950 stimmte die SNCF einer Anfrage der Groupement d'Exportation de Locomotives en Sud-Amérique (GELSA) zu, wonach Chapelon zum Leiter des Entwurfsbüros zu einem Auftrag von 90 Lokomotiven für Brasilien bestellt wurde. 24 Maschinen sollten der Bauart 2'D 2' angehören, weitere 66 mit Achsfolge 1'D 2' gebaut werden.

Damals umfaßten die brasilianischen Eisenbahnen ungefähr 22300 km Strecke, davon etwa 19400 km in Meterspur, der Rest in den Spurweiten 1600 mm und 600 mm. Der Betrieb war auf zahlreiche Gesellschaften verteilt, von denen etwa zwölf Netze um 1500 km besaßen. Diese arbeiteten unter der Aufsicht des Departmento Nacional des Estrados de Ferre (DNEF). Vom ganzen Umfang dieser Bahnen waren nur 930 km elektrifiziert, obwohl Brasilien über beträchtliche Reserven an Wasserkraft verfügte. Praktisch der gesamte Verkehr wurde von Dampfzügen bedient, obwohl den Eisenbahnen nur Kohle minderer Qualität zur Verfügung stand.

Am 27. Oktober 1949 stimmte das DNEF einem Vertrag mit dem GELSA zu, der die Lieferung von 90 neuen Dampflokomotiven betraf. Die Vereinbarung wurde am 28. November 1949 unterschrieben. Der Bau sollte bei den folgenden vier Unternehmen erfolgen:

Batignolles-Châtillon;

Société Française de Construction Mécaniques;

Société des Forges et Ateliers de Creusot;

Compagnie de Fives-Lille.

Diese Lokomotiven, deren erste 18 Monate, die letzte 28 Monate nach Vertragsabschluß fertiggestellt sein sollte, mußten zwei verschiedenen Betriebsprogrammen entsprechen. Ein Modell mit 13 t Achslast hatte 13 t Zugkraft (bei 0,85 p_K), die andere Ausführung mit 10 t Achslast hingegen 10 t Zugkraft zu erbringen.

Aufgrund dieser Anforderungen wurde mit dem DNEF vereinbart, die Lokomotiven als Zweizylindermaschinen von einstufiger Dehnung auszuführen, und zwar als 2'D 2' mit 1525-mm-Kuppelrädern und als 1'D 2' mit Rädern von 1270 mm Durchmesser. Bei der Bestimmung der weiteren Einzelheiten waren besonders die Brennstoffe im Einsatzland zu berücksichtigen. Die Kohle hatte dort nur einen geringen Heizwert, besaß aber einen gewissen Anteil an Eisenverbindungen, die zur Schlackebildung beitrugen. Holzfeuerung war bei 25 der kleineren Maschinen vorgesehen. Kurven von 80 m Radius sollten die 2'D 2' mit 80 km/h, die 1'D 2' mit 60 km/h durchfahren. Chapelon legte daraufhin bei der größeren Lok die Rostfläche mit 5,4 m^2 und den Kesseldruck mit 20,0 kg/cm^2 fest und verordnete ihr Doppel-Kylchap und Stoker. Die kleinere Type sollte mit 4,0 m^2 Rostfläche, 15,0 kg/cm^2 Kesseldruck, einfachem Kylchap-Saugzug und Handfeuerung gebaut werden. Wegen der verschieden langen Drehscheiben bei den einzelnen Bahnen mußten verschiedene Tender beigestellt werden. Für die große Lok entstand ein Typ mit 18 t Brennstoff, 16 kleine Lokomotiven erhielten ein Modell mit 12 t Fassungsvermögen, und die restlichen 50 Maschinen wurden mit 7-t-Tendern gekuppelt. Durch die traditionsbedingten Unterschiede bei den alten Gesellschaften mußte ein Teil der Maschinen mit Druckluftbremse, ein Teil mit Luftsaugebremse ausgerüstet werden.

Bei der konstruktiven Bearbeitung dieser Dampflokomotiven versuchte Chapelon, wirtschaftlichen Betrieb mit größter Zuverlässigkeit zu verbinden. Zu diesem Zweck zog er die neuesten Erkenntnisse und Erfahrungen des Lokomotivbaues heran, besonders im Hinblick auf die Verhältnisse und die Ausstattung des Kessels, auf das Triebwerk, den Rahmen und das Laufwerk. Gleichzeitig wollte er die größtmögliche Vereinheitlichung zwischen den neuen Maschinen und den schon vorhandenen brasilianischen Triebfahrzeugen erreichen, um die Unterhaltungsarbeiten und die Ersatzteilversorgung zu erleichtern. Deshalb waren alle Ausrüstungsteile der beiden neuen Baureihen, sogar die Achslager, gleich, und die Raddurchmesser sowie die Achsabmessungen waren beim DNEF bereits eingeführt. Außerdem war es durch den verminderten Kesseldruck in der 1'D 2'-Lok möglich, dort den gleichen Zylinderdurchmesser wie bei der größeren Lokomotive anzuwenden. Kolben, Kolbenringe sowie alle zugehörigen Teile und Abmessungen konnten gleichfalls übernommen werden, ebenso der Schieberdurchmesser, und nur beim Hub kam es wegen der unterschiedlichen Anforderungen an die Dampfverteilung zu Abweichungen.

Die Feuerbüchse wurde in beiden Loks nach Belpaire ausgeführt und enthielt in der 2'D 2' eine Verbrennungskammer. Die Belpaire-Feuerbüchse hatte folgende Vorzüge:

a) sie widerstand dauerhaft allen Spannungen und Verzerrungen, eignete sich also besonders zum Einbau der Nicholson-Thermosyphone;
b) sie besaß eine große Strahlungsheizfläche, erlaubte also schnelle Anfahrten unter völliger Ausnutzung der Kesselkapazität, ohne mit der – im Wasser enthaltenen – Kesselreserve arbeiten zu müssen;
c) sie ermöglichte eine genaue Berechnung aller Stehbolzen, für die nötige Stabilität.

Der Abstand zwischen der Feuerbüchse und dem oberen Stehkesselmantel wurde so bemessen, daß der Wasserstand auch bei starker Beanspruchung nur langsam absank.
Jede Feuerbüchse enthielt zwei Thermosyphone, ausgenommen nur die holzgefeuerten Maschinen, wo sie eine große Behinderung gebildet hätten. Die Rostabmessungen lauteten 3010 × 2000 mm bei der größeren und 2130 × 1700 mm bei der kleineren Ausführung.

Im Januar 1951 wurde das erste Muster jeder Bauart auf dem meterspurigen bretonischen Netz der SNCF vor Bremslokomotiven untersucht, und zwar jeweils mit brasilianischer Kohle von 4800 WE/kg und mit guter französischer Kohle von 7800 WE/kg.

Chapelon erhielt damit die Möglichkeit zum praktischen Beweis seiner Auffassung, daß man mit einer bestimmten Einstellung der Saugzuganlage Kohlen der verschiedensten Heizwerte anstandslos fahren könne, solange nicht Schlacke den Rost blockierte. Die 1'D 2'-Lok durchfuhr eine Strecke auf dem Hinweg mit französischer, auf dem Rückweg mit brasilianischer Kohle, ohne daß bei Wasserstand und Kesseldruck bedeutende Unterschiede aufgetreten wären. Die Maschine war mit Kylchap-Anlage bestückt.

Im Januar 1953 waren sämtliche Lokomotiven abgeliefert. Die 2'D 2'-Maschinen taten auf vier brasilianischen Bahnen Dienst, die 1'D 2'-Loks auf elf. Welches Gemisch von Lokomotiven damals in Brasilien herumfuhr, wird am leichtesten bei der Betrachtung eines bestimmten Betriebsparks deutlich. Betrachten wir die alte Great Western of Brazil Railway, die ehemals von England gepachtet und inzwischen – geographisch etwas verwunderlich – zur Rede Ferroviara do Nordeste geworden war. Ihr Hauptsitz befand sich in Recife. Die wichtigsten Gruppen in ihrem buntschillernden Bestand waren 87 Stück 1'C, aus den Vereinigten Staaten 1891–1895 und aus Großbritannien 1904–1914 eingeführt, ferner 16 Stück 2'C aus den USA (1921) sowie aus England und Deutschland (1927–1929), schließlich 14 Stück 2'D britischer Herkunft aus den Jahren zwischen 1906 und 1929. Das jüngste Fahrzeug stammte von 1929; zum Betrieb auf 1836 km Streckenlänge standen nicht weniger als 149 Maschinen zur Verfügung.

Im Frühjahr 1951 leitete Chapelon eine französische Arbeitsgruppe, die von den einzelnen Lieferwerken zur Einführung der Lokomotiven in den Betrieb nach Brasilien entsandt worden war. Während dieser Reise wurde er zu Vorträgen in Rio de Janeiro, São Paulo und Pôrto Alegre eingeladen, wo er über mögliche Verbesserungen der älteren Maschinen sprechen sollte. Nachdem er zu diesen Verpflichtungen geflogen war, schloß sich eine Sonderzugfahrt hinter einer seiner neuen 1'D 2'-Loks an, die über 500 km auf Strecken der Viacão Ferrea do Rio Grande do Sul zwischen Pôrto Alegre und Santa Maria führte. Besonders beeindruckt war André Chapelon bei den Fahrten auf dem Führerstand von dem hervorragenden Können, das die Heizer dort in der Behandlung des Feuers zeigten.

Für Chapelon war der Aufenthalt in Brasilien überaus erfreulich. Er nahm in Rio de Janeiro an einem Bankett der Gesellschaft Brasilianischer Ingenieure teil, und auch das Kreuz des Südens und die anderen Sterne der südlichen Hemisphäre waren für ihn ein beeindruckender Anblick. Seine neuen Lokomotiven, in die er alle Merkmale seiner Umbauten von Maschinen mit einfacher Dampfdehnung – nämlich von der 141 E 113 und der 140 J 153 – aufgenommen hatten, genossen bei den brasilianischen Eisenbahnern weite Anerkennung.

Die Reise wurde dann noch nach Argentinien fortgesetzt, wo er noch herzlicher begrüßt wurde, besonders von Ing. L. D. Porta, selbst ein brillanter Dampflokfachmann. Bei einem Aufenthalt in Buenos Aires drängten sich die Ingenieure in den Räumen, in denen er sprach. Von dort reiste er nach Cordoba, wo er von der Akademie der Wissenschaften empfangen wurde. Am gleichen Ort demonstrierten ihm die argentinischen Ingenieure das Leistungsvermögen ihrer Zweizylinder-Verbund-Tenderlok mit der Achsfolge 2'D auf einer Steilstrecke. Die durchdachte Anordnung des Triebwerks und die routinierte Behandlung der Maschine durch das Personal fanden seine Anerkennung. Die lange Reise von und nach Cordoba erhielt noch eine besondere Auszeichnung und Bequemlichkeit dadurch, daß Chapelon der Salonwagen des Präsidenten für diese Fahrten zur Verfügung gestellt wurde.

Im Juli 1953 trat André Chapelon aus dem französischen Eisenbahndienst in den Ruhestand; gleichzeitig wurde er bei der SNCF zum Chefingenieur ehrenhalber ernannt. Damit schied er aber noch nicht aus der aktiven Tätigkeit aus, denn das GELSA wählte ihn zum beratenden Ingenieur. Noch im gleichen Jahr wurde er von dieser Firmengruppe mit der Leitung einer neuen Kommission betraut, die mit argentinischen Behörden über den Umbau einer Anzahl ihrer Maschinen verhandeln und einen Vertrag abschließen sollte. Bei dieser Gelegenheit bat das argentinische Verkehrsministerium Chapelon darum, auf einer rasch einberufenen Tagung den Transportingenieuren des Landes die Gründe und die Einzelheiten der Umbauten darzustellen. An der Erklärung nahmen etwa hundert Personen teil; sie wurde vom Verkehrsminister bald darauf veröffentlicht.

Er sorgte auch dafür, daß noch vor der Abreise der französischen Experten zu Ehren von Chapelon und seiner Mitarbeiter ein großartiger Empfang abgehalten wurde. Das Bankett – bei dem Chapelon zur Rechten des Ministers saß – übertraf in seinem erlesenen Arrangement selbst die kühnsten Erwartungen der französischen Gäste. An die Diskussion der wichtigsten Fragen, die sich aus dem Besuch ergeben hatten, schloß sich eine abendliche Galavorstellung mit ländlichen Tänzen und prunkvollen Aufzügen an, um die Besucher zu erfreuen.

Aus Chapelons Reise ergab sich ein beachtliches Umbauprogramm bei den argentinischen Eisenbahnen. Es wurde nach den Empfehlungen Chapelons sowie der argentinischen Ingenieure L. D. Porta – der bereits vor dem Besuch mit Umbauten nach Chapelons Grundsätzen begonnen hatte – und J. Vittone ausgeführt. Hierzu gehörten Änderungen an der Saugzugausrüstung, bessere Dampfleitungen und später auch die Anwendung neuer Gaserzeugungstechniken auf die Verbrennung.

Ein besonders gelungener Umbau unter Chapelons Anleitung wurde 1958 mit einer Dreizylinderlok der Reihe 11 C der General Roca Eisenbahn ausgeführt. Die 2'D-Lok für 1676 mm Spurweite entstammte einer Serie von 75 Stück, die zwischen 1924 und 1929 bei Beyer-Peacock in England gefertigt worden war, denn die General Roca bestand zum größten Teil aus der alten, früher britischen Buenos Aires Great Southern Railway. Trotz der Achsfolge handelte es sich um Güterzuglokomotiven mit 1410-mm-Treibrädern, 85,5 t Gesamtgewicht und 66,4 t Reibungslast. Chapelon sah den Umbau als recht einfach an; für Triebwerk und Auspuffsystem konnte er auf die Erfahrungen mit der 1'D-Lok 140 J 153 zurückgreifen. Die Versuche mit der ersten modernisierten Maschine vor Bremslokomotiven wurden unter der Leitung von René Ségaud von der SNCF durchgeführt und waren ausgesprochen erfolgreich. Bei 60 km/h hielt die Maschine am Zughaken 1400 PS, während ihre Schwestern nur 1000 PS abgaben und dabei die gleiche Heizölmenge verbrauchten. Es kam jedoch dazu, daß der amerikanische Brenner durch den Typ RS von René Ségaud ersetzt war, der das Öl stärker zerstäubte und damit für eine bessere Verbrennung in der Feuerbüchse sorgte. Dennoch wurden nicht nur Leistung und Wirtschaftlichkeit um 40 Prozent gesteigert, sondern die Kosten für die Verwandlung lagen noch um 15 Prozent unter den Aufwendungen für eine Hauptuntersuchung. Wegen des großen Erfolgs dieser Maßnahme wurden auch alle anderen Lokomotiven der Reihe 11 C in ähnlicher Weise umgestaltet.

Mit dieser Gattung wurden Güterzüge zwischen 1500 t und 2000 t gefahren, vor denen sie jetzt 30 Prozent weniger Brennstoff verbrauchten.

Bald ersetzten sie die jüngeren und auf dem Papier eigentlich stärkeren 2'D-Baureihen 15 A und 15 B bei der Bespannung der schnellen 1000-t-Obstzüge auf der 1200 km langen Strecke zwischen dem Tal des Rio Negro und Buenos Aires.

Am 7. März 1969 legte Porta bei der Institution of Locomotive Engineers in Manchester einen Bericht über die Weiterentwicklung der Dampflokomotive in Argentinien vor. Für den Freund der Dampflokomotive bestand der wichtigste Punkt dieses Berichts vielleicht in der

Feststellung, daß Chapelons revolutionäres Konzept im Dampflokomotivbau mit der Einführung anderer Traktionsarten in Frankreich noch nicht untergegangen war, sondern daß man es in Südamerika weiterhin verwirklichte. Zu Eingang seiner Ausarbeitung gab Porta freimütig zu, daß der Anstoß und die Grundlage zu seiner Tätigkeit die eingehende Beschäftigung mit dem Wirken André Chapelons gewesen war.

So baute Porta eine Vierzylinder-Verbundlok der Achsfolge 2'D um, indem er eng den Grundsätzen folgte, die ihn Chapelon durch die „Pazifiks" der PO gelehrt hatte. Als bemerkenswerte Neuerung kam jedoch ein zusätzlicher Überhitzer zwischen der Hochdruck-Ausströmung und der Niederdruck-Einströmung hinzu, wie wir ihn von Chapelons sechszylindriger 1'F-Maschine her kennen. Nach anfänglichen Schwierigkeiten war auch dieser Lokomotive ein großer Erfolg beschieden: Ihre Höchstleistung von 2120 PSe erreichte – im Verhältnis zum Dienstgewicht gemessen – praktisch den gleichen Wert wie die PO-Lokomotiven der 2'D-Bauart. Sie lief auf Meterspur und war schon 1947, lange vor Chapelons erstem Besuch im Lande, fertig. Trotz des Kuppelraddurchmessers von nur 1270 mm lief die Lok gut und beförderte 1200-t-Güterzüge mit 105 km/h und 2000 t mit 80 km/h. Bei seinem ersten Aufenthalt fuhr Chapelon auch bei dieser Lokomotive auf dem Führerstand mit und verbarg seine Bewunderung für Portas Konstruktion nicht. Sie bot nach seiner Meinung ein ausgezeichnetes Laufverhalten und war ungewöhnlich wirtschaftlich.

Hierauf unternahm Porta den Umbau einer Anzahl kleiner Tenderlokomotiven der Roca-Eisenbahn. Der Vorortverkehr von Buenos Aires wurde damals von 30 Stück 1'C 1'-Tenderloks aus dem Jahre 1916 und von 60 Stück 1'C 2'-Tenderloks aus dem Jahre 1925 besorgt; von der letztgenannten Type hatten die Vulcan Locomotive Works 25 Einheiten gebaut. Um 1950 ließ die Qualität der Unterhaltung bei diesen Maschinen stark nach, so daß die dreizylindrigen 1'C 2'-Lokomotiven, die nach der Hauptuntersuchung immerhin 900 PSe abgeben konnten, wenige Monate später nur noch 600 PSe leisteten. Bei einigen dieser Fahrzeuge nahm Porta Veränderungen am Saugzug und an der Steuerung vor und erreichte damit, daß die Leistung auf 1200 PSe stieg und auch im Betrieb langsamer absank. Außerdem wurden die umgebauten 1'C 1'-Maschinen stärker als die 1'C 2'-Tenderloks in der Ursprungsausführung, so daß sie diese aus den anspruchsvolleren Diensten verdrängten.

Bei einer 1'C 1-Tenderlokomotive ging Porta mit der Veränderung nach Chapelons Vorbild wesentlich weiter. Die ursprüngliche Konstruktion entsprach in vielen Einzelheiten ganz dem Gegenteil dessen, was nach Chapelons Vorstellungen eine gute Dampflokomotive ausmachte: Der Feuerraum war ungünstig bemessen, der Dampfraum beschränkt, die Dampfleitungen zu lang und von zu engem Querschnitt, die Überhitzung zu niedrig, der Rahmen zu schwach und die Schmierung dürftig. Um diese Mängel zu beheben, steigerte Porta den Kesseldruck, vergrößerte die Dampfräume, verbesserte und erneuerte alle hin- und hergehenden Teile, brachte neu entworfene Kolbenschieber zur günstigeren Dampfverteilung und zur Verarbeitung der höheren Temperaturen ein, verstärkte den Rahmen, schenkte auch der Schmierung der Zylinder und des Laufwerks mehr Beachtung und gestaltete schließlich die Ölfeuerung um. Außerdem montierte er einen Kylpor-Auspuff, eine Ableitung aus dem Kylchap, die allerdings keine Verbesserung darzustellen schien.

Die so modernisierte Maschine lieferte ausgezeichnete Ergebnisse. Die größte Zughakenleistung betrug 1400 PSe, also fast das Doppelte der früheren Leistung, und entsprach fast dem Wert der viel größeren „Pazifik"-Reihe PS 11 mit drei Zylindern, welche die Vulcan Works 1926 geliefert hatten. Sie konnte die von der „Pazifik" für gewöhnlich beförderten Züge anstandslos übernehmen und dabei mit 30 und 40 % weniger Brennstoff auskommen.

Insgesamt wurden neun verschiedene Baureihen für drei Spurweiten umgebaut. Am auffallendsten war die Umgestaltung der 1'E 1'-Lokomotiven für die schmalste Spurweite, die Rio Turbio-Eisenbahnen mit 750 mm. Bei der Rio Turbio handelt es sich um eine Güterstrecke im Süden von Patagonien, wohl die südlichste Eisenbahnstrecke auf der ganzen Welt. Sie verbindet die Kohlengruben am Rio Turbio über 280 Streckenkilometer mit dem Hafen Gallegos. Der Oberbau ist sehr leicht ausgeführt und läßt nur Achslasten bis 7,5 t zu. Im Frühjahr und im Herbst wird der Kohlentransport durch dauerhafte, starke Winde, die in Böen bis zu 150 km/h erreichen, erheblich behindert. Die beladenen Züge wiegen bis zu 1700 t und werden von den 1'E 1'-Loks geschleppt, die in zwei Serien zu jeweils 10 Stück 1956 und 1964 aus Japan eingeführt worden sind. Porta änderte drei Maschinen der ersten Lieferung dahingehend ab, daß er den Kylpor-Auspuff und sein Gaserzeuger-Verbrennungssystem anbrachte. Dieses sorgte dafür, daß der Großteil der für die Verbrennung benötigten Luft als Zweitluft oberhalb des Feuers zugeführt wurde, um hohe Leistungen ohne Abheben des Feuers vom Rost erreichen zu können. Als dieser Umbau sich im Anstieg der Zughakenleistung von 700 PSe auf 1200 PSe niederschlug, nahm Porta die Veränderungen zusammen mit kleinen Modifikationen auch an der zweiten Serie vor.

Das schwierigste Kapitel in Portas Bericht boten vielleicht sein Blick in die Zukunft und seine Vorstellung einer universell verwendbaren Dampflokomotive für die Länder mit ausreichenden Vorräten an billiger, minderwertiger Kohle. Der Entwurf einer solchen Maschine mußte bereits den Mangel an qualifizierten Monteuren im Einsatzgebiet berücksichtigen und deshalb einfach und robust ausgeführt, reichlich dimensioniert und gut zugänglich gestaltet sein. Er schlug eine 1'D-Lok mit mechanischer Rostbeschickung vor, um mit schlechter Kohle und Holz als Brennstoffen fertigzuwerden. Im Detail dachte er an eine Zweizylinder-Verbundlok mit innenliegenden Zylindern und Schiebern, die von äußeren Heusingergestängen angetrieben werden sollten. Für Innenzylinder entschied er sich, weil die Anbringung außen die Lok schwerer machen und sie stärker mit Trägheitskräften beanspruchen würde, außerdem befürchtete er größere Strahlungsverluste. An der Verbundmaschine sollten – ähnlich Chapelons 160 A 1 – Überhitzer für Hoch- und Niederdruck angebracht werden. Der Kessel sollte mit 20 kg/cm² Druck arbeiten und eine Gaserzeuger-Feuerbüchse erhalten.

Chapelon zollte der Konzeption seine Anerkennung, hatte jedoch manche Bedenken. So erkannte er wohl den thermischen Wirkungsgrad des Zweizylinder-Verbundtriebwerks an, zweifelte jedoch daran, ob es – selbst bei dem hohen Kesseldruck und bester Dampfverteilung – gelänge, zwischen den Rahmenwangen den großen Niederdruckzylinder unterzubringen, denn Porta wollte mit der Lok 2000 PS erreichen. Er hielt aber auch aus anderen Gründen diese Zylinderanordnung nicht für empfehlenswert, weil die doppelt gekröpften Treibachsen dadurch bis an ihren Grenzwert beansprucht werden mußten. Gerade seine Erfahrungen mit den problematischen Kropfachsen bei den größten Vierzylinder-Verbundloks Frankreichs hatten Chapelon veranlaßt, die Dreizylinder-Verbundmaschine aufzugreifen, weil die einfache Kröpfung für den Innenzylinder viel robuster war. Auch andere Einzelheiten des Entwurfs hielt Chapelon noch für einer Überprüfung würdig, und er war sicher, daß man dieser Lokomotive erst nach mancher Abstimmung auf dem Prüfstand und einer gewissen Einfahrzeit die volle Betriebserprobung hätte zumuten können.

Von Porta als Eisenbahningenieur hat Chapelon eine sehr hohe Meinung, und er betrachtet ihn als „führend unter denen, die an eine Weiterentwicklung der Dampflokomotive glauben."

Bild 62 Die Versuchsgruppe vor der brasilianischen 1'D 2' bei Probefahrten auf der Bretonischen Eisenbahn. Rechts der Gruppe befindet sich Maschineninspektor Deschamps, der Sohn des früher erwähnten Oberlokomotivführers.
(Sammlung Chapelon)

Bild 63 Meßfahrten vor der Bremslokomotive: Die meterspurige 1'D 2'-Bauart aus einer Lieferung von Creusot auf der Bretonischen Eisenbahn.
(Sammlung Chapelon)

Bild 64 Eine 2'D-Lokomotive der Reihe 11 C der argentinischen General Roca Eisenbahn, die nach Ratschlägen von Chapelon modernisiert worden war. Hierbei waren verbesserte Dampfleitungen und die anderen an der Lok 141 E 113 erprobten Maßnahmen angewandt worden.
(Sammlung Chapelon)

Bild 65 Dreizylinde
lok 232 R 3 mit ei
facher Dampfdehnu
nach dem Entw
de Casos vor eine
Schnellzug Amste
dam–Paris.
(Ransome-Wal

Bild 66 Die berüh
te U 1! Vierzylinde
Verbundlok 232 U
im Gare du Nord v
einem Expreß aus Li
1961. (Ransom-Wa

Bild 67 Doppeltra
tion der umgebau
PLM-„Pazifik“ 2
K 8 und der 141 R 5
vor einem Eilgüterz
in Pont de Briques
der Nordregion, 19
(Ransome-Wa

Kapitel 14: Die Chapelon-Dampflokomotive

Ende 1967, fast 43 Jahre nach seinem Eintritt bei der Paris-Orléans-Eisenbahn, verließ André Chapelon sein GELSA-Büro. Sein Einfluß auf die Entwicklung der Dampflokomotive war unglaublich groß gewesen. Dabei erstaunt es, daß ihm trotz der weltweiten Anerkennung seiner führenden Stellung unter den Eisenbahningenieuren kaum ein Kollege zur Seite trat, wenn er seine Meinung von der Überlegenheit des Verbundsystems gegenüber der einfachen Dampfdehnung verfocht. Angesichts der überzeugend auftretenden Konkurrenz von den anderen Traktionsarten glaubten viele von ihnen, die Dampflok habe nahezu die Grenzen ihrer Entwicklungsmöglichkeiten erreicht. Die bedeutenden Chancen der Verbundmaschine blieben ihnen verborgen, so daß Chapelon mit seinem Glauben an die fortdauernde Überlegenheit der Dampflokomotive im Hauptstreckendienst fast allein stand. Als ihm Beweise in Form seiner Messungen mit der Lok 160 A 1 zur Verfügung standen, war der Kampf um die Dampftraktion schon verloren.

Eine besondere Tragik in Chapelons Wirken bestand darin, daß alle Dampfloks, für deren Gestaltung er verantwortlich zeichnete, Umbauten und Verbesserungen schon bestehender Konstruktionen waren. Die einzigen Ausnahmen, nämlich seine Fahrzeuge für die brasilianischen Eisenbahnen, mußten aufgrund der Wünsche des Bestellers mit einstufiger Dampfdehnung ausgeführt werden. Dennoch muß man diese Umstände eher zu seinen Gunsten auslegen, denn er war somit beim Entwurf jeder Lokomotive gebunden, die er bauen wollte. Immer standen der Verwirklichung seiner Ideale die Beschränkungen durch die Bauart der schon vorhandenen Lokomotive im Weg. Es war deshalb eine besondere Bestätigung von Chapelons Erfolg, daß die Nordbahn „Pazifiks“ nach dem Muster eines Umbaus beschaffen wollte, der auf über 25 Jahre alte Maschinen zurückging.

Das Vorurteil gegen die Verbundlokomotive ist etwas schwierig zu verstehen, hat seine Ursachen wohl aber in der nicht kleinen Anzahl dieser Maschinen, bei denen die Einsparungen im Verbrauch nicht dazu ausreichten, um den komplizierten Aufbau und die höheren Unterhaltungskosten auszugleichen. Der Hauptgrund dafür ist in mangelhafter konstruktiver Durchbildung zu sehen, wodurch vor allem die Niederdruckzylinder zu wenig Arbeit leisteten. Auch hielten die meisten Ingenieure zwei außenliegende Zylinder für den besten Antrieb und befürchteten, bei einer Zweizylinder-Verbundlok werde sich die Leistung zwischen den beiden Seiten der Lok ungleichmäßig verteilen. Für diese Annahme gab es allerdings kaum gesicherte Gründe. In der Ausgabe 1938 von Chapelons Buch „La Locomotive à Vapeur“ sind Berechnungen des Forschungsleiters der PO-Midi, Wantz, wiedergegeben, wonach selbst in einer Zweizylinderlok mit einstufiger Dehnung und 90° Kurbelversetzung auf den beiden Maschinenseiten recht unterschiedliche Beanspruchungen gemessen wurden. Als Beispiel nannte er die Serie 3591 bis 3640 der PO, „Pazifiks“ mit einfacher Dampfdehnung, wo bei niedrigen Geschwindigkeiten mit 35 Prozent Füllung und 12,0 kg/cm² Schieberkastendruck ein Unterschied von 15 Prozent auftrat, wie man ihn bei Zweizylinder-Verbundloks nicht immer findet.

Die erste richtige Verbundlokomotive erschien erst 1876 und wurde von Anatole Mallet, ebenfalls einem französischen Ingenieur, erfunden. Für die kleine Eisenbahn Bayonne-Biarritz baute er drei Zweizylinder-Verbundmaschinen. Sie besaßen außenliegende Zylinder, je einen für Hoch- und für Niederdruck. Bei Anfahrten erhielt der Niederdruckzylinder Frischdampf, während der Hochdruck-Abdampf direkt in die Atmosphäre geleitet wurde. Der Übergang von der Zwillings- auf die Verbundwirkung wurde vom Lokführer selbst vorgenommen. Bekannt geworden ist Mallet jedoch eher durch seine Gelenklokomotiven mit Verbundmaschine, und wer heute seinen Namen hört, denkt wohl zuerst an die Mallet-Gelenkloks. Zwei kleine Verbund-Tenderlokomotiven nach Mallet mit der Achsfolge B' B und 12 t Dienstgewicht entstanden 1887 für Güterverkehr und der 29 km langen 610-mm-Strecke von Pithiviers – auf halbem Wege zwischen Orléans und Fontainebleau gelegen – nach Toury, die von der Decauville-Gesellschaft betrieben wurde. Sie besaßen vier Zylinder, jeweils zwei für Hoch- und Niederdruck. Die Hochdruckzylinder waren an der hinteren Hälfte des Hauptrahmens befestigt und trieben eine Achsgruppe an, während die Niederdruckzylinder am führenden Drehgestell angebracht waren und auf dessen Radsätze wirkten. Ähnliche Lokomotiven wurden auch zur Beförderung sämtlicher 610-mm-Schmalspurzüge auf einer anderen Decauville-Strecke eingesetzt, nämlich auf dem 38 km langen Abschnitt von Caen nach Dives und Luc-sur-Mer.

Von dieser klassischen Achsanordnung stammen all die riesigen Verbundlokomotiven der Vereinigten Staaten ab. Die erste Maschine dieses Musters kam 1905 bei der Baltimore & Ohio Railroad in Betrieb; sie verfügte über zwei dreiachsige Radgruppen, einen großen Rost von 6,5 m^2, 16,7 kg/cm^2 Kesseldruck und 152 t Dienstgewicht. Sie wurde als Verschublokomotive eingesetzt und erreicht zwischen Januar 1905 und Dezember 1910 einen Brennstoff-Minderverbrauch von 38 Prozent gegenüber 1'D-Loks im gleichen Dienstplan.

Schließlich wurden so große Lokomotiven dieses Typs gebaut, daß das Verbundsystem aufgegeben werden mußte, weil die Niederdruckzylinder mit 1200 mm Durchmesser schon das Umgrenzungsprofil zu überschreiten drohten.

Als die Chesapeake & Ohio 1924 einige Mallet-Gelenklokomotiven der Achsfolge (1'D) D 1' mit einstufigen Dampfmaschinen in Dienst stellte, zogen bald andere Gesellschaften nach. Nicht immer war die Größe der Niederdruckzylinder ausschlaggebend, auch aus anderen Gründen ging man vom Verbundsystem ab: Man meinte, die hin- und hergehenden Massen seien zu groß und zu schwierig auszugleichen, so daß die Unterhaltungskosten anstiegen. Auch nahm man an, der Gegendruck der Niederdruckzylinder steige mit wachsender Geschwindigkeit so stark an, daß die beiden Triebwerke ungleiche Leistungen abgaben und dann schleuderten. Um diesem Übel abzuhelfen, mußte Frischdampf mit vermindertem Druck dem Verbinder zugeführt werden.

Die Norfolk & Western Railroad stimmte dieser Kritik an der Mallet-Verbundlok nicht zu und fuhr in ihrem Bau fort. Serien von (1'D) D 1'-Loks wurden 1938, 1942 und sogar noch 1952 beschafft. Sie fanden ihren Einsatz vor den schweren Güterzügen auf steigungsreichen Strecken, namentlich im Alleghany-Gebirge. Die Gesellschaft besaß auch Malletloks mit zwei Hochdrucktriebwerken, zog die Verbundmaschinen aber vor, weil sie – im Gegensatz zur gerade geschilderten Meinung – das Reibungsgewicht besser ausnutzten. Außerdem besaßen diese Lokomotiven durch die Möglichkeit, den Hochdruckabdampf frei abzulassen und dem Verbinder Frischdampf für den Niederdruckteil zuzuleiten, eine besondere Leistungsreserve. Die Unterhaltungskosten unterschieden sich von den Aufwendungen für eine einfache Gelenklokomotive kaum.

Nur kurze Zeit nach Mallet, im Jahre 1880, baute A. von Borries bei der Preußischen Staatsbahn eine zweizylindrige 1'B-Verbundlok. Mehr als zwanzig Jahre lang, ab 1893 mit einem führenden Drehgestell ausgerüstet, versahen Lokomotiven dieses Typs den Schnellzugdienst in Preußen. 1889 baute von Borries auch eine selbsttätige Anfahrvorrichtung ein, durch die Frischdampf in den Verbinder gegeben wurde, bis der Verbinderdruck durch den Hochdruckabdampf genügend angestiegen war, um den Frischdampf abzustellen. Die Einrichtung war allerdings kein Erfolg, und von Borries kehrte zu einer nicht-selbsttätigen Bauart zurück.

Bei der englischen North Eastern Railway entwickelte T. W. Worsdell seine eigene Version dieser Anfahrhilfe. Durch einen Hebel im Führerstand konnte der Lokführer bei schwierigen Anfahrten Frischdampf direkt in den Niederdruckzylinder leiten, der gleichzeitig vom Verbinder abgesperrt wurde. Der Übergang zur Verbundwirkung geschah nach einigen Umdrehungen automatisch, wenn der Druck des Hochdruck-Abdampfes im Verbinder anstieg. Bei der Belfast & North Counties Railway wurde diese Einrichtung von Bowman Malcolm eingeführt. Sie bewährte sich jedoch auch bei den Maschinen der North Eastern – die gut liefen, sobald sie einmal in Fahrt waren – nicht, und Wilson Worsdell wandelte nach und nach die Verbundloks seines Bruders wieder in Maschinen mit einstufiger Dampfmaschine um.

Wo aber gewöhnliche, nicht-selbsttätige Anfahrvorrichtungen angewandt wurden, bewährten sich die Zweizylinder-Verbundloks gut und übertrafen leicht Zwillingslokomotiven gleicher Bauart und Größe. Allein die Preußische Staatsbahn besaß mehr als 6400 Verbundloks nach von Borries. Inzwischen war dieser, um der Forderung nach mehr Leistung nachzukommen, schon zum Vierzylinder-Verbundsystem übergegangen. Seine Bauweise unterschied sich aber von der Anordnung nach de Glehn und du Bousquet dadurch, daß alle vier Zylinder in einer Ebene lagen und nur auf eine Achse wirkten. Die Niederdruckzylinder lagen außen. Gleichzeitig vereinfachte er die Steuerung, denn die Schieberbewegung der Innenzylinder wurde von der Heusingersteuerung der äußeren Zylinder abgeleitet. Die Niederdruckfüllung lag um 10 bis 20 Prozent über der des Hochdruckteils. Natürlich waren auf diese Weise nur geringere Unterschiede zwischen den Hoch- und Niederdruckfüllungen möglich als beim System de Glehn, das für jeden Zylinder eine eigene Steuerung vorsah.

Die PLM führte die Bauart von Borries 1914 ein. Seit 1898 hatte diese Gesellschaft eine feste Niederdruckfüllung von 63 Prozent angewandt, die bei Versuchen mit der Vierzylinder-Verbundlok C 21, einer 2'B mit windschnittiger Form, zwischen 1894 und 1896 ermittelt worden war. Im Jahre 1941 schließlich wurde auf Vorschlag Chapelons bei den 1'D 1'-Lokomotiven der Reihe 141 P von gleichen Füllungen für Hoch- und Niederdruck Gebrauch gemacht, wobei die innere Niederdrucksteuerung ihre Bewegung durch einen Hebel vom äußeren Hochdruckantrieb erhielt.

Zur gleichen Zeit wie von Borries war auch Borodine, ein russischer Ingenieur, in Mallets Fußstapfen getreten und hatte ab 1880 mit dem Umbau einstufiger Zwillingsloks auf Zweizylinder-Verbundwirkung einigen Erfolg.

In Frankreich befürwortete A. Herdner, Chefingenieur für Lokomotiven und Waggons bei der Midi, die Einführung der Zweizylinder-Verbundsystems bei Lokomotiven geringerer Leistung. Er baute eine Anzahl von C-Maschinen mit außenliegenden Zylindern und einfacher Dampfdehnung, eine in Frankreich „Bourbonnais" genannte Bauart, in Zweizylinder-Verbundloks der Achsfolge 1'C um. Diese Modernisierung gelang so gut, daß die PO, die Etat, die Ost- und die Westbahn dem Beispiel folgten. Daraufhin machte Herdner auch aus 22 Einheiten der 38 Schnellzugloks umfassenden 1'B-Baureihe 1600 der Baujahre 1885 bis 1889 Zweizylinder-Verbundmaschinen. Erneut schloß sich die PO an, die zunächst Nr. 85 der Reihe 77, eine 1'B 1'-Schnellzuglok von E. Polonceau, umarbeitete und später einige der kleinen 1'B 1'-Schnellzugloks von Forquenot als „Atlantiks" mit Zweizylinder-Verbundtriebwerk wieder in Dienst stellte.

Im Jahre 1900 stellte J. Nadal, der Chefingenieur der Etat, der 1909 und 1914 noch die „Pazifiks" dieser Gesellschaft in Dienst stellte, seine Arbeit „Eine mathematische Theorie der Beanspruchungen der Zylinderwand in Dampflokomotiven" fertig. Dieses richtungweisende Werk wurde bald durch die Erfahrungen mit den Maschinen bestätigt und warf erstmals etwas Licht auf diesen komplizierten und gleichzeitig äußerst wichtigen Bereich. Außerdem unternahm er eine vollständige Analyse der allgemeinen Wirkungsweise der Lokomotive, wie sie Herdner schon für die Gegendruckbremse, die Doppeltraktion – deren Sicherheit mancherorts bezweifelt wurde – und die Bedeutung des hohen Schwerpunkts einer Lok für die verminderte Beanspruchung der Gleise durchgeführt hatte. Diese letztere Untersuchung wurde bei der PO durch Manzier bestätigt, der mit der Aufklärung von Streckenschäden im elektrifizierten Abschnitt beauftragt war. Er kam zu dem Ergebnis, daß jene Lokomotiven, welche den Oberbau nicht zerstörten, stets mit hohem Schwerpunkt gebaut waren. Diese Erkenntnis widersprach von Grund auf den Forderungen Cramptons, aber dessen Lokomotiven nutzten die Schienen ab. Sie waren aber beim Betriebsdienst auch deshalb sehr geschätzt, weil sie nach Entgleisungen fast immer aufrecht stehen blieben und die Unfallfolgen dadurch klein hielten.

Der große österreichische Lokomotivbauer und Ingenieur Carl Gölsdorf benutzte auf seinen Zweizylinder-Verbundloks eine sehr wirkungsvolle Anfahrvorrichtung, die nur bei vollständig geöffnetem Regler durch kleine Auslässe am Niederdruckschieber Frischdampf in den Zylinder ließ. Sobald die Füllung kleiner wurde, schlossen sie sich wieder. Erst als er größerere und stärkere Lokomotiven baute, ging Gölsdorf zum Vierzylinder-Verbund über.

Schon 1882 hatte F. W. Webb bei der London & North Western Railway die erste einer langen Reihe von Verbundloks gebaut, zunächst mit drei, später mit vier Zylindern. Für mehr als zwanzig Jahre kannte er im Schnellzugdienst keinen anderen Typ, und auch die meisten seiner Vierkuppler-Güterzugloks hatten Verbundmaschinen. Bei seinen Lokomotiven viel auf, daß sie keine Frischdampfleitung zum Niederdruckzylinder aufwiesen, also stets in Verbundwirkung betrieben wurden. Auch die Füllungen für den Hoch- und den Niederdruckteil waren nicht voneinander getrennt, so daß man seine Verbundlokomotiven kaum einen Erfolg nennen konnte. Die Lokomotivführer hatten so unter ihrer Unzuverlässigkeit zu leiden, daß das Verbundsystem bei der LNWR bald kein hohes Ansehen mehr genoß.

Die wirklich modernen Verbundlokomotiven dieses Jahrhunderts verdanken ihre Entstehung fünf berühmten Ingenieuren: Edouard Sauvage von der Nordbahn, W. M. Smith von der englischen North Eastern, Gaston du Bousquet von der Nordbahn, Alfred de Glehn von der Société Alsacienne und A. Henry von der PLM.

Sauvage baute 1887 in den Werkstätten der Nordbahn eine dreizylindrige 1'C-Verbundlok mit einem inneren Hochdruck- und zwei außenliegenden Niederdruckzylindern. Sie wurde vor schnellen Güterzügen eingesetzt, blieb zwar ein Einzelstück, war aber dennoch ein guter Wurf. Es handelte sich aber nicht um die erste Dreizylinder-Verbundlok dieses Typs, denn Weyermann hatte Lokomotiven mit der gleichen Anordnung und Achsfolge für die Jura-Simplon-Eisenbahn in der Schweiz entworfen, wo ab 1886 nicht weniger als 147 Stück davon gebaut wurden. Diese beliebten Maschinen waren Sauvages Entwurf unterlegen, besonders in der Ausbildung des Antriebs. Während nämlich die schweizerischen Loks mit 120° Kurbelversetzung arbeiteten, versetzte der Franzose die beiden äußeren Kurbeln um 90° gegeneinander und halbierte mit der Innenkurbel den 270-Grad-Winkel zwischen ihnen.

Aber obwohl Sauvages Lokomotive eine Einzelgängerin blieb, wurde seine Idee von W. M. Smith, dem Chefzeichner der North Eastern Railway, aufgenommen. 1898 baute er eine 2'B-Zweizylinder-Verbundlok nach Worsdell/von Borries in eine dreizylindrige Verbundmaschine um, indem er Sauvages Triebwerksanordnung übernahm. Auch die Lok von Smith wurde nicht nachgebaut; Smith selbst entwickelte 1904 die beiden ausgezeichneten Vierzylinder-Verbund-„Atlantiks" der North Eastern nach den gleichen Grundsätzen. Doch S. W. Johnson von der Midland Railway baute von 1901 bis 1903 in Derby fünf 2'B-Verbundloks nach dem Sauvage-Smith-System. Wie schon die Lokomotive von Sauvage und Smith, so besaßen auch diese Fahrzeuge getrennte Steuerungen und konnten als einfache, Halbverbundloks und als Verbundmaschinen betrieben werden. Zum Anfahren trat Frischdampf mit einem vom Lokführer bestimmten Druck in den Niederdruck-Schieberkasten, und sobald ein bestimmter Höchstdruck erreicht war, stellte sich die Zufuhr selbsttätig ab. In Notfällen wurde die Lok auch mit einstufiger Dehnung gefahren, und auf Steigungen oder vor sehr schweren Zügen konnten die Niederdruckzylinder zusätzlich mit Dampf aus dem Kessel beaufschlagt werden, so daß die Maschine im Halbverbund wirkte.

Diese Lokomotiven der Midland-Eisenbahn galten als sehr gut; von Deeley wurde die Smith-Anordnung später noch verfeinert. Später wurden sowohl alle folgenden Verbundloks für die Midland als auch für die neuen London, Midland & Scottish Railways in der Spielart von Deeley beschafft. Sie waren wirtschaftlich und den leichten Zügen auf der Midland auch gewachsen, standen aber nach der Bildung der LMS beim Einsatz an schwereren Zügen auf den Strecken der vormaligen LNWR doch vor Schwierigkeiten. Dennoch erwiesen spätere Versuche dann, daß sie mehr zu leisten vermochte, als man zunächst von ihnen erwartet hatte.

1905 baute auch J. G. Robinson vier Dreizylinder-Verbund-„Atlantiks" für die Great Central Railway nach dem modifizierten Smith-System, aber sie scheinen nicht besser als seine „Atlantiks" mit einfacher Dampfmaschine gewesen zu sein. Im Jahre 1932 baute Beyer-Peacock noch fünf Dreizylinder-Verbundloks der Achsfolge 2'B für die irische Great Northern Railway nach einem Entwurf von G. T. Glover. Auch sie bildeten eine Abart des Sauvage-Smith-Systems und trugen die klangvollen Namen „Eagle", „Falcon", „Merlin", „Peregrine" und „Kestrel". Es handelte sich um schnelle, kräftige Maschinen, vielleicht um die besten Verbundloks der ganzen Britischen Inseln, aber sie wurden in dem Augenblick verdorben, als man aus Unterhaltungsgründen den Kesseldruck von 17,6 kg/cm² auf 14,0 kg/cm² herabsetzen mußte.

Die Vierzylinder-Verbundsysteme von Henry sowie von du Bousquet und de Glehn wurden bereits zu Eingang dieser Schrift gezeigt.

Chapelon hat sich, wie wir gesehen haben, zuerst bei der PO mit der Bauart de Glehn beschäftigt, dann mit dem System Henry für den Entwurf der SNCF-Baureihe 141 P, und schließlich wählte er für die 242 A 1 eine Anordnung nach Sauvage-Smith. Wie schon erwähnt, bestimmte ihn hierbei besonders die Sorge um eine Schwächung der Treibachse des Innentriebwerks, die bei einer Vierzylinderlok mit doppelter Kröpfung ausgebildet worden wäre. Auch haben wir gesehen, daß er eine gemeinsame Steuerung der Hoch- und Niederdruckfüllung nicht ablehnte, sondern nur auf getrennter Ausführung bei der Prototypmaschine bestand, bis die richtigen Verhältnisse durch Versuche ermittelt waren. Chapelon hat gezeigt, daß er bei derartig sorgfältiger Abstimmung und mit einem Entwurf, der ungefähr die gleiche Belastung auf den Hoch- und den Niederdruckteil entfallen ließ, selbst die allerbeste Dampflokomotive gleicher Größe mit einstufiger Dampfmaschine bezüglich Leistung und Wirtschaftlichkeit in den Schatten stellen konnte. Dieser Unterschied war auch bei den 1'D 1'-Reihen 141 P und 141 R klar zutage getreten. Die Konstruktion der Reihe 141 P war in der Tat eine bemerkenswerte Synthese von Fortschrittlichkeit und Einfachheit, denn diese

Lokomotive verkörperte sämtliche Grundsätze Chapelons aus den PO-Umbauten, besaß jedoch nur eine Steuerung mit dem Apparat außerhalb des Rahmens. Entscheidend für ihren Erfolg waren die weiten Querschnitte der Dampfleitungen und die korrekte Berechnung der Zylindervolumina.

Nach Chapelons Auffassung gab es beim Entwurf einer Lokomotive eine Anzahl ganz bestimmter Punkte, die nicht außer acht gelassen werden durften. Ein Teil davon war allgemein anerkannt, während einige überraschend wenig Aufmerksamkeit seitens vieler Lokomotivbauer erfahren hatte.

Vom Kessel hängt die Größe der erzeugten Dampfmenge ab, und natürlich auch die Leistung, wenn die Lokomotive mit einem guten Triebwerk bestückt ist. Dennoch hat es Ingenieure gegeben, die eine brauchbare Lok noch durch einen unzureichenden Kessel verdarben. Daniel Gooch und Archibald Sturrock erkannten die Bedeutung eines passenden Kessels schon sehr früh, ebenso wohl Patrick Stirling, den die Gewichtsbeschränkungen der dürftigen Strecken bei der Great Northern in England daran hinderten, auf seinen Lokomotiven ausreichend große Kessel anzubringen. Innerhalb des Kessels bestimmen die Abmessungen der Feuerbüchse, der Rohre usw. die erzeugte Wärmemenge; unter ihnen ist die Größe der Rostfläche am wichtigsten. Du Bousquet war dies um die Jahrhundertwende wohl bekannt, als er seinen „Atlantiks" einen Rost von 2,75 m² gab. Andere wichtige Maße mit Einfluß auf den Kessel sind Größe und Formgebung der Luft und Abgase führenden Kanäle sowie die Wirksamkeit der Auspuffanlage. Behinderte Verbrennung aufgrund ungenügender Luftzuführung war vermutlich die Ursache für das schlechte Abschneiden mancher englischen 2'C-Lokomotive zu Beginn dieses Jahrhunderts.

Die Wärme hat nun die Aufgabe, Dampf zu erzeugen, und aus diesem Grund sollte die Heizfläche etwa 50 bis 75 mal so groß sein wie der Rost. Noch wichtiger war, daß die von den Gasen berührte Heizfläche der Rohre etwa 400 mal so groß war wie der Querschnitt der Rohre, möglichst noch größer, wenn der Saugzug es ermöglichte. Die engen Gewichts- und Profilbeschränkungen, die auf den Lokomotiven lasteten, verhinderten allerdings mehr als einmal die Verwirklichung dieser Werte, besonders die Einhaltung des erstgenannten Verhältnisses, wenn die Rostfläche sehr groß war. Ein Teil der Heizfläche wird natürlich für die Überhitzung des Dampfes benötigt.

Die Größe der Zylinder ist von der gewünschten Zugkraft abhängig und richtet sich deshalb nach dem Kuppelraddurchmesser, aber der Kessel muß eben ausreichen, um sie mit dem erforderlichen Dampf zu versorgen. Das Reibungsgewicht wiederum muß mit der Zugkraft in Einklang gebracht werden, denn wenn es nicht ausreicht, wird die Maschine zum Schleudern neigen.

Schnellfahrende Lokomotiven müssen ein gutes Laufverhalten aufweisen und Kurven ohne Anstrengung nehmen können, sie müssen aber ebenso schlechte Gleise ohne ungebührende Stöße und Sprünge befahren. Diese Forderungen gewährleisten die Sicherheit des Betriebs und stellen an den Ingenieur die höchsten Anforderungen.

Der Hersteller einer Lokomotive seinerseits muß darauf achten, daß sie einfach, robust und zweckmäßig ausfällt. Niemals darf er den zukünftigen Betriebsbereich und seine Einsatzbedingungen aus den Augen verlieren. Er sollte allen Versuchen, die Maschine zu komplizieren, aus dem Weg gehen und auf alle überflüssigen Apparaturen verzichten; dadurch vermindert sich die Schadanfälligkeit, und die Unterhaltung wie der Betrieb der Lok werden einfacher. Überwachung, Schmierung und Reinigung müssen leicht möglich sein; alle Instrumente und Bedienungseinrichtungen sind für das Personal griffbereit anzubringen, auch der Komfort für die Mannschaft sollte nicht an letzter Stelle stehen. Schließlich sollte die Zahl der Leitungen, die der Kälte ausgesetzt sind – und die das Aussehen der Lok beeinträchtigen – nicht ohne guten Grund vermehrt werden.

Dies sind die Grundlagen eines jeden guten Entwurfs, aber sie allein reichen noch nicht aus, um eine wirklich brauchbare Maschine zu garantieren. So erfüllten etwa die PO-„Pazifiks" vor dem Umbau durch André Chapelon die meisten dieser Bedingungen, dennoch waren der Auspuff schwach, die Überhitzung zu niedrig und die Dampfleitungen zu eng. Wir erinnern uns aus einem der ersten Kapitel, daß Chapelon deshalb davon ausging, daß in seiner Modernisierung dieser Loks drei Hauptverbesserungen enthalten sein mußten:

a) ein Saugzug, der gleichzeitig die Kesselleistung steigern und den Gegendruck auf die Kolben herabsetzen mußte, so daß Leistung und Wirkungsgrad anstiegen;
b) eine höhere Überhitzung, so daß außer der Hochdruckstufe auch die Niederdruckzylinder noch von der Heißdampfwirkung profitierten;
c) eine Vergrößerung der Querschnitte aller Dampfwege vom Regler bis zum Auspuff, um Drosselverluste auszuschalten und der Lokomotive höhere Fahrgeschwindigkeiten zu ermöglichen.

Er rechnete sich aus, daß durch diese drei Maßnahmen 3000 PSi in den Zylindern einer Lok erreichbar waren, die nur für 2000 PSi gebaut worden war, aber durch schlechte Einstellungen im Betrieb selbst diesen Wert nicht halten konnte.

Mit dem Problem des Saugzugsystems wurde er durch die Einführung seines außerordentlich wirkungsvollen Kylchaps fertig, den wir bereits kennen. Selbst 45 Jahre nach der Entwicklung durch Chapelon ist der Wirkungsgrad dieser Anlage unübertroffen.

Die damals übliche Überhitzung von 300° C ergab wohl leicht einen Leistungszuwachs von 20 Prozent gegenüber dem früheren Betrieb mit Naßdampf, doch bei dieser Temperatur wurden die Niederdruckzylinder immer noch weitgehend mit Naßdampf beliefert. Chapelon beschloß deshalb, den effektiven Überhitzungsgrad zu verdoppeln, indem er die Temperatur auf 400° C steigern wollte, so daß dieses Plus an Überhitzung dem Niederdruckteil zugute kam. Eine weitere Steigerung wäre schwierig geworden, denn 1926 galt dieser Wert als das Maximum dessen, was Zylinderbauteile und Schmieröle vertragen konnten. Hieran hatte sich selbst zum Ausgang des Dampfzeitalters in Frankreich wenig geändert. Erst die Auswertung der mit der Lok 160 A 1 gewonnenen Erfahrungen und Meßergebnisse ließ neue Möglichkeiten für die Überhitzung ahnen, deren Entwicklung ihren Endpunkt doch noch nicht erreicht hatte.

Die Drosselverluste hatten schon seit der Mitte des 19. Jahrhunderts die Aufmerksamkeit der Ingenieure auf sich gezogen, denn insbesondere bei höheren Geschwindigkeiten beschnitten sie Leistung und Wirkungsgrad der Lokomotiven ganz erheblich. Die meisten Konstrukteure beschäftigten sich demnach mit dem Abbau dieser Verluste während der Frischdampfzufuhr in den Zylinder, so daß bald eine Anzahl von Erfindungen zum Ersatz der alten Flachschieber gemacht war, weil diese den gesamten Einlaßquerschnitt nicht schnell genug freigaben, um den Druck während der Füllungsphase konstant zu halten. Dieser ziemlich begrenzte Ansatz bremste schließlich sogar den Fortschritt im Bau von Schnellzugloks. Die Techniker, die sich mit dem Problem der raschen Freigabe der Öffnungen aufhielten, vertaten ihre Zeit, denn es war leicht nachzuweisen, daß das einzige Gegenmittel bei Drosselverlusten an dieser Stelle die Vergrößerung der Durchlaßquerschnitte war, das man durch keine noch so schnelle Schieberbewegung nachahmen konnte. Der Grund hierfür liegt darin, daß der Kolben in jedem Punkt seines Weges eine andere Geschwindigkeit hat.

Dessen ungeachtet sind die Einströmungsverluste nur ein kleiner Teil der Druckminderung, die der Dampf auf dem Weg vom Kessel zum Auspuff erfährt. Auf vielen Lokomotiven mag der Verlust zwischen Regler und Zylinder bei größerem Tempo schon 3,5 kg/cm^2 betragen haben. Dennoch ist die Seite der Ausströmung um ein vielfaches wichtiger als der Einlaß. Wohl kaum ein Teil von Chapelons Arbeit hat – in Frankreich wie im Ausland – seine Kollegen stärker beeindruckt als die Demonstration der Bedeutung einer möglichst ungehinderten Strömung des Dampfes zwischen Regler und Kamin. Die Rolle dieser Erkenntnis beim Umbau der PO-„Pazifiks" stach so stark hervor, daß seit den dreißiger Jahren in Europa und in Nordamerika kaum noch Schnellzugloks gebaut wurden, deren Dampfleitungen nicht nach Chapelons Lehren bemessen worden waren.

Ein anderer Aspekt beim Entwurf jeder Lokomotive ist die Frage der Mannschaft. Lange Zeit war es in allen Ländern üblich, jede Maschine nur einem bestimmten Personal in die Hand zu geben, weil man sich davon die beste Pflege versprach. Natürlich lief die Lok nur so viel Kilometer, wie der Besatzung zugemutet werden konnten; im Monat etwa 10000 km. Da die Loks hierdurch nur schwach ausgenutzt wurden, gingen einzelne Bahnen zur doppelten Besetzung über. Durch den Einsatz mit zwei Mannschaften stieg die durchschnittliche monatliche Laufleistung auf 15000 km. Der nächste Schritt war die „wilde Besetzung", die aber meistens wieder enttäuschte, weil die Männer das Interesse an der Lok verloren und sich weniger um sie kümmerten.

In den Vereinigten Staaten, wo man noch 1905 glaubte, am Titularsystem festhalten zu müssen, fand man schließlich einen Weg, die wilde Besetzung doch erfolgreich einzuführen. Die Verantwortung für die Pflege der Maschine wurde nämlich vom Fahrpersonal auf die Schuppenleute übertragen. Sobald die Lok in die Halle gefahren wurde, ging sie in die Hände von drei Experten über, die jeweils für den Kessel, das Triebwerk und die Bremsen zuständig waren. Dadurch wurde die Lokomotive einer peinlich genauen Inspektion unterzogen. Lokführer und Heizer teilten ihre Beobachtungen von Unregelmäßigkeiten mit, und die Untersuchung der Dreiergruppe förderte unter Umständen weitere Mängel zutage, die auf dem Führerstand noch nicht aufgefallen waren.

Dieses System wurde erfolgreich angewandt; die häufigen Inspektionen wiesen jedoch zugleich den Weg, den die Lokomotivkonstruktion zu gehen hatte: Um die Ausnutzbarkeit der Lok weiter zu vergrößern, mußte sie mit Einrichtungen zur Verminderung des Verschleißes und zur Erleichterung der Unterhaltung ausgerüstet werden. Zu den aus diesen Gründen ergriffenen Maßnahmen gehören die Einführung des Monobloc-Stahlgußrahmens, der gegen Verformungen beständig war und die Demontage der Rahmen entbehrlich machte; der Einbau von Rollenlagern an Achsen und Kuppelstangen, um Heißläufer zu umgehen und die Abnutzung herabzusetzen; die Anbringung selbsttätiger Stellkeile zur Vermeidung von Achslagerspiel und zur Dämpfung von Stößen; die Verwendung von Rädern mit formbeständigen Radkränzen, um die Lebensdauer der Radreifen zu verlängern und ihr Loswerden zu vermeiden; die Einführung der automatischen Schmierung; und schließlich die Entwicklung der Reinigung und Aufbereitung des Speisewassers, um den Kessel in einem guten Zustand zu erhalten. Diese konstruktiven Maßnahmen verlängerten die monatlichen Laufleistungen ganz erheblich, und die letzten amerikanischen Dampflokomotiven, wie etwa die 2'D 2'-„Niagaras" der New York Central Railroad, erreichten einen Monatsdurchschnitt von 40000 km.

In Frankreich wurde die wilde Besetzung bei der Indienststellung der Baureihe 141 R eingeführt. Im Vergleich zum Durchschnitt der französischen Lokomotiven mit individueller

Besetzung war die Laufleistung der 141 R etwa 2,4 mal größer. Unter den gleichen Bedingungen legten die Elektrolokomotiven eine 2,7 mal so lange Strecke wie die einfach besetzten Dampfloks zurück. Falls es gelungen wäre, die Ausnutzung der Dampflokomotiven allgemein auf den Wert der Reihe 141 R anzuheben, hätte man fast zum Ersatz jeder Dampflok eine neue Ellok bauen müssen. Dieser Gedanke verträgt sich schlecht mit der verbreiteten Meinung, eine Elektrolokomotive könne im Dienst zwei bis drei Dampfloks ersetzen. Sie beruht, wie schon gesagt, auf einem Vergleich zwischen modernen Vertretern der Elektrotraktion mit alten, schon längst überholten Dampflokomotiven. Außerdem ergaben die Erfahrungen mit der 141 R, daß ihre Unterhaltungskosten auf 100 km Laufleistung nur ein Drittel der Durchschnittsaufwendungen für alle französischen Dampfloks betrugen. Bei diesen Kosten bestanden natürlich innerhalb des Maschinenparks ganz erhebliche Schwankungen. So entsprachen die Ausgaben für die 141 R der Hälfte derjenigen für die 1'D 1'-Loks von Etat und PO; die letztgenannte Serie war im Ersten Weltkrieg aus Amerika eingeführt worden. Auch im Vergleich zur Reihe 141 P waren die Unterhaltungskosten niedriger; sie verhielten sich wie 2:3,5. Aber im Vergleich zu diesen Maschinen verbrauchten die 141 R zwischen 40 und 50 Prozent mehr Brennstoff, und im normalen Einsatz vor 600-t-Zügen lagen die Gesamtbetriebskosten etwa 30 Prozent über der 141 P. Dabei war ihr Dienst nicht einmal schwieriger, denn nur zu 25 Prozent lief sie vor Schnellzügen, während die 141 P in dieser Zuggattung 84 Prozent ihrer Einsätze fuhr.

Bald wurde das Verfahren der wilden Besetzung auch auf ältere Maschinen angewandt, die für diese Art der Bemannung nicht gebaut waren. Dennoch stiegen, als in der Südostregion – auf der alten PLM – die 1'D 1'-Schlepptender-Verbundloks und die 2'D 2'-Verbund-Tenderloks so eingesetzt wurden, die täglichen Laufleistungen im ersten Fall auf das Doppelte, im zweiten Fall um etwa 50 Prozent, während sowohl die Unterhaltungskosten wie auch der Kohlenverbrauch um ein Viertel abnahmen.

Einige der 1'D 1'-Maschinen wurden vom Depot Roanne auf den gleichen Strecken wie die ölgefeuerten 141 R verwendet und bewährten sich gut; sie liefen täglich 200 km, die 141 R rund 300 km, doch war dieser Vorsprung zum Teil auf den Unterschied in der Feuerung zurückzuführen. Im Gesamtnetz der SNCF fuhren die 141 R (Kohle) etwa 175 km Tagesdurchschnitt, verglichen mit 230 km bei den ölgefeuerten Lokomotiven.

In bezug auf Betriebsausfälle und die Gestellung einer Ersatzlokomotive standen die Elloks in recht ungünstigem Licht. Im Vergleich zum Dampflokpark mit einem Durchschnittsalter von 40 Jahren war die Zahl der Ausfälle auf 1 Million Fahrkilometer bei Elektrotraktion etwa doppelt so hoch, bei Dieseltriebwagen etwa anderthalbfach und Diesellokomotiven noch um einiges höher als bei den anderen Traktionsarten. Bei den Mängeln der Elloks gingen 21 Prozent zu Lasten der Fahrmotoren und 45 Prozent zu Lasten der elektrischen Anlage.

Aus diesen und den schon in den vorstehenden Kapiteln genannten Gründen war Chapelon davon überzeugt, daß der Dampf immer noch das wirtschaftlichste Traktionsmittel sei. Auch höhere Geschwindigkeiten könnten ellok- oder dieselbespannte Züge nicht für sich geltend machen, denn die schnelleren Fahrten im Personenverkehr der heutigen Tage gehen weniger auf die Traktionsumstellung als vielmehr auf modernere Signal- und Gleisanlagen zurück. Bei der Wahl der Dampflokomotivbauart ist oft argumentiert worden, eine Zweizylinderlok koste in der Unterhaltung weniger als eine Maschine mit vier Zylindern, besonders als eine Vierzylinder-Verbundlok. Die fast durchgehende Abneigung der nordamerikanischen Bahnen gegen innenliegende Zylinder schien dieses Urteil zu bestätigen, obwohl doch die Verbundlok als wirtschaftlicher im Verbrauch galt. In den Vereinigten Staaten und Kanada waren aber

Einsparungen beim Verbrauch wegen des niedrigen Kohlenpreises weniger erheblich, so daß die Vierzylinder-Verbundlok durch ihre höheren Unterhaltungskosten insgesamt doch schlechter dastand als Zweizylindermaschinen, jedenfalls solange von diesen nicht allerhöchste Leistungen gefordert wurden. Hier liegt nun der springende Punkt: Nach dem Erreichen einer bestimmten Leistungsgrenze arbeitet die Zweizylindermaschine durch höheren Verbrauch und Verschleiß nur noch sehr unwirtschaftlich. In Europa, wo die niedrigen Achslasten so große Bauteile der Lokomotiven wie in den USA bei weitem nicht erlaubten, war diese kritische Grenze schon bald erreicht, so daß drei oder vier Zylinder trotz des Zuwachses an Teilen vorgezogen wurden, weil der Aufwand für ihre Unterhaltung unter dem für zwei bis an den Rand ihrer Kräfte beanspruchte Zylinder lag. Die Amerikaner machten diese Erfahrung letzten Endes auch, konnten aber wegen der großen Achslasten und Profile auf ihren Strecken selbst bei einrahmigen Lokomotiven alle Zylinder außerhalb des Rahmens unterbringen.

Aber neben dem Einfluß auf die Zylinderzahl und die Wirtschaftlichkeit bringt das Verbundsystem auch einen Rückgang in der Beanspruchung der arbeitenden Teile mit sich. Wenn man zwei europäische Lokomotiven, etwa „Pazifiks" oder „Mikados", nach den beiden Triebwerksbauarten miteinander vergleicht, so erweisen sich zwei Zylinder vom Standpunkt der Unterhaltung her so lange als überlegen, wie die Leistungsanforderung einen bestimmten Wert, also zum Beispiel 1500 PS, nicht übersteigt. Wird die Leistung über diesen Punkt hinaus angehoben, so erreicht man bald ein Stadium, etwa bei 2000 PS, wo eine Lok dieser Größe bereits oberhalb ihrer wirklichen Kapazität arbeitet. Bald treten die ersten Schäden an Treib- und Kuppelstangenlagern sowie an den Achslagern auf. Die Vierzylinder-Verbundmaschine hingegen wird diese gestiegene Beanspruchung ohne irgendwelche Belastung oder Schäden verkraften können. Ein typisches Beispiel für diesen Vergleich bot die PO selbst, als sie nicht genügend umgebaute „Pazifiks" besaß und deshalb eine Anzahl der weniger angespannten Schnellzugpläne von den in Amerika gebauten Zweizylinder-„Pazifiks" mit einstufiger Dampfdehnung führen lassen mußte. Im Vergleich mit den Umbaumaschinen hatten sie eine Rostfläche von 4,7 m^2 statt 4,3 m^2 und einen Kesseldruck von 12 kg/cm^2 statt 17,2 kg/cm^2. Bei der Beförderung dieser Züge lag nicht nur ihr Kohlenverbrauch je 10^6 Leistungs-tkm um 40 Prozent über dem Verbrauch der umgebauten Verbund-„Pazifiks", sondern außerdem mußten noch 14 Stunden kleiner Unterhaltungsarbeiten je 1000 km Laufleistung an ihnen durchgeführt werden, mitunter noch mehr. Am Kessel mußten außerplanmäßige Zwischenausbesserungen eingeschoben werden. Trotz des einfacheren Triebwerks waren also die Unterhaltungskosten wesentlich höher.

Aufgrund der Beschränkungen im Lichtraumprofil der Regelspur ergeben sich, wie bereits gesagt, bei einer Steigerung der Leistung durch den Einbau von zwei Innenzylindern gewisse Schwierigkeiten, so daß Chapelon schließlich für seine projektierte Flotte neuer SNCF-Maschinen das Dreizylindertriebwerk vorsah. Schon Daniel Gooch, Verfechter der Breitspur bei der englischen Great Western Railway, sagte 1846 vor der Spurweitenkommission: „Ich glaube nicht, daß wir auf der Breitspur irgendwo zuviel Platz für die Leistung vorgesehen haben, die wir brauchen." Hundert Jahre später sah man, wie sehr sein Satz zu Recht gesprochen war.

Die Auswertung der Tests mit der Maschine 160 A 1 zeigte, wie man Verbundlokomotiven bauen konnte, die in Betrieb und Unterhaltung viel billiger als einfache Zweizylinderloks waren. Als Ausblick auf die nächste Generation der Dampflok hatte Chapelon eine 2'D 2'-Schnellzuglok mit dreistufiger Dampfdehnung auf dem Reißbrett. Sie war von der 242 A 1 abgeleitet und bildete eine gewisse Kombination zwischen dieser Lokomotive und der 160 A 1.

Vor den schon bei der 242 A 1 vorhandenen drei Zylindern sollte ein Hochdruckzylinder mit Dampfmantel eingebaut werden, der mit Naßdampf von 40 kg/cm² Druck arbeiten sollte. Der frühere Hochdruckzylinder fungierte nun als Mitteldruckteil und wurde mit Dampf gespeist, der zwischen dem Hoch- und dem Mitteldruckzylinder überhitzt worden war. Von hier gelangte der Dampf durch einen Zwischenüberhitzer in die beiden Niederdruckzylinder. Der Kessel zur Erzeugung des hohen Drucks war nach dem Entwurf von Lawford H. Fry gestaltet, der von 1943 bis 1948 Direktor der Steam Locomotive Research Division am Locomotive Institute in den USA gewesen war. Wegen des hohen Drucks war eine Wasserrohrfeuerbüchse vorgesehen. Wie bei der 160 A 1 sollte der fordere Teil des Kessels als vereinfachter Franco-Crosti-Abgasvorwärmer ausgebildet und durch eine besondere Rohrwand vom eigentlichen Langkessel abgetrennt werden. Diese neue Lokomotive sollte nach Angaben Chapelons am Zughaken dauerhaft 6000 PSe abgeben, verglichen mit 4000 PSe bei der Lok 242 A 1. Damit zeigte sie nach seinen Worten „die Möglichkeiten einer Weiterentwicklung der klassischen Dampflokomotive, wenn die Arbeit in den mehr als 25 Jahren seit 1945 weitergegangen wäre, die man inzwischen schon auf den Diesel verschwendet hat."

Kapitel 15: Männer der Lokomotive

Welchen Rang nimmt Chapelon nun unter den großen Schöpfern der Dampflokomotive ein? Bei der Beantwortung dieser Frage steht man vor einigen Schwierigkeiten. Viele Triebfahrzeuge sind von einem Team entwickelt worden, wie etwa die meisten Entwürfe der großen Lokfabriken oder die überwiegende Mehrheit der Dampflokomotiven in Nordamerika, ebenso wie die Elektro- und Diesellokomotiven heutzutage. Auch sind oftmals Konstruktionen einem bestimmten Chefingenieur zugeschrieben worden, weil sie während seiner Amtszeit entstanden sind, obwohl er an den Arbeiten gar nicht beteiligt war. Damit soll an diesem Ingenieur nichts ausgesetzt werden; der Entwurf von Lokomotiven bildet häufig nur einen kleinen Teil der vielen dienstlichen Aufgaben. Aber auch in der Praxis der Chefs, die sich persönlich an der Konstruktion beteiligten, gab es Unterschiede, die von der Bestimmung allgemeiner Richtlinien bis zur Sorge um jedes Detail reichten.

Trotzdem, einzelne Namen aus der Geschichte der Dampflokomotive treten in den Vordergrund. Einige sind mit ungewöhnlichen Lokomotiven verbunden, andere kennzeichnen ein bestimmtes Bauteil oder eine Entwicklung, die zum Meilenstein in der Entwicklung geworden sind.

In der Frühzeit der Dampflokomotive rumpelten schwerfällige Maschinen, bestückt mit Kesseln von einem oder zwei Rohren, vor Kohlenzügen über die Bergwerksbahnen in Nordostengland, kaum schneller als in Schrittgeschwindigkeit. Der erste Schritt voraus, der auch zur Einführung rascherer Personenzüge und zum Verschwinden der Postkutsche von den Landstraßen beitrug, war die Erfindung des Kessels mit vielen Rohren, auf den der Franzose Marc Séguin am 20. Dezember 1827 ein Patent erhielt. In seiner 1828 gebauten Lokomotive waren Rohre mit einfacher Umkehr eingebaut, der Kamin war also am gleichen Ende wie der Rost. Einen Kessel der alten Bauart mit nur einem umkehrenden Rohr hatte schon vorher Timothy Hackworth auf die Schienen gestellt. Séguin wandte zur Verstärkung der Belüftung einen Blasebalg an, der von einer Tenderachse angetrieben wurde und Luft unter den Rost blies. Er hatte damit schon erkannt, daß der hohe Strömungswiderstand der engen Rohre beim Durchgang der heißen Gase – dem dieser Kessel seinen hohen thermischen Wirkungsgrad verdankt – nur durch einen scharfen Zug überwunden werden konnte. Von der ersten Versuchsfahrt an beeindruckten das Leistungsvermögen und die Sparsamkeit des Kessels jeden Beobachter. Pro Kilogramm Kohle verdampfte der Kessel 7 kg Wasser; insgesamt lieferte er 1500 kg Dampf je Stunde, verglichen mit 500 kg je Stunde, die andere Loks jener Zeit mit Mühe abgaben. Infolgedessen konnte Séguins Maschine wesentlich schneller laufen, als es bis dahin üblich gewesen war. Die erste Lokomotive, bei der man sich den Vielrohrkessel auch richtig zunutze machte, und die dadurch zum anerkannten Vorläufer der modernen Dampfloks wurde, war George Stephensons „Rocket". Nach Mitteilung seines Sohnes Robert soll die Verwendung dieses Kessels auf einen Vorschlag Henry Booths, Sekretär der Liverpool and Manchester Railway, zurückgegangen sein. Dennoch irrte sich Booth in der Annahme, mit dem Ersatz der Umkehrrohre durch einfache Rohre zwischen Feuerbüchse und Kamin sei ein besserer Zug auf das Feuer zu erreichen. Nach Clark, dem Autor des berühmten Buches „Railway Machinery" von 1850, mußte die „Rocket" wegen Schwierigkeiten beim Dampfmachen noch am Vorabend des Lokomotivrennens von Rainhill mit dem Auspuff von Timothy Hackworth ausgerüstet werden, und diesem verdankt sie schließlich ihren Erfolg.

Man kann heute nicht mehr feststellen, ob George Stephenson von Séguins Erfindung wußte, aber dieser hat Stephensons Werkstätten in Newcastle 1828 besucht. Dennoch war die „Rocket" die erste Lokomotive, die jene Bauteile enthielt, welche die Dampflok bis zu ihrem Untergang 150 Jahre später charakterisierte: Röhrenkessel, besondere Feuerbüchse, Zylinder mit unmittelbarem Antrieb der Räder und schließlich das Blasrohr.

Ebenso erstaunlich wie das ursprüngliche Konzept ist die Geschwindigkeit, mit der die Stephenson-Lokomotive die weiteren Kennzeichen annahm, die dann bei allen folgenden konventionellen Loks beibehalten wurden. Die erste Veränderung war eine Senkung der Zylinder in eine flachere Lage. Die nächsten Maschinen besaßen bereits Rauchkammern, bald auch eine Feuerbüchse im Stehkessel. Noch vor dem Jahresende 1830 war die „Planet" entstanden. Die horizontal innenliegenden Zylinder waren von der Rauchkammer umgeben; sie besaß außerdem einen Sandwichrahmen – die erste Verwendung eines richtiggehenden Rahmens an einer Lokomotive, denn bis dahin war der Kessel selbst der Träger gewesen, an dem Triebwerk und Lager befestigt waren. So war eigentlich die „Planet" das Modell, nach dem die meisten der folgenden Lokomotiven gebaut wurden.

Nach Angaben Robert Stephensons war die Unterbringung der Innenzylinder in der Rauchkammer auf eine Mitteilung Trevithicks zurückzuführen. Dieser hatte bei der Reparatur einer Bergwerks-Dampfmaschine für Cornwall festgestellt, daß sie im Gegensatz zu den meisten anderen Geräten dieser Art keinen Dampfmantel um den Zylinder besaß. Er behob diesen Mangel durch den Einbau eines Ziegelgehäuses um den Zylinder und beheizte den Luftspalt dazwischen mit Feuer. Als Ergebnis dieser Maßnahme sank der Brennstoffverbrauch der Maschine auf nur ein Fünftel des früheren Bedarfs. Davon war Robert Stephenson so beeindruckt, daß er die Innenzylinder der „Planet" mit einem Wärmemantel versah, indem er sie innerhalb der Rauchkammer anbrachte. Der Erfolg war ein beträchtliches Ansteigen der Leistung.

Selbst die vielen Jahre, die seither vergangen sind, konnten das Verdienst der beiden Stephensons nicht schmälern. Die Arbeit von Vater und Sohn läßt sich nicht voneinander trennen. Ihr schöpferischer Geist war vielleicht während der Jahre 1829 und 1830 am aktivsten, aber keineswegs am Ende. 1833 drückten sie der Form der Dampflok den letzten Stempel auf, als sie ein Paar Laufräder hinter der Feuerbüchse anfügten und die erste 1 A 1-Lokomotive „Patentee" fertigstellten. Sie wurde zum bevorzugten Modell der Personenzuglok in

Frankreich und Großbritannien, wie sie noch bis 1894 gebaut wurde. Der letzte große Beitrag der Stephensons stammt aus dem Jahre 1842, als sie ihre Maschinen mit einem hebelbetätigten Schieber ausrüsteten, einer so auf die Lokomotive abgestimmten Erfindung, daß sie bis in die letzten Tage der Dampflok für Neubauten angewandt wurde.

Die nächsten größeren Einflüsse auf die Form der Lokomotive kamen von George Forrester aus Liverpool. Er erkannte den Vorteil der waagerecht liegenden Zylinder wohl an, wollte sie aber statt unter dem Kessel lieber außen an der Seite anbringen, um sie besser zugänglich zu machen. Seine 1834 entstandenen 1 A-Loks mit horizontalen Außenzylindern waren die ersten dieser Bauart. Seine Ideen wurden auch bei der Wahl der Lokomotiven für die Grand Junction Railway berücksichtigt, und Joseph Locke, der Ingenieur dieser Bahn, gab sie 1846 vor der Spurweitenkommission so wieder: „Ich wandte mein Augenmerk auf die Vereinfachung der Lokomotive selbst, und aus diesem Grund wollten wir unter dem Kessel nicht mehr Raum schaffen, sondern wir wollten dort außer den Exzentern überhaupt keine Bauteile mehr haben. Deshalb bringen wir die Zylinder außerhalb an der Maschine an. Wir sind dadurch eine Menge Kompliziertheit und Unzugänglichkeit losgeworden; und was an verwickelten Teilen übrigblieb, ist nun außerhalb des Rahmens und nicht mehr unter dem Kessel."

Relativ wenig bekannt ist John Gray, der Lokomotiv-Vorstand bei der Hull & Selby Railway, obwohl er zu den Ingenieuren gehörte, die ihrer Zeit weit voraus waren. Seine 1840 entstandenen 1 A 1-Lokomotiven bedeuteten in mancher Beziehung einen Fortschritt. Er gab ihnen einen für die Zeit recht hohen Kesseldruck von 6,3 kg/cm², und er scheint auch der einzige Lokomotivbauer seiner Zeit gewesen zu sein, der erkannte, daß man den Schwerpunkt nicht mit allen Mitteln niedrig halten mußte; eine Einsicht, die sich erst viele Jahre später durchsetzte.

Daniel Gooch bei der Great Western war wohl der erste berühmte Ingenieur einer Eisenbahngesellschaft. In den Jahren von 1840 bis 1842 wurden 105 dreiachsige Schlepptenderloks nach seinen Entwürfen für die Gesellschaft gebaut; dabei handelte es sich um den ersten größeren Versuch der Vereinheitlichung, der jemals bei einer Bahnverwaltung unternommen worden war. Darunter befanden sich 62 Stück 1 A 1-Schnellzugloks mit 2133-mm-Treibrädern, die von den früheren Stephenson-Lokomotiven der „Star"-Baureihe abgeleitet waren. In bezug auf Lokomotiven führte die Great Western mit diesen Maschinen nun das Feld der britischen Bahngesellschaften an. 1846 stellte Gooch die erste seiner berühmten „Spinnräder" mit 2438 mm Treibraddurchmesser vor, die zu den stärksten Schnellzugloks des Landes gehörten und bis 1892, als der Breitspurbetrieb aufgegeben wurde, die wichtigsten Expreßdienste auf diesem Netz verrichteten. Zur Zeit ihrer Entstehung waren Goochs Acht-Fuß-Singles die modernsten Maschinen der Welt, und sie machten seine Gesellschaft zum Spitzenreiter im Rennen um die Höchstgeschwindigkeit auf Schienen.

Thomas Russel Crampton war ein Genie, der im Ausland weit mehr Anerkennung fand als in seiner Heimat. Wie viele andere zeitgenössische Ingenieure war er überzeugt, daß sich eine stabile Lokomotive durch einen Schwerpunkt auszeichne, der so tief wie möglich der Zughakenlinie angenähert war – eine Theorie, die sich später als falsch herausstellte. Um nun diesen niedrigen Schwerpunkt und zugleich eine große Heizfläche zu erhalten, brachte er ein Paar großer Treibräder hinter der Feuerbüchse an und unterstützte den vorderen Teil der Lok durch zwei Laufachsen. Die Außenzylinder lagen zwischen den Laufrädern in der Mitte des Fahrzeugs. Seine Kritiker gaben zu bedenken, daß die hinten angebrachten Treibräder starkem Reifenverschleiß ausgesetzt sein würden, doch Crampton behauptete wohl als erster, die letzte Achse einer Lok laufe im Bogen nicht an der Außenschiene an, sondern entferne sich eher von dieser. Obwohl dieser Satz in Frankreich sogleich anerkannt wurde, fand er in Großbritannien lange Zeit nicht die gebührende Aufnahme. Auch der wichtigste Aspekt seiner Arbeit wurde in England nie eingesehen, nämlich die Erkenntnis von der Bedeutung weiter Querschnitte in allen dampfführenden Leitungen, denen die Crampton-Lokomotive ihren großen Erfolg in Frankreich und bei den deutschen Bahnen verdankte. Nur recht wenige Maschinen dieses Typs liefen auf britischen Gleisen, und selbst diese hatten keine große Lebensdauer. Demgegenüber wurden zwischen 1846 und 1864 mehr als 300 Stück für den Einsatz auf dem Kontinent geliefert, und bei der Ostbahn verkehrten sie noch bis in unser Jahrhundert hinein. Bei Vergleichsfahrten nach der Weltausstellung in Paris 1889 erreichte eine Crampton-Lok vor einem Wagen 1. Klasse das sagenhafte Tempo von 144 km/h und übertraf damit alle anderen beteiligten Maschinen.

Die ersten Lokomotiven in Frankreich waren – wie in vielen anderen Ländern auch – britischen Ursprungs und entsprachen den dort eingesetzten Maschinen. Auch die wenigen im Lande selbst gebauten Fahrzeuge entsprachen in Aussehen und Wirkungsweise den englischen Mustern. Im Jahre 1850 kam ein bemerkenswerter Mann von den Eisenbahnen im Elsaß zur PO, um dort eine Stelle als Beauftragter für Triebfahrzeuge und Werkstätten anzutreten: Camille Polonceau. Er war bereits als Mitverfasser einer Abhandlung über Lokomotiven bekannt, die als Standardwerk allerorts benutzt und in vielen Auflagen gedruckt worden war. Als er bei der PO eintraf, bestand wegen der Zunahme des Streckennetzes der Gesellschaft gerade Bedarf an neuen Zugmitteln. Polonceau leitete den Bau einer kompletten Palette von Loktypen für Schnellzüge, Personenzüge, Güterzüge und den Verschub ein. Einige von Ihnen hatten ein überdurchschnittlich langes Leben und gaben so den besten Beweis ihrer guten Konstruktion und Herstellung. Zum ersten Mal waren bei der PO Maschinen aufgetaucht, die nicht typisch britisch, sondern französisch aussahen. Seine C-Rangierlokomotiven wurden auch von der Westbahn und der Ostbahn nachgebaut, und drei dieser Maschinen liefen noch 1953, nach fast einem Jahrhundert, mit ihren ursprünglichen Kesseln. Durch Polonceau wurde die Lokomotive in manchem Aspekt weiterentwickelt; er entwickelte eine eigene Steuerung und umgab die Zylinder mit einem Dampfmantel, um die Wärmeverluste an der Zylinderwand herabzusetzen.

Die Wichtigkeit eines angemessenen Kessels ist oftmals zuwenig beachtet worden. Eine der ältesten Stellungnahmen zu diesem Thema stammt von J. E. M'Connel, dem Maschinenchef der Birmingham & Gloucester Railway, als er 1846 vor der schon erwähnten Spurweitenkommission aussagte: „Nach meiner Meinung ist die Leistung, mit anderen Worten also die Geschwindigkeit, von der Größe der verdampfenden Heizfläche im Kessel abhängig.“ In einem Brief schrieb Archibald Sturrock, der Lokomotivingenieur der Great Northern Railway: „Der Erfolg der GNR beruhte fast ausschließlich auf der Einführung der Feuerbüchsen von etwa der doppelten Größe, wie sie 1850 auf schmaler Spur üblich waren, und auf der Steigerung des Dampfdrucks von 5,4 kg/cm² auf 10,5 kg/cm² . . . Lokomotiven kann man – wie Pferde – in vielen Formen, Größen und Farben bekommen, aber eine Abwandlung in Stellung oder Durchmesser der Räder oder im Zylinderdurchmesser ist keinen Schuß Pulver wert, solange nicht genügend Dampf *von hohem Druck* zur Verfügung steht, dessen Expansion den Betrieb wirtschaftlich macht. Selbst das beste Gewehr taugt nichts, solange es an genügend Pulver fehlt.“

John Ramsbottom bei der London & North Western Railway war einer der größten Eisenbahningenieure seiner Zeit. Die C-Güterzugloks seiner Baureihe DX, die von 1858 bis 1872 gebaut wurden, sind bis zum heutigen Tag die zahlreichste Dampflokgattung Großbritanniens geblieben. Die DX war ein ausgesprochen leichtes Modell, das überall einsetzbar war. Sie besaß auch die von Ramsbottom erstmals angewandte Steuerspindel. Dieser produzierte auch eine bemerkenswerte 1 B-Schnellzugtype, die von seinem Nachfolger Webb weitergebaut und verbessert wurde, so daß sie noch 1895 aus dem Eisenbahnrennen zwischen London und Aberdeen als Siegerin hervorging. Da die Mehrheit der Konstrukteure zur Zeit ihrer Entstehung im Jahre 1866 nur Lokomotiven mit einer Treibachse für fähig hielten, hohe Geschwindigkeiten zu fahren, scheint es, daß Ramsbottom bereits die größere Bedeutung der verbesserten Dampfströmung erkannt hatte.

Im Jahre 1860 wurde Victor Forquenot Nachfolger von Polonceau, nachdem er 1859 Chefingenieur bei der Orléans-Bahn geworden war. Er hatte dieses Amt bis zu seinem Tode 1885 inne. Sein Verdienst ist es, zum ersten Mal in Frankreich die Vereinheitlichung in größerem Maßstab angewandt zu haben. Von den 19 Baureihen, die er geschaffen hat, sind die meisten auf ein Grundkonzept zurückgeführt. Einige seiner Modelle wurden noch lange nach seinem Tod bis 1894 nachgebaut, und die sieben wichtigsten Muster mit den Achsfolgen 1 A 1, 1 B, C und D sowie C- und E-Tenderloks summierten sich auf über tausend Einheiten. 1914 waren noch sämtliche Maschinen im Betrieb, 128 davon in umgebauter Form, und die SNCF übernahm bei ihrer Gründung 1938 noch 502 Stück. Damals besaß das Depot Bergerac, das die Kurzstreckendienste östlich von Bordeaux bespannte, nichts als Forquenot-Loks. Von L. M. Vilain wird in seinem Buch „Un Siècle de Matériel et Traction sur le Réseau d'Orléans" als besonders bemerkenswert mitgeteilt, daß Lokomotiven, die auf der Basis eines Prototyps aus dem Jahre 1863 zwischen 1875 und 1880 konstruiert und gebaut worden waren, selbst 1939/40 noch mit 90 bis 100 km/h und mehr vor Schnellzügen im täglichen Einsatz standen. Als 1899 und 1900 die ersten 2'B Verbundloks nach du Bousquet und de Glehn auf der PO ihren Einzug hielten, war die Enttäuschung groß, denn sie zeigten sich kaum besser als die bewährten 1'B 1'-Maschinen Forquenots. Dessen Loks waren als einfache Zweizylindermodelle mit außenliegendem Antrieb und Steuerung ausgeführt, um die Wartung zu vereinfachen.

Patrick Stirling von der Great Northern Railway kann man als Parallele Forquenots bezeichnen. Er wurde 1866 Lokomotivchef und blieb bis zu seinem Tode 1896 im Amt. Wie Forquenot schuf er eine ganze Familie von Maschinen, die viele gemeinsame Teile und ein verwandtes Aussehen hatten. Auch die gleichbleibende Qualität seiner Arbeit erinnert an ihn. Im Gegensatz zu dem Franzosen besaßen seine Loks – mit einer Ausnahme – aber Innenzylinder. Auch hatten seine Konstruktionen anders als Forquenots Maschinen ein auffallend strenges, einfaches, wohl aber gefälliges Äußeres, während dessen Lokomotiven mit dem außenliegenden Triebwerk und der polierten Messing-Kesselverkleidung gewiß nicht schlicht und zurückhaltend, sondern eher attraktiv genannt werden müssen. Den größten Anspruch auf Erwähnung hat Patrick Stirling aber wohl dadurch, daß er als erster Ingenieur eine Schnellzugmaschine mit einem führenden Drehgestell ausstattete. Seine Drehgestellmaschinen mit dem 2438 mm großen, einzelnen Treibradpaar, die ab 1870 entstanden, zählen zu den schönsten und berühmtesten Dampflokomotiven ihrer Zeit. Trotz der einfachen Treibachse zogen sie in den ersten Jahren ihres Einsatzes schwerere Züge schneller als auf jeder anderen Bahn, und bis zum Ende des Jahrhunderts waren Doppeltraktionen mit ihnen völlig unbekannt.

Stirlings Hauptproblem war der sehr dürftige Oberbau bei der Great Northern. Dieser zwang zu niedrigen Achslasten, so daß die Loks zu kleine Kessel erhielten. Nur durch beste Konstruktion und Verständnis für die Gesetze des Dampfes konnte er ihnen zu ihren großen Erfolgen verhelfen.

William Adams, der 1878 als Maschineningenieur bei der London & South Western Railway eingestellt wurde, war in der Eigenschaft als technischer Chef einer großen Bahngesellschaft ein Zeitgenosse Stirlings, denn er ging 1895 in Pension. Adams' Schnellzuglokomotiven waren damals die besten und die stärksten in Großbritannien. 1864 hatte er das erste brauchbare Drehgestell entwickelt, das 1868 an seiner bekannten 2'B-Tenderlok für die North London Railway verwendet wurde. Sein „Vortex"-Blasrohr kennen wir aus einem früheren Kapitel.

Der erste britische Ingenieur, der nachdrücklich einen größeren Kessel verfocht, war J. F. McIntosh von der Caledonian Railway. Seine berühmte 2'B-Lok „Dunalastair", Betriebsnummer 721, wurde 1898 fertiggestellt und verfügte über einen Kessel von 1460 mm Durchmesser, war also größer als jede andere Zweikupplermaschine Großbritanniens in jenen Jahren.

A. Henry von der PLM haben wir bereits im letzten Kapitel im Zusammenhang mit dem Verbundsystem genannt, doch ebenso bedeutend ist seine Arbeit auf dem Gebiet der inneren Kesselverhältnisse. In Baudry hatte er bei der PLM einen würdigen Nachfolger, der bis 1907 Chefingenieur für Triebfahrzeuge und Rollmaterial dieser Gesellschaft blieb.

Von du Bousquet war schon mehrfach die Rede. Er war ein so großer Techniker, daß ihm in Frankreich wohl die gleiche vorrangige Stellung zukam wie Churchward in Großbritannien. Es ist deshalb angemessen, sie gemeinsam zu betrachten. Sie waren Zeitgenossen, doch Gaston du Bousquet machte sich schon früh einen Namen, denn die erste von ihm zusammen mit Alfred de Glehn konstruierte Verbundlokomotive erschien schon 1891 bei der Nordbahn. Zu dieser Zeit stand natürlich de Glehns eigene Entwicklung einer Verbundlok schon fünf Jahre im Betrieb, aber sie arbeiteten dann so eng zusammen, daß „du Bousquet/de Glehn" fast zu einem Namen verschmolz. Nur schwer läßt sich bestimmen, in welchem Maße jeder von ihnen für den Originalentwurf verantwortlich war. Es ist aber nicht unwahrscheinlich, daß de Glehn die Details und die Abmessungen der Verbundanlage ausarbeitete, während sich du Bousquet mit dem Rest der Maschine beschäftigte. Obwohl man den Namen du Bousquets also zuerst mit seiner Vierzylinder-Verbundanordnung in Zusammenhang bringt, bildete sie nur einen kleinen Teil seines Werks. Er bestand auf wirklich hervorragender Verarbeitung, und dieser Aspekt seines Lokomotivbaues beeindruckte Churchward vielleicht am meisten, als die in Frankreich entstandenen „Atlantiks" bei der Great Western eintrafen. Von größerer Bedeutung waren noch du Bousquets Beschäftigung mit der Dampfströmung und die dabei entstandenen vorzüglichen 2'C-Maschinen. Er starb, ehe seine erste große 2'C 2'-Lokomotive fertiggestellt war, und nahm manche Hoffnung mit ins Grab.

Es ist vermutlich auf die Überlegenheit von Churchwards Dampfleitungsanordnung im Verhältnis zu der damaligen Ausführung du Bousquets zurückzuführen, daß die nach dem Vergleich zwischen den französischen „Atlantiks" und seinen eigenen Maschinen entstandenen Lokomotiven der „Star"-Klasse als Vierzylinderloks mit einstufiger Dampfdehnung ausgeführt wurden. Churchwards Beitrag zum britischen Lokomotivbau war immens. Der wichtigste Grund für den Erfolg seiner Konstruktionen war in den ausgezeichneten Schiebersteuerungen und der geglückten Dampfverteilung zu erblicken; hinzu kamen aber ein erstklassiger Kessel, eine hohe Verarbeitungsqualität und die ganz makellose Wartung, die bei den Lokomotiven der Great Western unter Churchwards Aufsicht eingehalten wurden.

Es dauerte noch viele Jahre, ehe die Regeln für den Betrieb auf der Great Western auch von den Ingenieuren der anderen britischen Bahnen anerkannt wurden. R. E. L. Maunsell von der South Eastern and Chatham Railway lernte sie erst durch die Beschäftigung von Mitarbeitern der Great Western bei seiner Verwaltung kennen, ehe er 1916 seine „Mogul" baute. Sir Nigel Gresley erlebte eine deutliche Demonstration, als 1925 seine „Pazifiks" von den wesentlich kleineren 2'C-Loks der Great Western mit Leichtigkeit in den Schatten gestellt wurden. Sir William Stanier, ein Mann der Great Western, nahm 1932 Churchwards Arbeitsweise bei seinem Wechsel zur London Midland & Scottish Railway mit.

Es war ein wenig glücklicher Umstand, daß Churchwards Entwicklungen durch ihre Güte allen betrieblichen Anforderungen noch weit voraus waren, denn aus diesem Grunde waren alle fortan für die Great Western von ihm oder von seinen Nachfolgern gebauten 2'C-Maschinen nur noch Verfeinerungen und Vergrößerungen der ursprünglichen Konstruktionen mit zwei und vier Zylindern. Man darf vielleicht daran zweifeln, daß Churchward, obwohl ein großer Ingenieur, den gleichen schöpferischen Drang zur Weiterentwicklung wie du Bousquet hatte, den die Unruhe der Phantasie und des Geistes zu Verbesserungen an den Dampfleitungen, zu Untersuchungen an Wasserrohr-Feuerbüchsen und schließlich zur Schöpfung der 2'C 2'-Lokomotive trieben. In dem hier besprochenen Zeitraum machte die Überhitzung an Lokomotiven so rapide Fortschritte, daß sie noch vor dem Beginn des Ersten Weltkrieges als unabdingliches Bauteil jeder neuen Dampflokomotive allgemein anerkannt war. Diese großartige Erfindung Schmidts und ihre Bedeutung sind bereits im ersten Kapitel erwähnt worden. Unter Verwendung von Schmidts Überhitzer verhalf Garbe, ein sehr fähiger deutscher Ingenieur, der Preußischen Staatsbahn zu einem guten Lokomotivpark. Seine Entwurfspraxis wurde später als Grundsatz auf alle neuen deutschen Lokomotiven übertragen, so daß die Maschinen der Reichsbahn von Garbe so beeinflußt waren, wie man bei den Loks der London Midland & Scottish und sogar der British Railways die Prägung durch Churchward verspürt.

Im letzten Kapitel wurde auch von Karl Gölsdorfs Verbundlokomotiven gesprochen. Das besondere Können dieses begabten österreichischen Konstrukteurs bestand in der Entwicklung großer Lokomotiven, die auf den kurvigen Strecken mit 14,5 t Achslastbeschränkung laufen konnten. Durch Gewichtseinsparungen, sorgfältige Verteilung und die größere Seitenverschieblichkeit seiner Maschinen hatte er weitreichenden Erfolg bei der Versorgung Österreichs mit Lokomotiven für lange Züge auf den schwierigen Strecken. Gölsdorf war von 1891 bis zu seinem Tode im Jahre 1916 im Amt.

Sir Nigel Gresley richtig einzuschätzen, ist nicht einfach. Daß er sehr fähig war, ist unbestritten. Seine frühen Entwürfe waren allerdings keinesfalls aufsehenerregend, doch er zeigte einen bemerkenswerten Willen, von anderen Ingenieuren zu lernen. Von H. Holcroft übernahm er die Idee der Steuerung seiner Dreizylindermaschinen, durch Vergleiche mit den „Castles“ der Great Western erfuhr er, daß er mit seinen „Pazifiks“ auf dem falschen Weg war, und von Chapelon lernte er mancherlei über Verbesserungen der Dampfleitungen und profitierte von dessen Kylchap-Saugzug. Im Endergebnis entstand daraus die stromlinienverkleidete „Pazifik“ der Reihe A 4, die den Geschwindigkeits-Weltrekord für Dampflokomotiven errang: eine hervorragende Leistung, wenn auch der Wert des Rekords dadurch etwas zweifelhaft ist, daß die Maschine leicht bergab fuhr. Gresley war ein toleranter Mann; die Maschinen der Vorgängergesellschaften seiner London & North Eastern Railway hatten ein langes Leben, einige wurden sogar weitergebaut. Für die Vereinheitlichung setzte er sich nur zögernd ein, und viele seiner Lokomotiven waren für eine bestimmte Aufgabe geradezu maßgeschneidert. Als er die LNER verließ, besaß diese einen großen Park guter Maschinen, die sich aber auf viele Typen verteilten. Wohl war er ein großer Mann im Lokomotivbau, aber viele seiner Grundsätze wurden von Nachfolgern aufgegeben.

Sir William Stanier unterschied sich vollkommen von Gresley, sowohl im Vorgehen wie im Weitblick. Während seiner Herrschaft wurden Churchwards Ideen bei der LMS – und nicht bei der Great Western – konsequent weiterentwickelt. Er setzte umfassende Vereinheitlichungen und die Verschrottung älterer, überholter Lokomotiven durch. Unter Stanier erhielt die LMS rasch einen Betriebspark, der den Anforderungen mehr als gewachsen war, und den man wohl als den leistungsfähigsten und besten im ganzen Land bezeichnen muß. Er befolgte gewissenhaft Chapelons Vorbild und übernahm dessen Anordnung der Dampfleitungen für seine eigenen Lokomotivkonstruktionen.

R. A. Riddles wurde in der schwierigen Zeit für die Dampflokomotive der Britischen Eisenbahnen verantwortlich, die auf den Zweiten Weltkrieg folgte. Damals verlangten alle Umstände nach Maschinen, die einfach zu bedienen und auszubessern waren, und die den Brennstoffen wechselnder Qualität zurechtkamen. Die von Riddles angeschafften Loks waren auf diese Anforderungen hervorragend abgestimmt. Es handelte sich um robuste Fahrzeuge mit zwei Außenzylindern, deren Zuverlässigkeit kaum zu übertreffen war. Alle modernen Bauteile, die sich mit dem Wunsch nach einfacher Ausführung in Einklang bringen ließen, wurden angewandt. Daß sie ausgezeichnet Dampf machten und diesen Dampf auch leicht verarbeiteten, belegen die Fahrten seiner 1'E-Loks mit mehr als 145 km/h, also in einem Geschwindigkeitsbereich, in dem selbst viele Schnellzuglokomotiven schon passen mußten. Riddles' letzte Konstruktion, eine dreizylindrige „Pazifik" mit Ventilsteuerungen, kam schon zu spät; sie hatte gewisse Kinderkrankheiten noch nicht überwunden, als der Bau und die Weiterentwicklung von Dampfloks bei den British Railways überstürzt eingestellt wurde.

Wir kommen nun dazu, Chapelons Stellung unter bedeutenden Dampflokomotiv-Ingenieuren zu betrachten. Diese Beurteilung zerfällt in drei Abschnitte unter den folgenden Fragen:

a) Was hat er erreicht?
b) Was hat er vorgeschlagen?
c) Welchen Einfluß hatte er auf andere Lokomotivbauer?

Die fünf wichtigsten Schöpfungen von André Chapelon waren seine „Pazifiks", die beiden Serien der 2'D-Lokomotiven, die 1'F-Lok 160 A 1, die 1'D 1'-Baureihe 141 P und schließlich die 2'D 2'-Maschine 242 A 1. Stets arbeitete er an Umbauten, aber dadurch wird sein Verdienst – wie schon gesagt – nicht geschmälert, sondern eher noch vergrößert, weil er seinen Ideen nicht freien Lauf lassen konnte, sondern einen ganzen Teil der ursprünglichen Maschine – oder der ursprünglichen Konstruktion, wie bei der 141 P – übernehmen mußte. So war er keineswegs ein unbeirrbarer Anhänger des Verbundsystems nach du Bousquet und de Glehn und hätte die Baureihe 240 P ebenso gern mit Dreizylinder-Verbundmaschine gebaut, wie er dies später mit der 242 A 1 tat. Seine Modernisierungen waren aber so gelungen, daß sich bei keiner dieser Lokomotiven aus den zur Steigerung der Leistung getroffenen Maßnahmen irgendwelche Schwierigkeiten im Einsatz oder bei der Unterhaltung ergaben.

Über die zeitweiligen Beanstandungen an den Schmierpolstern in den Drehgestellen der Reihe 240 A ist bereits gesprochen worden. Das einzige Problem bei der Type 242 A 1 entstand am Hochdruck-Kreuzkopfbolzen, weil er durch die Übertragung der Wärme von der Kolbenstange, die in sehr kurzen Abständen von dem hochüberhitzten Dampf umspült wurde, unter Schmierproblemen litt. Diese Frage wurde aber bald gelöst, indem man das zu flüssige Maschinenöl durch Heißdampföl ersetzte, das durch eine besondere Presse geliefert wurde. Allerdings berichtet auch bei dieser Lok die Legende, daß das Innentriebwerk so versteckt eingebaut sei, daß es nur ein kleiner, dünner Mann als Lokführer oder Heizer erreichen könne. Tatsächlich waren aber die Herren Robert von der Südost- und Bondu von der Südwestregion, welche die Maschine führten, beides ausgezeichnete Lokmänner und zugleich wandelnde Beweise für die Güte der französischen Küche. Lokomotivinspektor Deschamps, der für die Wartung der Maschine verantwortlich zeichnete, hatte bei der Untersuchung der Schmierung an der Innensteuerung keine Probleme. Chapelon, der selbst oft genug in der

Grube unter seiner Lok stand, fand den Platz zwischen den Rahmenwangen viel weniger versperrt als bei Vierzylinder-Triebwerken.

Am stärksten fasziniert bei Chapelons Lokomotiven die Feststellung, daß jeweils bei ihrem Erscheinen jede andere französische Maschine des entsprechenden Typs nur noch einen überholten Eindruck machte; ein Vorgang, der in der ganzen Eisenbahngeschichte sonst keine Parallele kennt. Wohl bildete Stephensons „Rocket“ eine Klasse für sich allein, dennoch erschienen die Güterzugloks der Stockton & Darlington mit ihren Umkehrrohren nicht veraltet, auch Goochs Breitspurlokomotiven waren eine Zeitlang besser als die Regelspurmaschinen, ohne sie gleich um Klassen zu übertreffen, du Bousquets Entwürfe nahmen in Frankreich damals den ersten Rang ein, trotzdem waren sie bei ihrem ersten Auftreten bei der PO kaum besser als Forquenots Fahrzeuge, und all denen, die Churchwards Lokomotiven für die besten in Großbritannien halten, haben die Freunde von Ivatts „Atlantiks“ widersprochen.

Wenn Chapelons Entwürfe einer künftigen Typenreihe französischer Dampflokomotiven gebaut worden wären, hätte die SNCF zu einem geringeren Preis Maschinen für alle Verkehrsarten und Dienstzweige besessen, die der Diesel- und der Elektrotraktion in bezug auf Leistung, Tempo und Wirtschaftlichkeit einiges entgegensetzen konnten. Die meisten Ingenieure wären wohl, wenn erst eine ganze Flotte von Fahrzeugen nach dem Muster der hervorragenden 242 A 1 in den Betrieb gegangen wäre, für längere Zeit zufrieden gewesen. Nicht so Chapelon: Er sah bereits weit voraus in eine weitere Generation von Lokomotiven, deren erste er als 2'D 2'-Maschine mit dreifacher Dampfdehnung durch die Kreuzung der 242 A 1 mit der 160 A 1 heranzüchten wollte.

Die meisten Chefingenieure der Eisenbahn haben nach dem Entwurf eines zufriedenstellenden Typenprogramms gezögert, noch eine neue, zukunftssichere Familie als Weiterentwicklung hinzuzufügen; nur wenige haben überhaupt einen Schritt voraus gewagt, sobald die aktuellen Betriebsbedürfnisse gestillt waren. In England war selbst Churchwards erste „Pazifik“ ein gewagter Schritt, den weder er noch seine Nachfolger wiederholten; de Bousquets 2'C 2'-Lok hätte ihn – wir wissen es nicht, denn sein Tod trat dazwischen – vielleicht noch viel weiter gebracht; Bulleid hatte große Ideen, doch blieb ihnen der Erfolg versagt, weil er von nur ungenügend gesicherten Standpunkten ausging; Staniers projektierte 2'C 2'-Maschine blieb mit Kriegsbeginn auf der Strecke, und auch Riddles' vielversprechender Ansatz zur Dreizylinder-„Pazifik“ kam durch die angekündigte Einstellung des Dampfbetriebs in Großbritannien zum Stillstand. Die Seiten dieses Buches haben bereits ein vielfältiges Zeugnis von dem Einfluß gegeben, den Chapelons Konstruktionen auf andere Bahnen und Ingenieure hatten, und wieder fehlt eine Parallele gleichen Ranges in der ganzen Eisenbahngeschichte. Alle Gesellschaften in Frankreich beschafften entweder Maschinen von Chapelon oder erneuerten viele ihre eigenen Loks in Übereinstimmung mit seinen Grundsätzen, manchmal auch beides. In Großbritannien nahm jeder Maschinenchef seit den dreißiger Jahren seine Gedanken in Neuentwürfe und Umbauten gleichermaßen auf. In der Tschechoslowakei wurden 1948 drei 2'D 1'-Maschinen mit Dreizylinder-Verbundtriebwerken und Kylchap-Saugzug gebaut, als die Versuchsergebnisse der 242 A 1 bekanntgeworden waren. Der Kylchap-Auspuff kam in Großbritannien, der Tschechoslowakei, in Algerien und vielen anderen Ländern zur Anwendung. Lokomotiven, die von Chapelon entworfen oder wenigstens umgebaut waren, laufen in Brasilien und Argentinien, und in diesem Land konstruiert L. D. Porta, ein begeisterter Schüler Chapelons, noch immer Lokomotiven nach dessen Prinzipien: Ein überragendes Werk, in dessen Licht nur der Schluß bleibt, André Chapelon als den bedeutendsten und berühmtesten Eisenbahningenieur in der Geschichte der Dampflokomotive anzuerkennen.